第二语言词汇习得理论体系的建构探索

翟丽丽◎著

吉林大学出版社

图书在版编目（CIP）数据

第二语言词汇习得理论体系的建构探索 / 翟丽丽著 .
-- 长春 : 吉林大学出版社 , 2018.4
ISBN 978-7-5692-2110-7

Ⅰ . ①第… Ⅱ . ①翟… Ⅲ . ①第二语言－词汇－研究
Ⅳ . ① H003

中国版本图书馆 CIP 数据核字（2018）第 085871 号

书　　名　第二语言词汇习得理论体系的建构探索
　　　　　DIER YUYAN CIHUI XIDE LILUN TIXI DE JIANGOU TANSUO

作　　者　翟丽丽　著
策划编辑　孟亚黎
责任编辑　孟亚黎
责任校对　樊俊恒
装帧设计　马静静
出版发行　吉林大学出版社
社　　址　长春市朝阳区明德路 501 号
邮政编码　130021
发行电话　0431-89580028/29/21
网　　址　http://www.jlup.com.cn
电子邮箱　jlup@mail.jlu.edu.cn
印　　刷　三河市铭浩彩色印装有限公司
开　　本　787×1092　1/16
印　　张　17
字　　数　220 千字
版　　次　2018 年 8 月　第 1 版
印　　次　2024 年 9 月　第 2 次
书　　号　ISBN 978-7-5692-2110-7
定　　价　69.00 元

前　言

　　词汇的习得是一个终生的认知过程,这对于第二语言词汇习得来说也是如此。传统的第二语言词汇教学主要从词义、用法出发展开教学,学习者虽然掌握了大量词汇,但在实际应用过程中无从下手。如何提高第二语言词汇习得质量也成了我国词汇教学的题中之义。鉴于此,作者在研究国内外众多专著的基础上,精心撰写了《第二语言词汇习得理论体系的建构探索》一书,以期使读者建立系统的第二语言词汇习得框架,并提升词汇习得的效果。

　　本书共包含 11 章。第一章开宗明义,首先对词汇知识进行总结,介绍了词的概念与特征、元词汇知识以及词汇的广度与深度。第二章分析了第二语言词汇习得研究地位的变迁以及国内外对其研究的进程。第三章介绍了语言认知论、语言相对论、经验主义论,为下文的展开提供了理论支撑。第四章到第六章分别从常规语言习得的角度展开分析,介绍了第二语言词汇习得的内容与过程、影响因素、常见策略。第七章从附带习得的角度出发,分析了第二语言词汇习得中附带习得的影响因素以及需要解决的问题,是对传统词汇习得方式的创新。第八章和第九章分别从认知和心理词汇角度分析了第二语言词汇习得,提升了本书研究的认知深度与心理深度。第十章和第十一章将着眼点放在词汇教学与测试方面,丰富了第二语言词汇习得体系的框架。总结部分是对全书的梳理,概括性地分析了第二语言词汇研究的发展以及本书的脉络,能够让读者了解本书框架。

　　总体而言,全书将理论与实践相结合,条理清晰,体例丰富。在论述中,本书增添了大量实例,减轻了理论晦涩对读者知识吸收的影响。相信本书会为第二语言词汇学习者、教学者和相关领域研究者带来一定的启示。

《第二语言词汇习得理论体系的建构探索》一书在撰写过程中得到了很多专家、学者的建议,在此表示诚挚的谢意。由于作者水平有限,成书时间仓促,书中难免存在疏漏之处,恳请广大读者批评指正。词汇习得是一个博大精深的研究领域,本书无法做到面面俱到,希望能够起到抛砖引玉的作用。

作者

2017 年 12 月

目 录

第一章 词汇知识论

在英语语言中,词汇是语言的基础,占据着十分重要的地位,大多数比词大的语言单位都是由词来构成的。塞尔斯－穆尔西亚和罗森维格(Celce-Murcia & Rosensweig)认为,"掌握了少量结构但掌握大量的词汇,比那些掌握所有结构而仅掌握少量词汇的人,在阅读理解和语言交际中更为有利。"可见,无论是语言理解,还是语言表达,都离不开英语词汇。本章主要围绕词汇的相关知识展开论述。

第一节 词的概念与特征

词是语言的基础,也是语言教学与研究的基础。进行英语词汇教学与研究,必须首先在理论上阐释和界定什么是词以及词汇知识包含哪些方面。这样才能明确研究对象和研究内容,为英语词汇教学和研究提供理论依据。

一、词的概念

(一)词的定义

"什么是词?"是一个很难回答的问题。换句话说,"词"这一概念是很难界定的。

哈特曼和斯托克(Hartmann & Stork,1981)在界定词的定义时指出,"作为语言学上的一个重要的单位,词是很难界定的。"

同时，他们还指出，"词需要一个或者一个以上的自由词素构成，是可以单独用来构成短语或者句子最小的语言单位。"但是，两位学者也发现了一个问题，就是英语中的 a, the 等词是例外，它们是不能单独组成短语或者句子的。

汪榕培、李冬（1983）认为，"词是最小的、含有语义的、能够独立运用的语言单位。"根据其定义，我们不难确定 bag 与 bags，book 与 books，table 与 tables 等都属于词。但是，人们往往不会将 bags，books，tables 等视为词，而只是将它们视为前者的一种复数形式。

胡壮麟（2003）对词给予了以下三种界定。[①]

（1）词是位于两个停顿与空格间的字符串或者音符串。例如，"Let us go."这句话很明显包含三个词。但是，如果将 let 与 us 合并，变成"Let's go."那么这其中应该是包含三个词还是两个词呢？按照上述定义来说，let's 之间是不存在空格的，只能被看作一个词，而不是两个词。

（2）词是一组形式潜在的共核。所谓"一组形式"，是指一组根相同的词，如之前提到的 bag 与 bags，book 与 books 等。前面的部分就是这一组词的"根词"。

（3）词是位于词组与词素之间的一种语法单位。其实这其中包含着循环定义的问题，因为有些词素本身也可以成为一个词。例如，write，red，word 等就属于这一类的词素，它们本身就是一个词。

张维友认为，词是语言最小的自由形式，它有一定的声音、意义和句法功能。[②]

从上述几位学者的定义中不难看出，词是一个复杂的概念。词这一语言单位不仅具有形式，还具有意义。在日常的语言交际中，一般接触的往往是词的形式，而联想的往往是词的意义。例如，当我们看到 bag 时，听到的是 /bæg/，联想到的是可以装载物

---

① 马广惠.英语词汇教学与研究[M].北京：外语教学与研究出版社，2016：4-5.
② 夏章洪.英语词汇学：基础知识及学习与指导[M].杭州：浙江大学出版社，2011：3.

品的工具。用索绪尔（Saussure）的话说，词的形式是能指，词的意义是所指。英语 word 一词既用于指具有形式与意义双重特征并可以独立使用的最小语言单位，也用于指这个最小语言单位的表现形式。

上述定义各有侧重，但是总体上来看，目前语言学界主要从以下三个角度对词进行界定。

1. 词是一个语法单位

一种语言的语法由多个层面构成，其中的每一个层面都是一个"级阶"，而所有的级阶一起构成了层级体系，如图 1-1 所示。

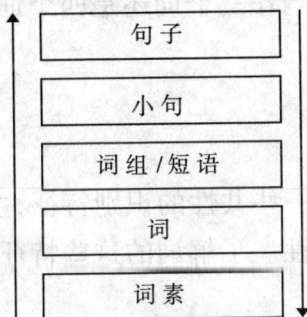

图 1-1　语法层次示意

（资料来源：胡壮麟，2007）

由图 1-1 不难看出，词是语法层级体系中的一个级阶，位于词素和词组之间。由此可知，与词素、短语、小句和句子相同，词也是一个语法单位。

2. 词既是普通用语又是专门术语

词具有普通用语和专门术语的双重特性。例如，如果人们看到一组名词，如 girl, girls，或一组动词，如 shout, shouts, shouted, shouting，会分别把它们当成两个词、四个词。当人们把 girl 和 girls 当成两个词时，就是将词（word）看成了专门术语。反之，将 girl 和 girls 当成一个词时，词（word）就成了普通用语。

3. 词是自然的可界定单位

通常而言，在日常的口语表达和书面表达中，人们使用的语

言是连续的,但偶尔也会出现停顿和空白。因此,词可以被看作"两个间隙或空白之间的一套音段成分或是字母组合"。① 例如:

音系上: /'ai 'hæv a 'buk/

书写上: I have a book.

上面这个例子,从音系和书写上来看都是四个词。然而,随意的口头语或书面语可分别按照下列方法表达相同的意思。

音系上: /'aiv a 'buk/

书写上: I've a book.

在口语和书面语言中上例出现的连续和缩写形式都很常见,但是这里是该把它们当作三个词还是四个词来处理,是目前理论上没有解决的问题。

（二）词的识别

词与词之间具有一些共性的识别特征,主要包括最小自由形式、稳定性、相对连续性。了解词的这些特征,有助于帮助学习者更好地理解词的内涵。

1.具有相对连续性

词具有相对连续性,即使一个词由几个部分构成,各部分之间也不能插入任何新成分。例如,encouragement 这个词由 en ＋ courage ＋ ment 三个部分构成,但是这三个部分之间既不允许有任何停顿,也不可以插入任何成分。

2.是最小的自由形式

布龙菲尔德（Bloomfield）首次提出"词是最小自由形式"的观点。他认为,句子是"最大自由形式"（the maximum free form）,而词则是"最小自由形式"（the minimum free form）。也就是说,"词是能够独立构成一个完整语句的最小单位。"② 例如:

---

① 胡壮麟.语言学教程（第 3 版）[M].北京：北京大学出版社,2007：52.
② 同上,第 54 页.

A: Is John coming tomorrow?

B: Surely.

A: 约翰明天来吗?

B: 一定。

在这个例子中,surely 就是一个单独构成完整语句的词。

然而,反对者认为,这一标准并非对所有像词的单位都适用,如英语的冠词 a 和 the,就不能单独使用。对此,布龙菲尔德的支持者以下面的例子来论证自己观点的正确性。

A: What is missing in a sentence such as "girl in red is my sister"?

B: The.

A: 在"床上的女孩是我的妹妹"这句话中遗漏了什么?

B: 遗漏了"The"。

3. 具有稳定性

从词的内部结构来看,词具有明显的稳定性。例如,apo 不能被排列为 epa,above 也不能被排列为 avobe。但是,组成一个句子的不同成分经常可以变换顺序。例如:

I read an interesting novel in my bedroom last night.

Last night, I read an interesting novel in my bedroom.

将这个句子的地点状语提前,并不影响句子意思的表达。其意思都是"昨天晚上,我在床上读了一本很有意思的小说。"

(三)词的结构

1. 词素

词素(morphemes)是比词还要小的意义单位,每一个词起码要有一个词素。morpheme 这个词本身就包括两个词素:morph 表示"形状",而 -eme 表示"有意义的",morpheme 就是"一个有形的有意义的单位",不能被分割成更小的意义单位。但是,它可被分割成更小的声音单位,如 morph 由 <m>、<o>、<r>、<ph>

（=<f>）几个声音（或拼音）单位组成。

词素有下列几个特征。

（1）一个词素是一个与意义有关联的最小单位。例如，下面的几个词都有 <car> 的拼音。

car 车

care 小心

cardigan 羊毛衫

cargo 货物

s**car**e 害怕

carpet 地毯

caress 抚爱

vi**car** 牧师

dis**car**d 抛弃

pla**car**d 布告

要想探讨上述词语是否都共享一个词素，就要看这些词的 <car> 的形式有没有一些共通的意义。car 的意义是"车"，它和 care（小心、关心）、caress（爱抚）无任何共同之处。carpet 好像有些联系，但是它本身就是一个不能分割的词素。discard 和 placard 不是一个词素。

（2）词素是一些可以循环使用的单位。词素的一个特点是它可以反复使用，构成很多词。care 可以构成 uncaring（不关心），careful（小心），careless（粗心大意），carefree（无忧无虑），caregiver（护理工）等。

（3）词素与音节不同。一个词素可以表示为任何数目的音节，但是一般来说，是一到两个、有时也可以是三或四个。音节和意义无关，音节仅是发音的单位。一个音节是可以把词分开的最小的独立发音单位。一个词的词素数目很可能和音节数目有所不同。在很多词典里，连字号（−）表示在一行末可以把词分开的地方。连字号也可以用来把词分为省节。car 和 care 都只有一个音节，carpet，caress，carrot 和 cargo 有两个音节，而 cardigan， caramel 却有三个音节,但是每一个词都只有一个词素。词素的长度也可以少于一个音节,试比较 car 和 cars(车),cars 只有一个音节,但有两个词素：car + -s ,-s 是一个表示"复数"的词素。同样,cared 和 caressed 中的 -ed, growth 和 warmth 中的 -th,也都不是音节。但是,一般说来,词素是可以独立发音的,起码有一个音节。

（4）一个相同的词素可以在发音上有不同的形状。辨认同一词素的不同词素变体是扩展一个人的词汇、找出词语之间关系的一个最有效方法。例如,cap[可能源于拉丁语的 cap-ĕre,有 take（拿）和 contain（包含）的意思],是一个派生性很强的词素,可以构成 capable（能够）, capsule（胶囊）, capacity（能力）；它的词素变体 cep,又构成 accept（接受）,intercept（截击）,perceptible（可看得出来）；它的另一个词素变体 cip,又构成 anticipate（预期）,emancipate（解放）,participate（参加）,recipe（处方）；它的第四个词素变体 cup,又构成 occupy（占领）,recuperate（复原）。

2. 词根

词根处于词的派生过程的中心,它们表示基本意义,以此为基础而派生出的词则表示另外意思。像 chair（椅子）, green（绿色）, ballet（子弹）, father（父亲）, cardigan（羊毛衫）, America（美洲）, Mississippi（密西西比）都是词根,而这些词根又是自由形式,即独立词语,叫作自由词根词素（free root morphemes）。但是在更多的场合里,词根不是独立的,它们黏附在别的词素上面,因此称为黏附词根词素（bound root morphemes）,像 segment（片段）中的 seg（剪开）, genetics（遗传学）中的 gen（拿,装载）和 brevity（简明）中的 brev（短）。

3. 词缀

所有不属于词根的词素,都是词缀。词缀本身并不带有多少词语的核心意义。词缀和词根的不同之处有如下三点。

（1）词缀本身并不能构成词语,它们必须加在词干上面。

（2）在很多场合里词缀的意义并不像词根的意义那么清楚和固定,有一些词缀几乎是毫无意义。

（3）和词根的数量相比,词缀的数量相对少一点。

二、词的特征

词是最小的、能够独立运用的语言单位。阿克马吉安（Akmajian et al.,2001）总结了词的多种特征。[①]

（一）形式特征

每一个词都会有两种形式:一是读音形式;一是书写形式。

词的读音分为两种:原型音（prototype,即标准音）与变体音（variation）。在特定语境中,词的读音形式会发生变化。例如,have 一词可以有 /hæv/,/həv/,/əv/,/v/ 四种形式。看下面一句话:

A: Have you got any money?

B: Yes, I have.

在该例中,A 中 have 的读音为 /həv/,而 B 回答中的 have 则读为 /hæv/。又如:

sit/sit/

down/daun/

sit down/si（t）daun/

另外,还有的词因为词性的改变而呈现出不同的读音。例如:

contract *n.* /kən'trækt/

contract *v.* /'kɒntrækt/

从对比中可以看出,虽然拼写是一样的,但是词的读音却不一样。还有一些词拼写相同,但因为意义的差别而发音不同。例如:

① Akmajian, A., Demers, R. A. & Harnish, R. M. *Linguistic—An Introduction to Language and Communication* [M]. Cambridge, Mass.: MIT Press, 2001: 12-13.

lead /liːd/—领导

lead /led/—铅

需要提及的是，词不仅仅在发音形式上存在变化，一些词的拼写也可能发生改变。例如：

urbanize—urbanise

colour—color

（二）形态特征

每一个词都有其自身的结构。虽然从表面上看，词都是由字母组成的，但是作为一个整体，有些词可以被分解成更小的单位，但是有些词不能。例如，color 就不能被分解成更小的意义单位，但是 colors 可以分解成 color 与 –s。instructor 也可以分成 instruct 与 –or 两部分。这就是词的屈折变化形式与派生变化形式，也就是词的形态特征。词的曲折变化给词添加一些特定的后缀，使词可以表示"时间、人称、数"或"更加、比较"等概念。词的派生变化则是给词添加一些特定的前缀或者后缀，生成具有"人、事物、行为、状态"等概念的词。派生变化还会改变一些词的语法属性。

（三）语义特征

每一个词都有丰富多样的意义。一般来说，词的意义不仅可以指代现实世界的东西，如人、事件、行为等，还可以指代抽象概念。同时，一个词不仅仅指代一个人、一个事物、一种行为，很可能指代多个人、多种事物、多个行为。词的语义特征主要体现在语义关系上。

（1）同义关系，指两个词之间有着相同或者相近的意义，往往可以用一个词替代或者解释另一个词。

（2）反义关系，指两个词的意义完全相反或几乎完全相反。

（3）包含关系，有两种类型：第一种类型是语义特征包含关系，即一个词含有另一个词所表达的语义特征，如 sister 一词含有 female 的语义特征,kill 含有 dead 的语义特征。第二种类型是语义场(semantic field)或词场(lexical field)关系。语义场或词场指在语义上有重叠的一组词。例如,亲属词场包括 father, mother, brother, sister, cousin, nephew 等一类的词汇。

（四）句法特征

根据词的意义及句法的作用,词可以分为不同的种类。一般来说,英语词类包括实词与虚词。如前所述,一个词可以有不同的词性。例如,train 可以作为动词,意思为"培训、训练",也可以作为名词,意思为"火车"。

词可以构成短语和句子,词的线性排列组合构成了有意义的句子或者话语,在句子中有其特定的位置与作用。

（五）语用特征

词的使用受到诸多因素的影响,如社会、交际对象、时间、地域、场合、情境、功能、文体等。有些词只适用于一定的场合或对象。例如,decease 用于正式场合,而 kick the bucket 用于非正式场合。

词的使用还具有频率特征。有些词的使用频率较高,有些词的使用频率中等,有的词则属于低频词甚至是罕见词(rare words)。以 book, manual, directory, thesaurus 四个词为例,book 属于高频词,manual 与 directory 属于中频词,thesaurus 则属于低频词。

词的另一个语用特征是共现性。一般情况下,词都是与其他词一起使用的,很少单独使用。在大量的语言使用中,不少词之间形成了一定的共现关系。有些词之间有很高的共现率,而且形成了相对固定的共现关系,构成多字词语。

（六）规则特征

词作为语言的基本单位,其使用也是受规则支配的。词在各个层面上都会受到规则的制约。词的读音有读音规则,拼写有拼写规则,形态变化受曲折变化规则与派生变化规则的支配,语义变化受语义变化规则的支配。词在句子中的位置受句法规则的支配,词的使用受语用规则的支配。

第二节　元词汇知识

在语言学、心理学、心理语言学等领域,都有"元"的概念,如元语言、元语言意识、元认知和元认知策略,但在以往的第二语词汇知识框架中没有元词汇知识的概念。为了弥补这一点,马广惠(2007)将元词汇知识的概念引入二语词汇知识框架体系中。

一、元词汇知识的含义

元词汇知识是有关词的理论知识和运用这些知识识别、分析、学习词的能力,计划、监控与评价词汇学习的能力。元词汇知识的对象是抽象意义上的"词",而不是具体意义上的"词"。元词汇知识关注的是词的含义以及词的特征。元词汇知识是一种生成知识(generative knowledge),可以使学习者用现有的词汇知识学会从未学过的词,也可以使学习者采用类比的方式从案例中概括出新的词汇知识。

元词汇知识是一个连续体,从零知识一直延续到完全的、全面的知识。学习者是否具有元词汇知识,可以表现在他们是否能够明确地、有意识地从词本身的理论体系角度,识别、思考、谈论词,能否用其指导、评价与监控自己的词汇学习。

元词汇知识是有意识的、可及的、可表达的理论体系,学习者要具备观察词、分析词和学习词的能力。从话语的角度来说,学习者的元词汇知识话语不一定是专业的,可以是日常话语。只要学习者能够用日常话语表达与专业话语一样的有关词的概念与特征,同样可以说明他们具有元词汇知识。

二、元词汇知识的意义

元词汇知识有助于学习者更加科学地、理性地、系统地、自主地学习词汇。如果学习者没有元词汇知识体系，那么在很多情况下，他们的认识都只能停留在直觉的层面或者个案的层面，不能形成系统的和普遍的知识体系与思维、行为能力，也就不能高效地指导、评价与监控自己的词汇学习。学习者一旦有了元词汇知识，就可以独立地开展词汇学习，利用元词汇知识分析词、比较词、获得词的意义、建立词的联系等，从而达到学习的目的。自主学习词汇的成功会不断提高他们学习词汇的兴趣，增强他们学习词汇的动机，从而使他们逐步成为具有以下特点的词汇善学者（Thornbury，2002）。

（1）能够关注词的形式与形态，包括词的拼写、发音及结构特征。

（2）能够关注词的语义特征，包括注意一个词的多个意义、多种意义和词的各种语义关系。

（3）能够利用词的结构特征并结合语境线索猜测词义。

（4）能够合理组织自己的词汇学习。

（5）能够有针对性、有效地使用各种词汇策略。

（6）能够自主和创造性地学习词汇。

第三节　词汇的广度与深度

在语言习得研究领域，词汇广度指学习者掌握的一门语言的单词的数量或词汇量，词汇深度指学习者对一个单词的多种信息与特征的掌握情况。学习者掌握的单词数量越多，词汇广度水平越高；对单词的信息与特征掌握得越多，词汇深度水平就越高。

一、词汇广度

根据接受性词汇（Receptive，简写为 R）与产出性词汇（Productive，简写为 P）的划分，词汇广度可分为接受性词汇广度与产出性词汇广度。接受性词汇广度指二语学习者或使用者在听或读的时候能够准确、迅速辨认出形与义的单词数量。这类词汇也被称为即识词汇（sight vocabulary）。产出性词汇广度指二语学习者或使用者在说与写的时候能够流利、准确输出的单词数量。

内申（Nation，2001）曾经从形式、意义和使用三个角度来考查 R 和 P 要回答什么问题，归纳如表 1-1 所示。

表 1-1　一个词语所包含的内容

形式	说	R	该词语是怎样发音的？
		P	该词语是怎样拼写的？
	写	R	该词语是什么样子的？
		P	该词语是怎样写和拼的？
	词语部分	R	该词语有哪些部分是可以认识的？
		P	哪些词语部分是表达意义所需要的？
意义	形式和意义	R	该词语的形式表示什么意义？
		P	有哪些词语形式可以用来表达这个意义？
	概念和所指	R	概念里包括一些什么东西？
		P	这个概念可以指什么项目？
	联系	R	它使我们想起别的什么词语？
		P	有些什么词语可以代替这个词语？
使用	语法功能	R	这个词语发生在什么形式？
		P	我们必须把这个词语使用在什么形式？
	搭配	R	有哪些词语或哪些类型的词语和这个词语一起发生？
		P	我们必须和哪些词语或哪些类型词语一起用这个词语？
	对使用的制约	R	我们期望在什么地方、什么时候和多久会碰到这个词语？
	语用域、频数	P	我们期望在什么地方、什么时候和多久会使用这个词语？

（资料来源：桂诗春，2013）

学习者需要或者应该达到什么样的词汇广度,是研究者们多年来普遍关注的问题。内申(2006)指出,可以有三种方式回答这个问题:一是考查英语到底有多少词汇;二是考查英语本族语者有多少词汇;三是考查实际使用英语需要多少词汇。[①]第一种方式显然不可取,因为以英语全部词汇为学习目标根本不切实际。第二种方式有可取之处,因为二语教学的终极目标之一,是希望学习者能够达到本族语式(native-like)词汇水平。第三种方式更接近学习者对二语的实际需要。除了内申提到的三种方式之外,还有第四种方式,即考查英语教学大纲或英语课程标准中对词汇量的要求。

(一)英语本族语者的词汇广度

英语词汇教学的目标是希望学生能够达到英语本族语者的水平。因此,对于学生需要掌握多少英语单词这个问题,可以参照英语本族语者的词汇量寻找答案。

内申(1990)回顾了1940年到1984年人们对英语本族语者词汇广度的研究结果(表1-2)。表1-2显示,英美儿童入学时词汇量为1 500多词,7岁达到2 500多词,高中毕业时达到17 000多词。

表1-2 不同年龄本族语者的词汇量

年龄(岁)	词汇量	调查者
1.3	235	Kirkpatrick
2.8	405	Kirkpatrick
3.8	700	Kirkpatrick
5.5	1 528	Salisbury
6.5	2 500	Termon & Childs
8.5	4 480	Kirkpatrick

---

① Nation, I.S.P. How large a vocabulary is needed for reading and listening? [J]. *The Canadian Modern Language Review*, 2006(1): 59-82.

续表

年龄(岁)	词汇量	调查者
9.6	6 620	Kirkpatrick
10.7	7 020	Kirkpatrick
11.7	7 860	Kirkpatrick
12.8	8 700	Kirkpatrick
13.9	10 660	Kirkpatrick
15.0	12 000	Kirkpatrick
18.0	17 600	Kirkpatrick

（资料来源：Nation，1990）

内申（2001）指出，一些可靠的研究结果表明，受过良好教育的英语本族语者的词汇量为 20 000 词群。根据对 Range BNC 提供的词群表计算的结果表明，在英语最常用的 3 000 至 5 000 个词群范围内，一个词群平均有大约 2.4 个词位。如果用词位界定词的话，那么掌握一个词群意味着掌握 2.4 个词。按照这个标准，受过良好教育的本族语者的词汇量为 48 000 词左右。

可以看出，英美人士对英语本族语者词汇广度的估计有相当大的差别。产生这些差别的原因很多，主要包括以下几点。

（1）对词的界定不同。

（2）总体不同，测试样本也不同。

（3）研究对象不同。

（4）测量方法不同。

（二）英语运用需要的词汇广度

索恩伯里（Thornbury，2002）认为，二语学习者应该具有的最基本词汇量或阈限词汇量（threshold vocabulary size）应是 2 000 词群。[1] 这是大多数本族语者日常会话中使用的词，也是语言学习者词典使用的定义词（defining vocabulary）。随着社会

---

① Thornbury, S. *How to Teach Vocabulary* [M]. Harlow Essex: Pearson Education, 2002: 21.

的发展以及英语语言的演变,有学者指出,基础词汇量至少要达到 3 000 词群,更高要求需要超过 5 000 词群。按一个词群平均包括 2.4 个词来算,二语学习者的阈限词汇量需要达到 4 800 词,基础词汇量需要达到 7 200 词,更高要求需要达到 12 000 词,很大词汇量需要达到 24 000 词。表 1-3 是不同类型词汇包含的词汇数量,它们在各种文本中出现的频率,以及占文本字数的百分比。[1]

表 1-3　不同类型词汇、数量、出现率及覆盖率

词汇类型	词汇量	出现率	覆盖率
高频词汇	2 000 词	经常出现在各种类型文本中	占一篇文本中大约 87% 的字数
学术词汇	800 词	经常出现在多种类型学术文本中	占一篇学术文本中大约 8% 的字数
专业词汇	每个学科大约 1 000 到 2 000 词	时常出现在专业文本中	占专业文本中大约 3% 的字数
低频词汇	大约 12 300 词	出现率很低	占各种文本中大约 2% 的字数

（资料来源：Nation,1990）

内申（2006）对一些不同体裁或语体的英语语料做了词汇分析,其中包括五部英文小说、五个语料库中的报纸语料、一本英语分级读物、一部儿童电影英文剧本和威灵顿口语语料库中的 20 万字语料。研究发现,要认识英语书面语中 98% 的词汇,需要掌握 8 000 至 9 000 词群;要听懂英语口语中 98% 的词汇,需要掌握 6 000 至 7 000 词群。

施密特（Schmitt,2010）在回顾了相关研究后指出,英语听说需要的基本词汇量是 2 000 至 3 000 词群,需要的较高词汇量是 6 000 至 7 000 词群;阅读原文需要的阈限词汇量是 3 000 词群,需要的充足词汇量是 5 000 词群,广泛阅读各种文章所需的词汇量为 8 000 至 9 000 词群。按一个词群平均包括 2.4 个词计算,

---

[1] Nation, I.S.P. *Teaching and Learning Vocabulary* [M]. Beijing: Foreign Language Teaching and Research Press, 1990: 19.

二语学习者需要的听说基本词汇量为 4 800 至 7 000 词,较高词汇量要达到 14 000 至 17 000 词;阅读原文需要的阈限词汇量为 7 000 词,充足词汇量是 12 000 词,广泛词汇量是 19 000 至 22 000。

(三)课程标准要求的词汇广度

教育部制定的各学段英语课程标准或大纲对不同级别学生应该达到的英语词汇量做了相应的规定,并以不同的方式提供了教学词汇表。

《义务教育英语课程标准(2011 年版)》(教育部,2011)提出的二级词汇量要求是 600 至 700 个单词,并能初步运用 400 个左右的单词表达二级规定的相应话题。五级词汇量要求是学会使用 1 500 至 1 600 个单词。

《普通高中英语课程标准(2017 年版)》共收录了 3 000 个单词,含义务教育阶段要求掌握的 1 500 个单词。高中英语课程应学习和掌握 500 个单词(表中加有一个 * 号),累计达 2 000。选择性必修课程应学习和掌握 1 000 个单词(表中加有两个 * 号),累计达 3 000。各地可根据实际情况,选择增加 200 个单词。

《大学英语课程教学要求》(2007)提出的一般要求词汇量是 4 795 个单词,其中约 2 000 个为积极词汇;较高要求词汇量是 6 395 个单词,其中约 2 200 个为积极词汇;更高要求是 7 675 个单词,其中 2 360 个为积极词汇。《大学英语课程教学要求》提供的词汇附表共收录单词 7 676 个(含除个别单词之外的所有高中课标词汇),其中一般要求词汇 4 794 词,较高要求词汇 1 601 词,更高要求词汇 1 281 词。此外,《大学英语课程教学要求》还附有 2 364 个积极词汇表。

《高等学校英语专业英语教学大纲》(2000)提出了二、四、六、八级别的词汇要求。二级要求能够认知词汇 4 000 至 5 000 词,能够熟练使用 2 000 至 2 500 词。四级要求能够认知词汇 5 500 至 6 500 词,能够熟练使用 3 000 至 4 000 词。六级要求能够认知词汇 7 000 至 9 000 词,能够熟练使用 4 000 至 5 000

词。八级要求能够认知词汇 10 000 至 12 000 词,能够熟练使用 5 000 至 6 000 词。表 1-4 为各学段英语课程标准要求的词汇量。

表 1-4　各学段英语课程标准词汇量

级别	课标要求词汇量	课标词表中的单词数	去掉前面级别后的单词数	累计
二级(小学)	600 ~ 700	448	448	448
五级(初中)	1 500 ~ 1 600	1 500	1 080	1 528
七级(高中)	2 400 ~ 2 500	2 584	1 148	2 676
八级(高中)	3 300	916	890	3 566
非英语专业一般要求	4 795	4 794	1 684	5 250
非英语专业较高要求	6 395	1 601	1 491	6 741
非英语专业更高要求	7 675	1 281	1 246	7 987
英语专业二级	4 000 ~ 5 000			
英语专业四级	5 500 ~ 6 500	8 000		8 000
英语专业六级	7 000 ~ 9 000			
英语专业八级	10 000 ~ 12 000	5 000		13 000

(资料来源:马广惠,2016)

二、词汇深度

(一)有关词汇深度的研究

人们从不同的角度对词汇深度做了描述。国内外文献引用最多的是理查德(Richards,1976)关于词汇知识的八个假定(assumption)。[①]

假定 1:一个人的词汇知识在成人阶段继续增长。

假定 2:认识一个词意味着知道在口语或书面语中遇到它的概率;知道它最可能与哪些词搭配。

假定 3:认识一个词意味着知道这个词的语体限制。

[①] Richards, J.C. The role of vocabulary teaching [J]. *TESOL Quarterly*,1976(1): 77-89.

假定 4：认识一个词意味着知道这个词的句法表现形式。

假定 5：认识一个词意味着知道这个词的屈折形式与派生形式。

假定 6：认识一个词意味着知道这个词与其他词在语言中的关系网络。

假定 7：认识一个词意味着知道这个词的语义值。

假定 8：认识一个词意味着知道这个词的许多不同的意义。

内申（1990）在理查德等人的基础上，从接受与产出两个维度列出了词汇知识的 16 个方面，涉及词的发音、拼写、意义、句法特征、词频、搭配等。[①] 他认为，词的接受性知识包括以下几个方面。

（1）听到一个词的时候能够识别出这个词。

（2）看到一个词的时候能够识别出这个词。

（3）知道一个词出现在何种句型中。

（4）知道一个词会与哪些词经常一起出现，即知道这个词的搭配。

（5）知道一个词是高频词还是低频词。

（6）知道一个词的语体限制。

（7）遇到一个词时能够想起它的意思。

（8）知道一个词与其他有关词的各种关系。

内申认为，词的产出性知识除了包括词的接受性词汇知识之外，还包括下述几个方面。

（1）知道如何发一个词的音。

（2）知道如何拼写一个词。

（3）知道如何将一个词使用在正确的句型中。

（4）知道如何使用一个词的搭配。

（5）按词频使用一个词。

（6）将一个词用于恰当的情境。

（7）用一个词表达其代表的意义。

---

① Nation, I.S.P. *Teaching and Learning Vocabulary* [M]. Beijing: Foreign Language Teaching and Research Press, 1990: 31.

（8）能够用其他同义词替代一个词。

国内各学段的英语课程标准对词汇深度也有相应的要求。

《义务教育英语课程标准》（2011）对二级词汇的深度要求是：

（1）知道单词是由字母组成的。

（2）知道要根据单词的音、形、义来学习单词。

（3）能初步运用400个左右的单词表达二级规定的相应话题。

对五级词汇的深度要求是：

（1）了解英语词汇包括单词、短语、习惯用语和固定搭配等形式。

（2）理解和领会词语的基本含义以及在特定语境中的意义。

（3）运用词汇描述事物、行为和特征，说明概念等。

《大学英语课程教学要求》（2007）对词汇的深度要求是学生能够在认知的基础上，在口头和书面表达两个方面熟练运用一定数量的积极词汇。

《高等学校英语专业英语教学大纲》（2000）对词汇的深度要求是：

（1）能熟练地运用拼读规则和音标读生词。

（2）正确掌握多音节单词、复合词的常见重音模式。

（3）掌握一定数量的习惯用语及固定搭配。

（4）能正确、熟练地运用词汇、习惯用语、搭配理解与表达。

（二）词汇深度知识描述框架

对词汇深度的描述可以从多个方面进行，如语言学的六个层面，包括形式、形态、语义、句法、语用、规则，以及语言运用的两个维度：接受性与产出性。因此，词汇深度知识框架可以分为以下两个部分。

1. 接受性词汇深度知识框架

对接受性词汇深度知识的框架，下面从接受性形式知识、接受性形态知识、接受性语义知识、接受性句法知识、接受性语用知识、接受性规则知识六个方面展开论述,如表1-5所示。

表1-5　接受性词汇深度知识框架

	接受性
形式	知道一个词的读音及发音变体,在听的时候,能够正确辨听
	知道一个词的拼写及拼写变体,在读的时候,能够正确辨认
形态	知道一个词的屈折形式,在听或读的时候,能够正确辨听或辨认
	知道一个词的派生形式,在听或读的时候,能够正确辨听或辨认
语义	知道一个词的多个词义,在听或读的时候,能够识别出它的确切词义
	知道一个词的字面义与非字面义,外延意义与内涵意义,在听或读的时候,能够识别出它的这些意义
	知道一个词的各种语义关系,在听或读的时候,能够运用这些关系知识正确理解上下文
句法	知道一个词在句子中使用的形式,并能够正确辨听或辨认
	知道一个词在句子中应该出现的位置,并能够正确辨听或辨认
语用	知道一个词可以在什么场合、什么时间、什么地点、什么文体中出现,并能够在适当的场合、适当的时间、适当的地点、适当的文体中识别与理解它
	知道一个词的使用频率,知道它属于高频词、中频词还是低频词
	知道一个词属于日常词汇还是专业词汇
	知道一个词经常与哪些词一起出现或者知道它的常用搭配与词块,并能够在听或读时迅速识别与理解这些搭配与词块
规则	知道词的发音规则,能够利用发音规则辨听一个词
	知道词的拼写规则,能够利用拼写规则辨认一个词
	知道词的屈折规则,能够利用屈折规则辨听或辨认一个词
	知道词的派生规则,能够利用派生规则辨听或辨认一个词
	知道词的句法规则,能够利用句法规则辨听或辨认一个词
	知道词的语用规则,能够利用语用规则辨听或辨认一个词
	能够运用各种规则,创造性地理解从未见过的各种语言形式

(资料来源:马广惠,2016)

2. 产出性词汇深度知识框架

同样,对产出性词汇深度知识也可以从六个方面进行探讨。如表1-6所示。

表1-6　产出性词汇深度知识框架

	产出性
形式	知道一个词的读音及读音变体,在说的时候,能够正确发音
	知道一个词的拼写及拼写变体,在写的时候,能够正确拼写
形态	知道一个词的屈折形式,在说或写的时候,能够正确发音或拼写
	知道一个词的派生形式,在说或写的时候,能够正确发音或拼写
语义	知道一个词的多个词义,在说、写、译的时候,能够正确使用这些词义
	知道一个词的字面义与非字面义,外延意义与内涵意义,在说、写、译的时候,能够正确使用它的这些意义
	知道一个词的各种语义关系,在说或写的时候,能够正确运用这些语义关系表达思想
句法	在说或写句子的时候,能够使用一个词的正确形式
	在说或写的时候,能够把一个词放在句子中的正确位置
语用	知道一个词可以在什么场合、什么时间、什么地点、什么文体中出现,并能在适当的场合、适当的时间、适当的地点、适当的文体中得体地使用它
	知道一个词的使用频率,并能在交际中按正确的频率加以使用
	知道一个词属于日常词汇还是专业词汇,并能正确加以运用
	知道一个词经常与哪些词一起出现或者知道它的常用搭配与词块,并能够在说或写时正确、流利、得体地使用这些搭配与词块
规则	能够应用所知的发音规则正确发一个词的音
	能够应用所知的拼写规则正确拼写一个词
	能够将所知的曲折变化规则用于口头或书面表达的词上
	能够将所知的派生变化规则用于口头或书面表达的词上
	能够将所知的与词有关的句法规则用于口头或书面表达的词上
	能够应用所知的语用规则,得体地使用一个词
	能够运用各种规则,创造性地生成从未说出或写出的合乎语法、意义正确的语言形式

（资料来源：马广惠，2016）

表1-5、表1-6在以往有关词汇深度论述的基础上,将词汇深度涉及的众多要素纳入一个总体描述框架中,全面、系统地将语言学理论中有关词的论述、词汇学习理论中有关词汇知识的论述和词汇习得研究的成果有机地结合在一起。

第二章 第二语言词汇习得研究

第二语言词汇习得研究在国内外都经历了较长的发展历程，且涌现了一系列理论，对词汇学习有着巨大影响。本章就综合近几十年来第二语言词汇习得在国内外的发展和研究状况进行探究，以期加深对此领域的了解，对词汇学习研究提供一定的借鉴。

第一节 第二语言词汇研究地位的变迁

一、第二语言词汇在语言学研究领域的变迁

在过去的很长一段时间，人们都将语法教学当成外语教学的最主要内容，而词汇的重要性并没有得到最大的呈现。直到20世纪90年代，人们才逐渐开始关注词汇，投入更多的时间和精力研究词汇。

然而，研究语言学的理论家始终觉得词汇的重要性不及句法的重要性。因此，探讨词汇组合并传达意义的方式就成了语言学研究的主要任务。在注重音系和句法的结构主义的时代背景下，很多语言学家都将语言学看成是句法的同义词，大大忽视了词汇的研究。正如布龙菲尔德（Bloomfield，1993）所说的，"词库其实就是语法的附录，一个基本的不规则内容的单子"，而语言则是"一种语言诸形式的有意义的组合"。虽然乔姆斯基（Chomsky，1965）曾将词库看成是语言理论中的一个独立成分，但其在描述词库的性质与功能时提出，词汇事实既不同于语言的基本事实，又是不规则成分的"垃圾箱""有规则的变化不是词库关心的问

题,词库仅应包含特异性的东西"。近来这种观点才受到挑战,以往被忽视的或置于语法研究中的一些东西如今才被返回到词汇中。词汇与词汇能力已经成了语言理论甚至应用研究的一个重要方面。越来越多的学者开始将词汇问题看成是外语学习中的核心问题。

需要指出的是,除了普通语言学研究领域忽视了词汇的重要性,第二语言习得研究领域也没有给予词汇足够的重视。埃利斯(Ellis,1985)指出,"人们对第二语言中语音的研究很少,而对词汇的研究几乎没有。"可见,在语言理论与语言教学中,词汇都没有得到应有的重视。

对于绝大多数语言学习者来说,词汇都是非常重要的,至少它是语言的重要组成部分。所以,我们就会不解"为什么语言研究会忽视词汇呢?"在研究语言的过程中,忽视对词汇的习得与学习者自身对词汇学习重要性的认识是不相称的。直到后结构主义时代的到来,一些新兴的语言学理论开始重视对词汇及其语义的研究,试图从词汇研究的层面对语言的本质问题进行重新审视。自19世纪末以来,词汇受到了越来越多的关注,并逐渐成为语言研究的一个热点。应用语言学理论也发现,制约外语学习的一个重要问题就是词汇。

二、第二语言词汇在语言教学领域的变迁

在过去相当长一段时间内,语言教学领域中的词汇地位也很低下。据考证,人们大概从公元2世纪甚至更早就开始学习第二语言了,即罗马人学习希腊语。当时,因为人们特别推崇修辞这门艺术,如果没有积累一定的词汇量谈何修辞,所以词汇的地位还是很高的。

但是,在中世纪的拉丁语教学中,语法教学越来越被重视。即便在文艺复兴时期一些学者为了提高词汇的地位,主张将翻译法作为外语教学的主要手段,取代之前死记硬背语法规则的做

法,反对以语法为中心的教学思想,但是并没有得到多大改善,并依旧采用演绎法以及以规则为导向的拉丁语语法教学。可以说,以语法为中心的思想产生了极大影响,且沿袭了很长一段时期。

词汇在过去的很长一段时间里都被当成了语言教学中的"灰姑娘",在学习第二语言的每一个阶段都没得到应有的重视。

在传统的语法—翻译法时期,词汇的从属地位就已经确立。19世纪初,外语教学的主要方法就是语法—翻译法(教学的中心即翻译)。语法—翻译法的主要思想有两个。首先,学习外语必须背诵大量的语法规则。其次,学习外语时要从对译句子开始。在那时,古希腊语和拉丁语是外语教学的主要内容。当时的外语教学目的不是为了用古希腊语或拉丁语进行交际,而只是为了阅读一些古典文献。语法—翻译法的基本步骤大致是,学习语法规则及词汇项目,然后就所学完成一些练习(由母语翻译成外语或由外语翻译成母语)。此时的外语教学中所用的语言材料多来自文学作品,囊括了大量早已过时的词语。语法—翻译法的教学目的是使学生学会阅读古典文献,且通过标准的考试。原本此方法在当时来说是一种变革,其目的是通过用例句而非死记硬背整篇文章而使外语学习变得更加容易,但其过分强调语言的精确性与明确的语法规则。学习的内容主要是读和写,其中涵盖了大量过时的词汇和结构。在外语教学中,词汇的选择均以展示语法规则为第一要义,为了解释某语法规则,学习者需要通过背诵双语词汇表来学习词汇。因此,在语法—翻译法中,语法教学是首要的,词汇教学是第二重要的。

语法—翻译法注重语言学习者的语言分析能力,而不是使用能力。加之其更偏重于读和写,对于提升学习者的口语交际能力并没有发挥多大作用。因此,19世纪末,直接法得以产生。

直接教学法的基本过程是,先听后说,再读、写,所以其特别注重对目标语的直接使用,认为听和说为基本学习技能,禁止学习者在课上用母语。直接法认为,学习者可以通过课堂上的交流自然而然地习得词汇。具体词汇可以借助实物或图画进行解释,最初的词汇应是简单的和学生熟悉的,所用词汇应该与现实接近。

然而,直接法存在一个很大的问题,即需要教师特别熟悉目标语,且有很强的驾驭目标语的能力,但实际情况并不尽如人意。虽然直接法模仿第一语言习得的过程,但其并未考虑第一语言与第二语言习得的差异。

第二次世界大战期间,美国急切地需要一种可以使军人快速掌握外语听说技能的教学方法,让军人们可以用外语进行对话。受行为主义心理学的影响,美国的结构主义语言学家认为,语言学习是习惯形成的结果,他们借鉴了直接法注重听说的特点,实施了听说法外语教学。此方法采用了一些可以训练和强化好的语言习惯的教学活动,如注重发音、细致的口语训练、注重句型、背诵等。简单来说,外语学习是通过语言的操练而展开的。认同并接受此方法的学习者多为成年人,因为成年人的学习动机都很强,所以此方法在当时获得了较大的成功。

听说法持续到了第二次世界大战之后。因为听说法注重对结构句型的教授,所以对词汇没有太大要求,选择词汇时只需选择一些简单的、较为熟悉的即可。在听说法的教学中,需要控制生词的出现,只有在句型确实需要时才可添加生词。然而,这种教学方法没有明确指出增加词汇量的方法是什么。20世纪40年代到60年代,英国出现了情境法,其与听说法较为相似。情境法根据不同的情境将词汇与语法项目做分类,如在餐桌、在商店等。两种方法的区别在于,在处理词汇时,情境法比听说法更具有原则性。

20世纪50年代晚期,乔姆斯基转换生成语法的兴起对于支撑听说法的行为主义理论来说可谓釜底抽薪,听说法失去了理论基础。之前行为主义者习惯形成的观点被新的观点所取代,即语言受认知因素尤其是一些内在规则的制约。1972年,海姆斯(Hymes)提出了一个重要概念,即交际能力,其强调社会语言学与语用学因素。这就使语言学习的重心从原来的"精确性"转向语言对某一特定语境的合适性。由此,交际法得以产生。在采用交际法的外语教学中,语法准确性不是教学的中心,教学的中心是对信息的传达及信息传达的流利性。交际法教学的活动主要是解决各种问题和学生完成交际任务的练习。

与以上其他教学法基本一样,交际法也没能体现词汇的地位。交际法认为第二语言词汇的习得同第一语言词汇习得一样,是自然而然就可以学会的。然而,如今人们已经意识到,交际和练习不足以扩大学习者的词汇量。

20世纪30年代以来,英美等国的一些学者已经开始实行现代外语研究规划,他们通过词频调查等方法提供外语教学的质量。一些研究者用有控制的词汇来训练与提高学习者的阅读能力。这种方式体体现了当时人们对词汇的忽视。

20世纪40年代至60年代,结构主义将词汇置于外语教学的第二位。弗斯(Fries,1945)指出,要学习一门新的语言,最大的问题就是掌握其语音系统与语法结构,而非词汇。结构主义的听说法、对比分析以及行为主义心理学也都反对过多的词汇教学。

20世纪60年代,转换生成语法兴起之后,词汇的地位仍处在边缘,与有序的语法规则相比,词汇没有规则。

20世纪70年代,有研究者开始对弱化词汇地位的观点产生了质疑,词汇的地位渐渐有了复苏的态势。例如,英国在20世纪60年代建立了词汇研究项目,且词汇语义学中的探索也随着词汇教学得到了发展,虽然二者并没有取得同步。

威多森(Widdowson,1978)意识到,词汇错误会造成交际的障碍。

第二节　国外第二语言词汇习得研究

一、国外第二语言词汇习得研究的历程

（一）20世纪80年代之前的研究

由于第二语言习得研究属于一个较新的领域，所以1970年之前，仅仅有一些零碎的经验主义的研究。1970年之后，人们开始从横向和纵向对克里奥尔语言、输入／互动、学习策略、课堂教学、普遍语法等展开研究。因为此后作为第二语言系统中的一个重要组成，其具有极强的开放性和复杂性，所以研究有很大难度。

就像科迪（Coady）所认为的，第二语言习得者知道词汇的重要性，急切地学习第二语言词汇，但教师和研究者却觉得词汇是一个低层次的活动，不需要专门的教学和研究。因此，即便学习者对词汇有迫切的需要，教学中却没能解决这一问题。直到20世纪80年代，词汇在第二语言习得的地位基本上都被忽略了，一部分原因就是人们将更多的注意力放在了句法结构上。

（二）20世纪80年代的研究

20世纪80年代，涌现了大量关于词汇的著述。比较典型的有华莱士（Wallace，1982）、艾伦（Allen，1983）和里弗斯（Rivers，1983）的三部著作。华莱士提出，如果我们具备了需要的词汇，那么就基本可以进行交际了。他在自己的著作中对词汇教学与学习的一些不良做法进行了分析，鼓励学习者发现词汇的意义及语篇中遇到的词汇之间的关系。艾伦在其著作中也强调了词汇与意义的关系，并强调了词汇教学的社会与文化维度。里弗斯在其著作中指出，教会学习者词汇的意义和使学习者根据母语背景的语言学与文化观点分析词汇的意义是词汇教学的任务。从此，

词汇教学的地位得到了彻底的改善。

20世纪80年代中期以来,有关第二语言词汇的性质、词汇习得、词汇储存、词汇提取,以及第二语言学习者对词汇的习得策略等都有了一定的研究,且被越来越多的人关注。

可以说,20世纪80年代中期是第二语言词汇研究迅速发展的一个时期。

(三)20世纪90年代以来的研究

20世纪90年代以来是词汇研究快速发展的一个时期。同样,这一时期也出现了大量有关第二语言词汇习得的作品。对很多不同的实际教学问题的研究均体现了第二语言词汇习得研究深度与广度的进展,如第二语言习得者心理词汇的本质、第二语言习得者词汇的记忆及属性,第一语言对目标语词汇习得的影响等理论与实际教学问题,如词汇教学、词汇学习评估。

在这一时期,第二语言习得研究者普遍认识到了词汇习得的重要性。哈利(Harley,1995)在《语言学习中的词汇问题》中指出,从社会语言学、心理语言学、发展与教育的角度看,词汇学是语言使用与习得的中心。甚至有人指出,学习第二语言就是学它的词汇。

近10多年来,对第二语言词汇知识的理论探讨与实证研究是第二语言词汇研究的新走向。研究者意识到了充分掌握一个词语要比了解一个词语的意思范围大得多,所以他们将词汇研究的重点从词汇广度发展转向了词汇深度习得的研究。

二、第二语言词汇习得研究的主要内容

(一)词汇广度

顾名思义,词汇知识广度即第二语言词汇量的大小。要想合理地制订并实施语言教学大纲必须对学习者在不同阶段所掌握词汇量的情况有一定了解。为此,研究者编制了一些调查词汇量的测试工具。

要想了解学习者的词汇量,就要先弄清什么是词汇。由于英语词汇有着不同形态,因此词汇量的统计工作变得异常复杂。对于统计学意义上的词汇,学者们有着不同的看法。

卡罗尔(Carrol)将 develop,develops,developed 等作为不同的词。

桑代克(Thorndike)指出,一个词涉及词根词及其全部屈折词缀形式。

韦斯特(West)认为,词的概念还包括各种词根词的派生形式。

对于词汇量的统计标准,国外有研究者提出了两个概念:基础词和词族。内申(Nation,1993)和劳弗尔(Laufer,1992)指出,以实际基础词或词族确定第二语言词汇量极其重要。古尔登(Goulden)、里德(Read)和内申指出,词典收录的词目形式是基础词。例如,care,careful,careless 在一般词典中是独立词条,属于基础词。但是,carefulness,carefully,carelessly,carelessness 经常被分别附在 careful 和 careless 词条之下,不宜当成基础词。

对于词族,Bauer 和内申指出,一个词族主要由一个基础词及其无须逐个学习的派生词与屈折形式构成。词族具有不同的等级。第一级词族中,所有不同形式如 develop,develops,developing 等均被看成不同的词;但在第二级词族中,具有相同词根、不同曲折变化的几个词被看成同一词族中的不同词项,它们被看成一个词。这种分类显然是模糊的。

要想确定词汇量,必须先区分好词汇形式与词族。通常,不同的研究者对本族语者词汇的预测会有很大的出入,其主要原因之一就是,有的研究者计算词汇的形式,有的研究者则集中于词族。

古尔登、里德和内申对《韦氏三版新国际词典》中的例词进行了详细描述,并进行了分类,还提出了一个很保守的基础词汇表。他们删掉了派生词、专有名词、复合词、缩写词和词缀等。

虽然基础词语词族还是比较模糊的概念，在词汇量测试中，除了专有名词、缩略词和复合词之外，通常不包括专业词汇、简单派生词、不常用的外来词、方言词和粗俗词等。根据此原则，国外有研究者调查发现，常用的基础词有 5 000 个词，或 3 000 词族，这些词或词族已经覆盖一般文章的90% 至95%。劳弗尔也指出，大学生要想读书至少要掌握 5 000 个词。

Hazenburg & Hulstijn 指出，一个成人非母语讲话者大概要学会不少于 10 000 个词族。可以说，一个成人本族语者的平均词汇量要达到 15 000 到 20 000 个词族，这是不太可能达到的。一个学习者要想流利地阅读任何语篇，他至少要掌握 5 000 个常用词，外加一些与主题相关的词汇。

（二）第二语言词汇知识的界定

1. 以词为中心的词汇知识描写

拉弗尔总结了懂得一个词的特点包括如下八个方面。

（1）形式：口语与书面语，即发音与拼写。

（2）词汇结构：基本的自由词素以及此后的一般派生形式与屈折形式。

（3）在短语与句子中的句法形式。

（4）意义：指称意义、情感意义、语用意义。

（5）与其他词汇的关系，如同义词、反义词、上下义关系。

（6）常用搭配。

2. 词汇知识的"维度"描写

米拉（Meara, 1996）从三个维度对词汇知识进行了描写。

（1）学习者心理词汇量的大小。

（2）学习者如何在其心理词汇中自动提取词汇。

（3）心理词汇中的词是如何相互连接的。

尽管以上研究都或多或少地取得了一定的进展，但要建立一个全面且有效的词汇能力模式仍须开展更多的研究工作。

之后,亨里克森(Henriksen)采用如下三个问题都描述了词汇知识的特点。

(1)部分词汇知识和确切词汇知识。

(2)词汇知识的深度。

(3)接受性知识和产出性知识。

可见,亨里克森将词汇知识当成是一个连续体,此观点的缺陷是没有描述词汇知识变化的机制,没考虑词汇知识习得的学习者因素。由上述讨论可知,对词汇知识"维度"的描述仍然是以词为中心的。

(三)影响第二语言词汇习得的因素

在学习第二语言词汇时,学习者会受各种因素的影响。大体上说,影响第二语言词汇习得的因素如下。

(1)母语。第二语言学习者与第一语言习得者的最大区别就是,他们已经有了完备的概念系统和意义与形式相对应的系统。在学习第二语言时,不用重新习得一个全新的概念系统,功能和意义体系已经具备,学习者只要将母语的语义系统与第二语言中的形式对应起来即可,所以母语不可避免地会影响第二语言的学习。

(2)语境。语境有广义和狭义之分。广义的语境就是说话时的情境,包括社会环境。在外语环境下和在目标语环境下学习外语,其效果是不同的。对于词汇学习,在外语环境中,产出性词汇与接受性词汇之间的差距会小于目标语环境,目标语环境的学习优势将在两年之后才会显现出来。狭义的语境指上下文或前言后语。词汇学习应该发生在上下文中,而不是一块词汇表。

第三节　国内第二语言词汇习得研究

分析了国外第二语言词汇习得的情况,本节就从国外转向国内,对我国第二语言词汇的研究进行分析和回顾,并总结近些年来国内第二语言词汇习得的研究现状。

一、第二语言词汇研究的历史发展

在早期,我国的英语词汇研究明显带有翻译学的迹象,而随着研究的进步,其又与词典编纂与语法学有着千丝万缕的关系。因为语法学中的词法学最容易与词汇学混同,词法学主要研究词的变化、词的构成成分、词的分类规律,探究语法形式及其负载的语法意义。显然,这就与词汇学不谋而合。不得不说,词汇学研究可以参照语法研究的内容,但是将词汇学的对象视为语法学的研究内容是不合适的,这实际上是取消词汇学的存在。

国内对于英语词汇的研究是从翻译实践中而来的。在具体的翻译实践中,为了翻译等值,严复、梁启超等人在探讨翻译时涉及了英语词汇的研究问题。进入 20 世纪 30 年代之后,为了与人们学习英语的需求相符,我国开始出版英汉双语词典,这才真正开始对英语词汇展开研究和探索。除了词典编纂之外,各种英语语法书籍也都包含了词汇分类、构词等内容。到了 20 世纪 80 年代,汪榕培等人的《实用英语词汇学》以及陈国强的《现代英语构词》等书籍的出版昭示着开始专门研究英语词汇系统。

从国内英语词汇研究几十年的历史可以看出,中国英语词汇的发展呈现以下两大趋势。

(1)分工越来越细。早期的英语词汇研究不仅对词汇意义、词汇构成、词汇发展进行研究,还对词典编纂等进行研究。而进入 20 世纪 80 年代之后,词典学的诞生意味着词典作为一门单独的学科来研究,而词汇意义的研究成为词汇语义学研究的重点。这就说明,词汇研究的分工越来越细腻。

（2）不断吸收与借鉴国外的研究成果。自 20 世纪 60 年代起,受结构主义语言学的影响,国内对词汇的研究侧重于对词汇意义的组织关系的研究上,即在词汇意义的研究上不仅是单纯地根据意义来研究意义,而是将词汇意义的研究纳入框架结构之中。到了 20 世纪 70 年代,国内学者吸收和借鉴了美国语言学界的义素分析法,在英语词汇研究上注入了形式的手段。进入 20 世纪 80 年代,国内对英语词汇研究的内容更趋向于多元化,即开始侧重于词汇的表层含义与深层含义、词汇意义的演变、词汇的表意功能、词汇的结构类型等层面的分析和研究。

综合分析 20 世纪 90 年代之前的国内关于英语词汇的研究,可以总结出如下几个特点。

第一,研究的内容非常狭窄。在研究内容上仅局限在语言学领域,即构词法、词汇关系、语言变体等。

第二,研究的理论基础较为单一。如前所述,大多数是建立在语言学的基础上进行的词汇意义的研究,还有一些是建立在社会语言学理论的基础上,探讨的是社会环境与语言变异的问题,而很少从认知科学、心理学等领域来研究词汇。可见,英语词汇的研究成果大多是描述性的,而不是解释性的。

第三,研究的语料非常有限。研究者往往是根据所教授的词汇的难易程度,展开演绎式的推理,并未得到学习者语料库的参与与指称,因此研究多具有主观色彩。

第四,研究的应用主要是为了开展第二语言教学。这就意味着研究者多为教授第二语言的教师,他们通过总结教学经验,提出英语词汇教学的设想,体现了英语词汇研究的经验性。

第五,研究的视角大多都是单向性的。研究者过多的从教学视角对词汇本身的特点、词汇教学的环境等进行考虑,而很少涉及第二语言学习者的角度,也未探讨第二语言词汇学习的内在过程。

第六,很少考虑学习者母语的影响。中国的英语学习者学习英语的环境多为外语环境,他们在学习词汇的过程中不可避免地会受到母语的影响,产生负迁移现象,如果不考虑这一因素,那么研究成果很难具有针对性。

进入 20 世纪 90 年代,国内的英语词汇研究更加深入、具体,以往过分集中在对同义词、反义词的研究,而现在侧重于对其他结构的研究,注重全面性,并出现了跨学科的局面,即除了将语言学用于词汇研究上,还将篇章语言学、社会语言学、文化语言学、语用学、认知科学等用于词汇研究中。

总而言之,以往的第二语言词汇研究基本是建立在国外第二语言研究基础上的,对中国学习者的词汇习得情况进行描述与分析,或者通过对学习者词汇习得情况的分析来验证国外的理论。近些年,从事英语作为第二语言习得的研究者们开始借助相关学科的理论,对中国学习者的习得情况进行直接观察,从而逐渐形成了具有中国特色的理论。

二、第二语言词汇习得研究的现状

如前所述,将英语作为第二语言习得进行研究的专家学者们开始将相关学科的理论用于第二语言词汇习得上。在这一阶段,第二语言词汇习得研究已经从整个习得过程的宏观思考转向习得各个层面的微观研究,因而形成了以英语语音习得、词汇习得、词汇知识习得研究为主要层面的格局。这一格局与之前国外第二语言词汇习得研究并轨。具体而言,可以从以下几个层面对第二语言词汇习得的研究进行回顾。

(一)词汇量层面

在英语词汇教学研究中,英语词汇量研究是一项重要的内容,其对于确定词汇教学的目标、编写教材、组织和测试教学情况具有宏观的指导作用,同时是教学诊断与评估的一项重要指标。从 20 世纪 80 年代开始,我国关于词汇量的研究已经取得了一定的成就,如桂诗春、邓威、周大军、汪庆华等。1982年、1983年,《大学英语教学大纲》设计组在编写大纲的过程中对大学新生英语词汇量进行了调查,并为1985年大纲的编写奠定了基础。桂诗春对非英语专业与英语专业的学生所做的词汇量调查也为我国英语词汇量调查提供了依据。其他的研究有的集中于一部分学习群里,有的是从共时角度研究的,有的是从历时角度研究的。

综观这些研究,由于调查对象的专业与地域限制,对词的定义也存在差异,加上采用的测量工具不同,因此研究者也得出了差异较大的结论。尽管如此,相关研究者也得出了一个普遍性的结论,即学习者的词汇量少,尤其是中高级英语词汇的匮乏,对学习者英语水平的发挥产生了极大的制约作用,因此对学习者的英语水平提升产生了极大的阻碍。通过语料库的研究也发现,中国学习者具有浓重的口语化色彩,书面文体色彩不足。

(二)词汇知识层面

20 世纪 90 年代,国外关于词汇深度的研究已经取得了一定成果,但是在我国则处于起步阶段。

在早期的第二语言词汇习得研究中,我国专家学者注重对于词汇广度的研究,而国外已经对词汇定义、词汇知识等深度展开了研究,且进行了大量的实证检验。

近些年,国内的研究者开始将研究视角从广度转向深度层面,即开始重视学习者词汇知识的习得。著名学者吴旭东、陈晓庆等人(2000)将词汇知识类型作为研究框架,对六个高频名词进行测试,将代表初级、中级、高级英语水平的三组受试者的词汇能力进行调研,并对其发展路径进行描述。根据调查发现,早期阶段的学习者词汇知识发展较快,同义词、词汇搭配知识也在随之发展,但是并没有先后顺序,即被认为是一个随机事件。当受试者语言水平逐渐向中级程度发展时,词汇知识的增长速度逐渐放缓,而同义词、词汇搭配等发展较快。当受试者达到中级程度之后,词汇各类知识几乎停止增长。当然,这项研究也存在不足。

第一,研究中的测试词选用的都为名词,并未选用其他词类。第二,选用的测试词对于受试者来说非常熟悉,因此研究的发展路径并不是从初始阶段开始的,只是一个大致阶段。因此,实验应该选择受试者未学过的词汇来做测试。第三,研究者未考虑第二语言词汇习得中母语系统的影响。

刘邵龙(2001)在前人研究的基础上,运用10个高频词的意义和词缀两个层面对中国不同水平的英语学习者词汇习得做了实证研究,运用定性、定量分析法对课堂环境下的第二语言词汇的意义与词缀习得进行研究。结果发现:一是学习者广度习得速度要比深度习得速度快,而且差异很明显是在长时间形成的;二是无论是意义还是词缀层面,受试者词汇的接受能力都比产出能力大。

综合上述学习者的研究可以发现,在词汇运用上,学习者的接受能力明显要强于产出能力;学习者的词汇知识习得明显不足,且贯穿于词汇习得的全过程。这反映出我国英语学习者在第二语言词汇知识的习得中对词汇意义、词汇理解的认知特点过于偏重。

(三)心理词汇层面

国内对于词汇习得的行为特征、心理特征、心理词汇等研究较少,只是近些年才逐渐兴起,著名学者有桂诗春、孙蓝等。

心理词库是语言学及其他认知科学越来越受重视的一个部分,研究的问题主要涉及各种词汇信息——音、形、义在大脑中的提取和表征。著名学者桂诗春、董燕萍(2002)通过分析近些年的双语心理词库的文献,归纳出双语心理词库表征的模型,且对各个模型进行了介绍。但是,二者的文章仅仅做了理论性探讨,并没有针对中国学习者的心理词库进行分析。

张淑静(2003,2004)的研究主要通过分析和调研第二语言学习者对某些词的反应来探究这些词在大脑中的表征及其反映出的词汇习得情况。其研究充分证实了一个结论:语音在第二语言心理词汇中的作用要明显比母语心理词汇的作用大。同时,对我国英语专业高年级学生进行联想测试时发现,往往会出现大量的语音反应及无法归类的反应,这就说明很多词汇还未在第二语言习得中建立有意义的联系。

由此可以推断,在中国英语学习者的心理词汇中,大部分词汇还没有建立起有意义的联系。中国学习者在提取大脑中的英语词汇时,语音表征的激活应该先于语义信息的提取,但是显然语音表征的反应非常滞后。造成这种现象的最主要原因在于母语的影响,因此学习者必须避免母语的中介作用,不仅使词汇知识能够充足,也使得心理词库的结构更加合理并便于提取。

（四）词汇习得过程层面

语言是人类对世界进行认知和表述的过程和方式。语言习得更是一种过程。在第二语言词汇习得研究中,很多研究并不是以过程为基础,而是以结果为基础,用结果推导出过程。这就导致结果与过程不统一。事实上,在词汇习得研究中,我们应该同时注意结果与过程,这样才能保证习得理论的全面建构。

当前,国内关于词汇教学方面的研究比较多,而词汇习得的研究比较少。第二语言教学与研究经历了范式演变、方法更替后,终于将注意力转向了学习者本人。近些年,国内研究在这方面也从过程的视角对我国学习者的英语学习进行了探讨,但是第二语言词汇习得过程比较复杂,其中包含了大脑的一系列活动,且这些活动很难被观察,再加上受母语的影响,因此这方面的研究还较少。

（五）词汇学习策略层面

近些年,第二语言习得领域中发生的根本变化之一就在于以教师为中心转向以学习者为中心。这就是说,教育活动对学习者的自主性更加强调。以学习者为中心这一观念将第二语言习得过程中的学习策略问题涵盖在内。事实上,外语教学中有关学习策略的研究已经成为一项重要内容。但是,国外关于词汇学习策略的研究侧重于以英语为母语的人展开,而以英语为第二语言的情况怎样呢?

很长一段时间,国内关于词汇记忆理论的探讨要么是介绍国外理论,要么就是介绍自身经验,而针对中国学习者英语学习的研究很少。这种情况直到 20 世纪 90 年代才有所改观。

词汇学习策略包含元认知管理、学习观念、根据上下词猜测词义、查字典、编码记忆等。研究者不同,所选择的研究对象不同,但研究的结果相对较为一致,他们都发现词汇策略对词汇测试成绩有着预测性。

通过对词汇学习策略的研究发现,中国学习者的词汇学习策略与西方学习者的词汇学习策略不同。例如,西方学者对关键词法大力推荐,这种方法是通过联想一些外语词及其在学习者母语中的同音词之间的形象来对单词进行记忆。这一方法要求学习者必须在外语单词与关键词之间找到关联性,或是读音上的关联,或是形象上的关联。但是这两种关联性的寻找非常复杂,因此学习者很少使用这种方法。再加上英汉两种语言具有不同的发音,因此关键词法对于中国学习者而言是否适用还有待研究。再如,一些学习者主张采用广泛阅读法来增加词汇量、习得词汇,他们对于背诵单词是非常排斥的。但是对于中国学习者而言,他们并没有恰当的英语学习环境,会受到外语学习环境的影响和制约,再加上中国学习者受传统语言学习理论的影响,因此很难通过阅读方法习得词汇。

第三章　第二语言词汇习得的理论基础

众所周知,第二语言词汇习得是第二语言习得的一项重要内容,但是很多第二语言习得的理论、模式并不能直接应用到第二语言词汇习得上。第二语言习得研究往往以形态、语法作为主要研究对象,而词汇具有自身的特殊性,因此需要对词汇进行专门的研究,尤其是对第二语言词汇习得理论进行调整。

第二语言词汇习得的构建可以借助语言学的描写手段、心理学的实验方法、认知科学的加工模式,对词汇的获取、存储、加工等过程进行科学的论述。同时,语言相对论可以解释第二语言词汇习得中的母语迁移现象以及学习者词汇习得中的石化现象。基于此,本章从语言认知论、语言相对论、经验主义论三大理论出发来探讨第二语言词汇习得的理论基础。

第一节　语言认知论

作为人的智能活动之一,语言是人类认知的一项重要组成部分。根据认知语言学理论,认知是语言的基础。人类的认知发展要比语言发展早很多,是前语言阶段;当人的认知与改造客观世界的活动发展到互相交流的阶段时,语言得以产生。语言不能包含全部认知能力,不能对认知能力的发展起决定作用,但是能够让人们更好地认知新事物。只有借助语言,人们才能展开信息与认知的交流,从而促进认知发挥作用。同时,借助语言,人们才能记载和保存自身对客观世界的认知,形成不同民族不同的认知成果,并代代延续下去。可以说,一个人的语言知识、语言能力的获得过程与其认知过程是分不开的。因此,语言认知论必然成为指导第二语言词汇习得的一项重要理论。

一、语言与认知

多年以来,结构主义语言学、生成语言学等都将理论建立于客观主义哲学观上,试图全方位地对真实世界本体进行模拟,但是这明显将本体与认知之间的互动、辩证关系排除在外。因此,结构主义语言学与生成语言学等所谓的主流语言学都将语言视为封闭的研究领域,并未认真地将认知因素考虑进去,也没有注意到人类认知对于语言生成与演化的意义。

了解语言与认知的关系有着重大意义。一方面,通过分析语言,可以探究认知是如何对语言起作用的;另一方面,弄清楚认知对语言的作用,就可以更深层次地了解语言。

语言与认知的关系问题一直备受学界的关注。早在 19 世纪上半叶,学者们就开始认识到语言与认知的不可分割关系。下面列举一些有代表性的观点。

皮亚杰(Piaget)认为:认知决定语言。语言的能力不是天生的,而是随着认知的建构而发展的。他强调学习者学习过程的建构性,人从婴儿时期便开始积极地从自身经历中建构个人的意义,认识世界。他将个体在儿童阶段的认知发展分为四个阶段。

(1)感知运动阶段(0～2岁)。这一阶段的婴儿只有先天的遗传性的无条件反射,是靠感觉与动作来认识世界的。在这一阶段的后期,感觉慢慢与动作区分开来,开始出现思维活动。

(2)前运算阶段(2～7岁)。在这一阶段,个体开始出现了简单的语言符号,能够进行表象的思维,但是缺乏可逆性。

(3)具体运算阶段(7～11/12岁)。处于这一阶段的儿童出现了逻辑思维,能够进行零散的可逆运算。

(4)形式运算阶段(11/12～14/15岁)。能够进行抽象的逻辑思维。

皮亚杰指出,在感知运动阶段,不要只凭借语言的水平和能力来判断儿童的发展状况,因为在这一阶段,儿童的发展主要是靠动作和感觉与周围世界接触的,并不是靠语言能力的发展。同时,语言能力只是儿童整个智力发展的一部分,并不是全部。语言在儿童认知发展的过程中固然重要,但并不决定其认知的发展阶段。个体是在具有了最基本的认知基础上才有语言能力的发展,语言的进步是随着认知的发展而发展的。认知的发展水平决定着语言学习的有效性。①

与皮亚杰不同,乔姆斯基(Chomsky)则主张语言是生来就有的,是智力结构的产物,每个人都有天生的语言习得机制。他反对语言的习得是建立在认知发展基础上的说法,原因是孩子在幼时,即认知能力还没发展到高级阶段的时候,就已经能快速地、较容易地学习语言了。因此,他认为语言是通过一个天生的语言习得机制(Language Acquisition Device, LAD)习得的。这种机制被认为是"头脑中专门处理语言的生理部分",它能"生成任何语言原文的语法",不论其有多么抽象,多么复杂,通过这一"生理部分",不同文化背景下的孩子都能够有足够的固有知识来理解生成语言表层结构的深层结构。

洪堡特(Humboldt, 1988)明确指出:"语言是构成思维的器官。"② 在洪堡特看来,语言与思维是彼此关联、相互作用的。洪堡特的语言世界观理论不仅将语言视为一种表达手段,更将语言视为一种认知手段。同时,洪堡特将语言的表达功能与认知功能区分开来,并认为语言的认知功能才能更深层次地认知语言的本质。

除了上述国外学者外,我国学者也认识到语言与认知的密切关系。

---

① 刘艾云.谈语言与认知[J].大连理工大学学报(社会科学版),2005(2):94.
② Humboldt, W. Von. *On Language: the Diversity of Human Language-Structure and Its Influence on the Mental Development of Mankind* [M]. Cambridge: Cambridge University Press, 1988: 54.

许国璋(1991)认为,语言是处于人与自然间的一个独特世界,从很大程度上来说,人必须通过语言的世界才能对自然的世界加以认识。但是,由于语言的不同,各个民族所认识到的自然世界也必然存在差异。作为一种认知手段,语言对人的认识活动起着制约作用。因此,语言并不是对客观现实的直接反映,其间包含人对客观世界的认知。[①]简单来说,许国璋的这一理论可以表述为:现实—认知—语言。

潘文国(2001)认为,"语言是一种交际工具"是关于语言的一种最为流行的定义。在这一定义指导下,人们习惯将表达视为语言的第一功能。但是,如果语言的功能仅仅在于表达思想,那么语言对于人类并不是绝对必要的,因为人类同样可以采用其他符号或者非语言符号来进行信息的传达。因此,语言的交际性并不能反映人类的本质特点。基于这样的认知,潘文国先生在《语言的再定义》一文中分析和研究了国内外六十多种关于语言的界定,并将语言解释为人类认知世界以及进行表述的过程与方式。[②]就这一定义而言,潘先生强调了"认知"一词,目的在于侧重语言过程的理性意义。所谓的"过程",必然会涉及语言的学习与习得。

因此可以说,语言不仅是一种表达手段,更是一种认知手段。本书作者认同潘先生的定义,因为他的定义解释出了语言的本质属性,是对洪堡特语言世界观理论的继承与发展,也是当前认知语言学的观点的反映。另外,潘先生的定义强调了语言的认知属性,也考虑了语言的运用与习得过程,对于语言习得尤其是第二语言词汇习得有着重大意义。

二、语言认知研究的发展

语言的认知研究始于 19 世纪末 20 世纪初。当心理学从哲

---

① 许国璋.论语言 [M].北京:外语教学与研究出版社,1991:9.
② 潘文国.语言的再定义 [J].华东师范大学学报(哲学社会科学版),2001(1):1.

学中分离,并逐渐形成一门独立学科的时候,人们就开始研究语言与认知。早期的实验心理学侧重于研究阅读心理、字词联想等层面,并取得了相应的研究成果,这些研究对于语言的认知研究大有裨益。

20世纪五六十年代,随着现代语言学的诞生与发展,加之计算机科学的发展,认知心理学逐渐产生,这是心理学发展史上的一项重大突破。认知心理学与行为主义不同,行为主义只研究外显行为,认知心理学突破了这一局限,其运用信息分析的方法对人的认知进行研究,且将研究中的重点置于认知的内部过程与结构上,将人的认知系统与计算机进行类比,因而极大地促进了涉及语言的人类认知研究。

语言的认知研究是认知心理学的一个重要领域,且发展迅速。20世纪80年代以来,语言学的研究开始出现认知视角转向。虽然当时乔姆斯基的转换生成语法的主要目的是对人类语言的认知基础进行阐释,但是后来的研究者还是觉得仅依靠研究人类大脑语言机制的句法学,无法真正地揭示语言的本质。认知科学的发展意味着以逻辑实证主义、客观主义为根基的语言学思想存在局限性,因为这些理论在追求形式逻辑的同时,并未重视本体与认知之间的关系。在这一点上,比较有代表的语言学家有莱考夫(Lakoff)、约翰逊(Johnson)、斯玻珀(Sperber)等,他们从意象、范畴、概念等角度入手,采用心理的、历时的手段来描述语言系统及语言系统的运作规律,开创了语言学研究的新纪元。

认知语言学并不是一种单一理论,而是一种研究范式,其着眼于语言与认知的关系。简单来说,认知语言学就是以认知为出发点,探究如何运用语言符号将事物做抽象化、概念化处理;探究如何运用语言符号来实现人类的交际。

20世纪90年代初,我国的一些学者也开始关注语言的认知研究动态。到了20世纪90年代后期,认知语言学已经在国内站稳了脚跟,成为一个非常具有影响力的语言学科。

总之,语言的认知研究具有重要的意义。只有弄清语言的本质属性,才能更深层次地揭示人脑技能,了解人类的心理特征。语言是人类获取信息的重要载体,人类的知识经验的获取大多都依靠语言,因此对语言的正确表达与理解,直接影响着人类的实践。将这一理论运用到教学领域,对于开发教师与学习者的智力,更好地开展第二语言教学大有裨益。

第二节　语言相对论

无论是西方世界的"名实"之争,还是古代中国的"名物"之争,都从本质上体现了认识世界的观点和看法,是古代先哲对于内在心智、外部事物的一种朴素认知。事实上,自亚里士多德以来,语言、思维、客观世界的探讨从未停止。进入20世纪40年代,萨丕尔—沃尔夫(Sapir-Whorf)假说的提出使得语言相对论成为语言学研究的热点,引起了学术界的共鸣。语言相对论对于第二语言词汇习得有着重要的启示。

一、语言世界观思想

之前已经提到,语言世界观是由洪堡特提出的。洪堡特指出:"每一种语言中都包含一种独特的世界观。"[①]人类创造出语言,但是也通过同一种行为将自身束缚于语言之中。每一种语言都在其所属的民族之中形成一种圈子,人类只有跨越另一种语言圈子,才能从自己的语言圈子中走出来。因此,学习第二语言就意味着在自身原有的世界观领域寻求一个新的出发点。

虽然我们所说的"语言相对论"是近几十年出现的语言学艺术,但是其原理首先源自洪堡特的语言世界观思想。在洪堡特看

---

① Humboldt, W. Von. *On Language: the Diversity of Human Language-Structure and Its Influence on the Mental Development of Mankind*[M]. Cambridge: Cambridge University Press, 1988: 45-46.

来,语言通过自身系统中可能存在的语义分类、语法范畴等,决定着操控这一语言发话者的世界观,这种语言系统是发话者同自身的民族文化一起继承下来的。之所以提出这一思想,主要是因为洪堡特侧重于强调语言的主观性。

洪堡特的语言世界观理论为后人的语言研究提供了重要框架。同时,洪堡特根据这一思想提出了一个著名的定义:思维与词的相互依从关系可以清晰地告诉人们,与其说语言是确立已知真理的工具,不如说语言是解释未知真理的工具。语言的差异性并不体现在语音外壳、语言符号上,而体现在世界本身上。

可以看出,洪堡特的语言世界观思想肯定了语言将世界变成精神财富的作用,并明确告诉人们语言不是产品,而是一种创造和活动。

语言世界观不仅是语言研究的出发点和哲学基础,更是语言教学尤其是第二语言教学的指导思想。语言观是语言教学思想的一项重要组成部分,不同的语言观会对教师语言教学思想、教学模式的选择产生直接的影响。语言教学的任何一种方法都是建立在语言观与语言学习观的基础上。换句话说,任何一种理论都离不开对语言本质、语言学习本质的认识,虽然有的教学法创始人并没有说明其是基于何种语言理论或者语言学习理论建立的教学法,但是从教学法中渗透出的教学原则、教学材料选择等都反映了语言教学理念。不同的语言观决定了使用何种教学法、如何进行教学评估、如何安排教学活动等。这些问题对于第二语言学习具有导向作用。

二、语言相对论思想

(一)萨丕尔的早期思想

萨丕尔是美国结构主义的代表人物,是 20 世纪杰出的语言理论家之一。萨丕尔的语言观呈现明显的"人文主义"色彩,其对于语言的文化意义非常看重,主张从个人言语创造的美学层面、交际的社会层面、心理层面、文学层面等审视语言。同时,萨丕尔还指出语言是非本能的。由此,萨丕尔的语言研究中多采用"意识""心理""感觉"等词汇,可见他的语言观也具有"心理主义"倾向。

萨丕尔指出:"人们不仅生活在事物的客观世界中,也不仅生活在社会活动的世界中,他们在很大程度上处于被用于交际的具体语言的影响下。如果有人认为人们可以不借助语言来认识现实,或者将语言视为解决交际与思维的某些辅助手段,这些观点都是错的。事实上,真实世界是在语言规范的基础上不自觉地构建起来的。"①

萨丕尔的语言与思维的观点同洪堡特的"语言世界观"存在一致性。在萨丕尔与洪堡特看来,不同的语言模式会对人们的思维产生影响,从而产生的思维模式也存在差异,对世界的认知也不同。

萨丕尔对人类语言主观性的看法以及语言对主观性的反作用,有助于人们更深层次地认识语言。萨丕尔的语言观可以归纳为两点:一是以主观为基础;二是以体验为基础。体验是人类行为的驱动力,也是语言的大脑驱动力。萨丕尔的观点很好地解释了语言的主观性,也正是因为语言的主观性,人类看待世界的角度与人类自身的感受存在差异。

(二)萨丕尔—沃尔夫假说

萨丕尔—沃尔夫假说的观点最早出现在 1929 年萨丕尔发表的文章上,文章指出"语言是'社会现实'的指南"。虽然人们普遍认为语言对于社科研究者并无多大意义,但是其对于人们认识社会问题与社会过程产生了较大的影响。人们并不是仅生活在客观世界之中,也并不是生活在社会活动的世界中,而是处在语

---

① 转引自徐志民.欧美语言学简史[M].上海:学林出版社,2005:241.

言的严格控制之下。

后来,萨丕尔的学生沃尔夫发展了萨丕尔的思想,他认为每一种语言系统不仅是为了表达思想,而是让思想成型。语言系统是人们开展思维活动、对种种印象进行分析的指南和程序。

萨丕尔—沃尔夫假说主要包含两项内容:一是语言相对论;二是语言决定论。如果只谈论语言相对论,那么就认为是一种弱式假说;如果谈论后者,那么就认为是强式假说。

强式假说认为,语言的差异性使得语言的发话者从不同的方式来看世界。现代很多人对这一理论持有反对态度。确实,虽然语言不同,但是可以实现较好的翻译,这也体现了强式假说的问题。虽然语言中体现的文化差异不可避免,但是也并不能说这种存在差异的语言就无法交流了,至少我们可以使用某一语言中的多个词来对其进行解释,最终采用迂回战术来让对方理解。

相比之下,弱式假说认为:语言对思维产生影响,语言之间的差异性导致说不同语言的人的思维存在差异。人们对于这一观点是可以接受的。语言对思维方式的作用并不是决定性的,但是语言确实会影响人们的感知能力和记忆能力,而且会影响人类大脑活动的难易程度。根据一些实验可以看出,如果某些事物与人们易提取的词汇、短语一致,那么人类就很容易记住这些事物。

(三)沃尔夫的"新相对论"

沃尔夫将自己的语言相对论思想称为"新相对论"。在他看来,语言不仅是一个符号系统,还是一个概念系统,语言帮助人们认识和适应社会,也对这两种过程起着制约的作用。他明确提出了语言对思维的制约,甚至是决定作用,他说:"人的思维存在于某种语言当中"。"语言会影响人们的习惯性思维和行为,能够在潜移默化地改变人们的世界观","只有习得了另一种语言,个体的思维才会有相应的改变。"

新沃尔夫主义(Neo-Whorfianism)的出现使语言相对论的

发展进入了第二个阶段,研究者们更多地开始关注语言与认知之间的相互作用。

新沃尔夫主义的基本观点是语言与思维拥有不同的结构,二者要分开看待。在大量研究结果中,有关语言与认知的关系大致涉及三种模式,如图 3-1 所示。

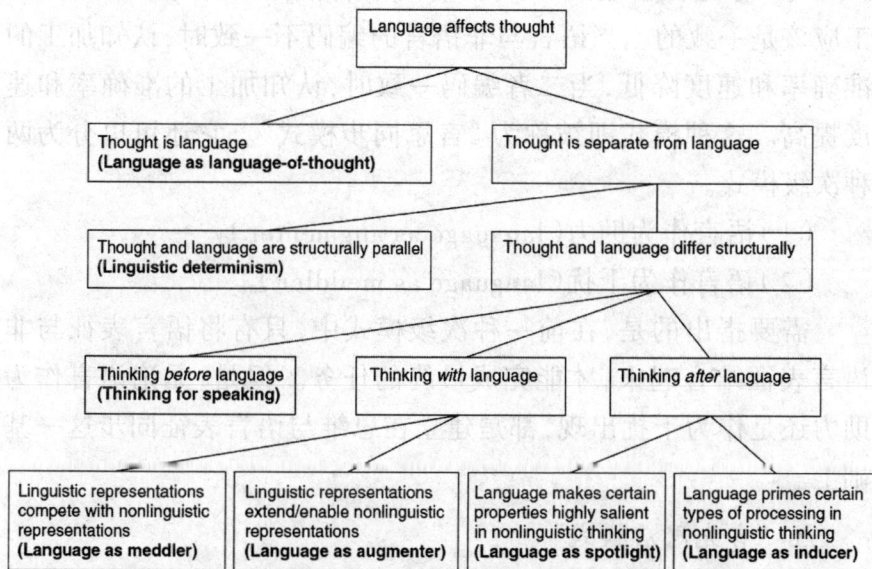

图 3-1　语言如何作用于思维的分级假设

(资料来源:高山,2015)

三种模式分别是"思先言后模式"(thinking before language)、"言思同步模式"(thinking with language)以及"言先思后模式"(thinking after language)。

1."思先言后模式"

以 Slobin 为代表的学者通过对英语、汉语、印度尼西亚语的研究发现,只有英语中有动词有时态的变化,因此英语本族语者较其他两种语言的使用者来说更关注事件发生的时间。他认为,人们在使用语言进行表达的同时还从事着某种特定的思维活动,关注着某些特定方面的经验,即 thinking for speaking, 这种理论得到了基于运动事件的注意模式和记忆的研究支持(转引自高山,2015)。

2. "言思同步模式"

与"思先言后模式"不同,有的学者认为语言与非语言的加工应该是一致的。当语言与非语言的编码不一致时,认知加工的准确率和速度降低,当二者编码一致时,认知加工的准确率和速度提高。这种模式即被称为"言思同步模式"。它还可以分为两种次级模式。

(1)语言作为助力(language as augmenter)。

(2)语言作为干扰(language as meddler)。

需要指出的是,在前一种次级模式中,只有将语言表征与非语言表征结合起来,才能完成最终的任务。但是,无论语言作为助力还是作为干扰出现,都是建立在思维与语言表征同步这一基础上。

3. "言先思后模式"

持有"言先思后模式"观点的学者认为语言对思维的作用产生于语言使用后。在他们看来,长时间运用一门语言会形成指向特定属性的注意习惯,这一习惯即使处于非语言情境中也必然会发生作用。它还可以分为两种次级模式。

(1)语言作为诱因(language as inducer)。

(2)语言作为聚光灯(language as spotlight)。

前一次级模式认为,语言可能通过一种普遍形式对认知产生影响,即可能采用一种特定的认知加工模式。后一次级模式认为,长时间地强调并使用某一特定属性的词汇、句法等会将注意力引向这些属性,这时语言就会像聚光灯一样凸显语言的某些属性。

①   D.I.Slobin. *From "thought and language" to "thinking for speaking"* [M]. Cambridge: Cambridge University Press, 1996: 70-96.

通过上述分析可知,语言相对论思想的提出是认真的,并不是哗众取宠的。也就是说,语言对思维有着重大的影响,其从独特的视角去认知与研究客观世界,这一点是正确的。并且,这一理论对于语言学习者的思维模式形成也大有裨益。

三、语言相对论与第二语言词汇习得

第二语言词汇习得的本质与第一语言词汇习得不同,但是对于第二语言词汇习得还缺乏一个清晰的理论研究视角。如果没有理论的指导,就很难定义第二语言词汇习得中的自然过程,也很难解决词汇习得中遇到的各种问题。因此,需要建构一个能够将相关概念、相关联想、相关分析方法综合起来的一个有机的、连贯的理论框架。通过这一理论框架,第二语言词汇习得的认知过程才能更加自然,形成一个统一的整体,也只有这样,才能帮助教师找到合适的教学策略。

词汇习得本质可以按照语言相对论的思想来理解。换句话说,沃尔夫的新相对论思想为第二语言词汇学习提供了一个新的视角,具体从如下四点理解。

第一,一种语言不仅是一组形式、一组标签,还包含了能够反映语言使用者概念化的内容,且这些内容非常丰富。

第二,语言是语言形式与概念知识之间构筑成的一个有机的系统。

第三,作为这样的有机系统,没有任何两种语言在结构上完全相同。

第四,学习者要想完全习得一门新的语言,就需要懂得这些结构之间的逻辑关系。

第三节 经验主义论

语言并不是自足的、封闭的体系,是依赖的、开放的体系,是客观现实、生理基础、社会文化、认知能力等各个要素融合为一体的产物。经验主义的语言观认为,人的经验与认知能力对于语言的运用和理解非常重要,认为并不存在独立于人的认知之外的意义,也不存在独立于人的认知之外的客观真理。经验主义理论对于第二语言词汇习得理论的形成也有着重要的作用。因此,本节就对经验主义论展开分析和探讨。

一、客观主义语言观

长期统治西方文化与哲学的客观主义对于语言研究有着重大影响。持有客观主义语言观的学者认为,世界是由物质与理念这两个相互对立的部分组成的,而人的理性不受人的生物功能与外部世界特性的影响和制约。

语言是抽象的符号,是一个独立于任何机体的特征,但是其与世界上的事物相互对应。语言中的概念、词语等与客观事物的特性相互对应。在客观主义者看来,外部世界是有章可循的,其由一个清晰可辨的实体构成,且每个词汇都是由一些基本特性组成的,这些特性可能是偶然,也可能是本质的。另外,外部世界的实体之间也具有客观性、稳定性的关系。

客观主义哲学观的一个基本假设在于人的心智如同一面镜子,对外部世界进行映射。换句话说,人的语言与思维中所运用的符号与外部世界的实体、范畴等是相对应的,符号通过与外部世界的对应关系而形成意义。这样的符号体系可以被认为是对客观现实的映射,是对外部世界的再现。[1]

---

[1] Lakoff, G. *Women*, *Fire*, *and Dangerous Things*: *What Categories Reveal about the Mind* [M]. Chicago: The University of Chicago Press, 1987: 166.

在客观主义者看来,意义与理性超越了任何个体的限制,是超经验的。概念应该对外部世界的实体与范畴进行客观的反映,意义是客观的,人体对于概念意义的赋予意义不大。

客观主义哲学观支配下的语义观认为,语言符号往往具有客观的意义,词语与客观世界中的具体事物相对应。但是很明显,这一观点存在很多问题。

首先,语言中的很多词具有一词多义现象,但是这一对应性无法解释多义词的不同义项以及这些义项之间的关系。

其次,语言中的很多词也可能指称同一事物,如果按照客观主义的对应观点,很难解释这些词的区别和联系。

可见,客观主义语言观并不能解释上述问题,因此具有明显的局限性。总体而言,客观主义语言观与人类对范畴的认知并不吻合,也很难帮助人们认识语言。基于此,经验主义语言观诞生。

二、经验主义语言观

莱考夫与约翰逊提出的经验主义语言观正好填补了上述客观主义语言观的不足,因为经验主义语言观力图通过进行交流与思维的人类本身的身体经验、身体构造、社会经验来诠释概念、词语的意义。

在认知语言学的理论中,经验主义理论是非常重要的理论。但是由于经验主义原本并不是对第二语言习得现象进行解释的,因此在第二语言研究中并没有给予足够的重视与考虑。但是,作为一个有影响力的、广泛的语言现象,经验主义语言观值得我们研究。因此,可以将经验主义论视为第二语言词汇习得理论基础之一。

经验主义理论的一个根本假设就是体验性。关于体验性,可以从认知语言学的哲学观来思考。这在莱考夫和约翰逊的《体验哲学》一书中做了明确诠释。在《体验哲学》一书中,莱考夫与约翰逊将其思想归纳为三条基本的原则,即认知的无意识性、心智的体验性以及思维的隐喻性。

（一）认知的无意识性

传统哲学理论中的认知被认为是概念结构或者命题，并且将对认知的研究重心放在对概念结构或命题的规则运算上。而认知的价值就是以外部世界为参照点，对真值条件意义进行界定。莱考夫与约翰逊跳出这一狭隘的理解范畴，从广义角度对认知做了解释。他们认为，认知包含概念、心智运作、语言、推理、心智结构等层面，这一认知并不是从外部世界来定义的，而是从人们的身体与心智来定义的。

由于认知推理、概念结构主要来源于人类的身体，而当人类的身体与世界进行互动时就需要感知系统的作用。人类神经系统的每一个结构都可以作为一个原型，它帮助人们进行推理和想象。在莱考夫和约翰逊的理论中，心智的结构及其运作都是无意识的，其主要包含听觉、嗅觉、视觉的加工与记忆，思维，情感等内容。

所谓认知的无意识性，是指人们在日常生活和交际中，对自己的心智并没有任何直接的感觉，甚至一些非常简单的话语也需要经历一些复杂的过程，如认知运作过程、神经加工过程。

在日常生活中，人们的认知一般不需要注意力的集中就可以自行运转。例如，人们并不能时时刻刻都可以意识到他们的神经加工过程和大脑的推理过程。因此，可以得知人们对第二语言习得的过程也是无意识的。对于"无意识性"这一概念，兰姆（Lamb）通过"眼镜"的例子对其进行描述，他认为人们佩戴眼镜的目的是更清楚地看清事物，但是在佩戴的过程中人们并不知道眼镜如何发挥作用，换句话说就是并不知道眼镜如何进行运作，因此必须摘下眼镜，然后对眼镜进行专门的、客观的研究，但是受验者由于没有了眼镜当然也无法看清眼镜这一事物。[①] 可见，处于运作

---

① Lamb Sidney. *Pathways of the Brain: The Neurocognitive Basis of Language*[M]. Amsterdam: John Benjamins, 1998: 12.

状态中的心智是无意识的。

弗洛伊德（Sigmund Freud）曾提出"被理性所压抑的潜意识"这一观点，但是这与莱考夫与约翰逊所说的"无意识性"是完全不同的。

因为莱考夫与约翰逊的"无意识性"指的是"在知觉的认知层面下不能被意识操控和掌握的思维"。[①]他们通过一个有意识对话的例子对上述理论进行了验证。

（1）存取有关于对话内容的一部分记忆。

（2）对谈话中的语言进行理解，并将这些语言分解成表情、语素、语气、词素等逐一进行分析和体会。

（3）从母语的语法出发，对话语中的语句结构进行建构和理解。

（4）根据上下文语境来分析和理解语句。

（5）将句子、意义、语义三者相结合来理解整个话语的意义。

（6）意识和讨论与对话相关的话题。

（7）用与之相关的话语谈论方式来谈论话题内容。

（8）建构意象图式对对话信息加以校验。

（9）对空缺内容进行填补。

（10）集中注意力理解发话人的肢体动作。

（11）对谈话内容的方向进行预测。

……

从这一对话例子中不难发现，即使是一个自认为简单的对话任务，其也包含十几步详细而复杂的过程。但是这些话语在日常生活中，人们往往并没有经过深思熟虑或者特殊的努力就脱口而出了，并且由于视觉认知活动与听觉认知活动是在意识中自动进行的，因此很难意识到其中的神经运动。需要指出的是，这并不是说人们放弃了有意识的思维，而是说这些有意识的思维已经无法对这个谈话过程加以控制，只能是无意识的思维。

---

① 转引自申奇.莱考夫认知语言学的理论基础[D].新乡：河南师范大学，2014：28.

在原型理论的基础上,人们的推理过程是随处可见的,但是这些推理过程并不会被人们所意识。在莱考夫等人的观点中,人们的有意识思维仅仅占据不足 5%,而无意识思维至少 95%,并且这些无意识思维对有意识思维有反作用。①认知的无意识性是由复杂而巨大的结构组成的,其中既包含所有的思想意识,也包含人们自动的认知过程。人们的信念和知识就是由这种无意识的系统组成的,并且这些系统使人们的经验更倾向于概念化。在莱考夫的论述中,认识的无意识性使得人们通过运用约定俗成的规则对世界的机能进行分类,但是这些对于有意识的认识来讲是无法做到的,因为有意识的认识是无法变更人们的分类系统的。当经过体验之后,分类系统中的某些分类会发生改变,但是并不能通过有意识的认识来对这些分类进行控制;而当人们认为新的分类已经形成,那些无意识的认识会影响有意识的认识而重新进行分类。因此可以这样说,无意识认知是有意识认知存在的基础。

有意识的思维总是不断将人类的经验概念化,并且将这些概念化的经验理论融入日常概念系统中,形成概念隐喻结构。另外,无意识思维创造的一些抽象概念也被人们无意识地应用到了日常生活中,如法律、感情、友谊等。

（二）心智的体验性

在体验哲学的理论中,"心智的体验性"是最基本、最核心的哲学基础。所谓心智的体验性,是指概念理论、心智理论、推理理论、范畴理论是基于体验和人们对客观世界的感知,以认知加工为手段而逐步形成的。体验心智并不是外部世界镜像的、客观的反映,也不是先天就存在的,而是后天形成的。人们推理的最基本形式是为人们日常推理提供的方向、地点运动以及器官与关系等,即所谓的空间与身体。莱考夫与约翰逊认为,"概念是通过身体、大脑及对世界的体验而逐步形成的,并且只有经过这些步骤

① Lakoff George & Mark Johnson. *Philosophy in Flesh*：*The Embodied Mind and Its Challenge to Western Thought* [M]. New York：Basic Books, 1999：13.

才能最终被人们理解。"①

众所周知,人类往往通过身体和感知与世界进行直接接触,这是人类活动的第一步,因此可以说人们衡量世界的标准就必然是他们身体所获取的经验。通过身体的经验与认知体验相结合,概念与范畴也就产生了,从而获取了该概念与范畴下的重要意义。这就是认知语言学的基本观点,即认知或者思维往往作为一个中间层存在于现实与语言中,这一认知通过概念、范畴、认知方式等方面的知识与现实相结合,从而产生彼此之间的互动。

一般而言,随着神经系统、生理构造的帮助,人们对整个客观世界进行感知,并且与客观世界进行互动。人类在客观世界中生存,与客观世界密切相关,因此身体就是思维的重要来源,人类的概念也来源于身体及人类的经验。这就与莱考夫等人的"体验性"理论相契合。莱考夫等人认为,"体验性就是人类共有的生物技能及人们在不同环境中生存而获得的身体与社会生存经验。"②同时,他还认为人的理性主要通过大脑和身体而形成,它不仅仅反映外在的实在。很大程度上来讲,人们对某一事物或者事件的概念或推理往往是由大脑神经结构来运行的,如基本层次概念、概念分析等。

例如,光是没有颜色的,它是在一定范围内以一定频率波动的电磁辐射。但正是这种电磁辐射,人们才能通过视网膜系统将事物看得更加清晰。由于光照条件的存在,视网膜往往会受到电磁波的影响,人们的视觉圆锥细胞也会被电磁波所吸收,从而形成电信号,也意味着"颜色"的产生。基于此,莱考夫等人对"颜色"这一概念进行了分析,提出了"颜色"的四个产生因素,即光照条件、反射光波长、视网膜的视锥细胞、神经回路系统。通过这一分析,也验证了颜色并不是大脑主客观世界的单纯的反映。另外,莱考夫等人还指出了颜色这一概念是范畴化的,其包含一个边缘

---

① Lakoff George & Mark Johnson. *Philosophy in Flesh*: *The Embodied Mind and Its Challenge to Western Thought* [M]. New York: Basic Books, 1999: 497.
② 赵艳芳. 认知语言学概论 [M]. 上海: 上海外语教育出版社, 2001: 267.

和中心,如"蓝"除了包含典型的蓝色之外,还包含天蓝、深蓝等。如果蓝色只是反射率外在的体现,那么蓝色就是没有任何外延的蓝色。

神经系统的范畴化遍及人的大脑,直至范畴最高层的产生。人类的范畴是按照层次来划分的,是从最高层次、基本层次到最低层次的过程。莱考夫等人还认为,人类进化成种类的过程中有一种或者一种以上重要的类,从这一层面来说,人类的经验必须与外界的自然环境相符,而这一层面就被定义为"基本层面"。在这一层面上,某一单独的思维图像可以用来表征更高层面的概念。例如,一谈到"桌子",人们的大脑中就会形成"桌子"的单独的思维图像,而"家具"的思维图像却很难获得。所以,"家具"就不属于这一基本的层面范畴。在日常的生活和工作中,人们是不能与家具互动的,但是可以与桌子互动,如搬桌子、敲桌子等。

（三）思维的隐喻性

亚里士多德认为,隐喻是对词语的修饰,其仅仅适用于文体、修辞等领域。从亚里士多德的观点中不难看出,隐喻并不适用于常规用语,其基础总是具有某些相似性,即与客观世界中的某一特征是相似的。可见,亚里士多德的理论并没有将认知理论纳入隐喻概念之中,即忽略了隐喻认知。

传统的隐喻观是以亚里士多德的理论为基点,将隐喻看作语言修辞手段,主要是为了对语言进行修饰。在传统语言学家的眼中,隐喻在语言中是一种非正常现象,可以存在也可以不存在,即它并没有实际意义,只是为了增添效果。

莱考夫与约翰逊批判了传统的隐喻观,他们认为隐喻是对世界认知的一种方式,存在于人们的语言、思维、社会生活中,是所有人类思维的重要特征。隐藏于思维中的隐喻结构可以帮助人们更好地认识和理解世界,它不断影响着人们的思维、感知及行为,从而帮助人们理解一些抽象的概念并辅助人们进行抽象推理。

隐喻具有普遍性。通过大量的研究,不难发现隐喻具有相似的本质。在隐喻的结构中,看似不相关的事物在人们认知的过程中却能产生相似的联想。通过感官的共同作用,事物的物理特征可以使得人们发现两种不相关事物的相似性。如同视觉、听觉一样,隐喻提供给人们认知世界的认知方式,世界对隐喻的感知也由于认知主体的联想与情感而更加开阔与形象。

从本质上来讲,隐喻的运用能够帮助人们认知与理解整个世界,而且是概念形成的一个重要工具。隐喻在概念结构、思维推理等过程中意义非凡。隐喻性推理使人们能够更好地理解科学的论述、抽象的思维。莱考夫指出,人类的思维是从已知领域过渡到未知领域的过程,而思维层面的隐喻是最根本的认知机制。人类思维的核心就是概念,人们的日常行为和日常生活也都离不开概念的参与,因为概念具有隐喻性,因此思维也具有隐喻性。

从体验哲学的基本原则来看,思维的隐喻性主要包含以下几点。

(1)隐喻的认知基础是意象图式和基本概念,它们在跨概念域的映射中意义重大。这在之后章节中会涉及,这里就不再赘述。

(2)隐喻映射的产生并不是随意的,而是源于人们的亲身体验。一旦隐喻映射被建立起来,并且大多数人认可这一观点,那么这一隐喻映射就会对自身的结构具有反作用,并强加于真实的生活中,从而通过各种方式得以实现。因此,经验是隐喻形成的基础和根据,即隐喻具有体验性。

(3)隐喻结构是形成思维模式的基础。在日常生活中,很多事物的相似性会不断引导人们获得基本的隐喻,这种隐喻的经验性是人们心智、大脑、日常生活体验的产物。这样,将基本隐喻的主观性与经验的感觉运动相结合,通过亲身体验来获取意义。

(4)哲学也是以隐喻为基础的。隐喻的认知性被定义为一种普遍适用的原则收纳于哲学理论中。[①]一些哲学家通过运用少

---

① 孙毅.两代认知科学的分水岭——体验哲学寻绎[J].宁夏社会学,2012(3):3-5.

量的隐喻结构,最终形成了统一的理论,这就使得哲学理论不再局限于假设的概念与清单中。

总之,隐喻使得人们能够对抽象概念域有一个正确的理解;隐喻使得人们的知识不断扩展到新领域;隐喻使得哲学的理论不再单调,而是形成一个统一、完整的理论体系。可以说,隐喻的存在促使哲学的存在。

通过上述三个层面的分析,可以总结出语言与心智的人类大脑概念是通过身体经验来获得其结构的。人类通过现实的体验与认知,逐渐形成了自己的概念、范畴、语义、推理,最终形成自己的语言。

三、经验主义语言观与第二语言词汇习得

在经验主义语言观中,意义被认为是最重要的、最关键的部分,其中要解决的主要问题在于语言表达以及语言所表征的概念是如何获取意义的。但是,在客观主义语言观中,词汇与词汇表征的概念都属于抽象的符号,这些符号本身并无意义,其通过与外部世界的范畴、物体之间的关联获取意义,这种关联往往是无中介的、直接的关联。这一客观主义观点并没有让人们看到认知主体的意义。换句话说,客观主义者认为,意义并不是由交流与思维的人决定的。这正是持有经验主义语言观者不敢苟同的地方。

经验主义语言观通过进行交流与思维的认知主体的人类自身的经验、构造等来阐释概念、词汇的意义。它认为,词汇对应的并不是客观事物,词汇的意义也不是来自客观事物本身,而是来源于身体经验与社会经验。

经验主义语言观告诉我们,人们与客观世界互动的形式存在差异,那么他们具有的概念结构的种类也必然存在差异。我们熟知这样一个例子:爱斯基摩人有广泛的词汇系统对不同种类的雪进行指称,这主要是因为在他们的体验中具有各种不同的雪的概念层次结构。

　　大脑概念是建立在人们与客观世界的直觉与感觉的互动过程中。换句话说,如果生物具有的直觉与感觉能力不同,那么必然不能获得相同的概念与概念结构。但是,虽然感知能力的不同导致的概念系统也不同,反过来却不一定正确。其存在两大可能:第一,全世界的人类大体上具有相同的直觉与感觉以及概念能力,但是他们对同样的经验呈现不同的组织形式。第二,相同的概念能力和经验可能导致概念系统的不同。也就是说,一种概念系统中存在某一重要概念,在另一系统中却不存在。关于这一论断,莱考夫给出这样一个例子:塔希提语中并不存在"悲伤",不存在这样一个词,也不存在这样一个概念。因此,塔希提人就没有关于丧亲、沮丧的仪式。虽然他们可能也会经历沮丧和悲伤,但是并不能将这一概念表达出来。对他们而言,沮丧、悲伤、疲劳等都属于同一范畴。这样看来,上面谈论的语言世界观与这里的经验主义语言观并不冲突和矛盾。

　　马克思和恩格斯说:语言是思维的直接现实。这就是说语言是人类思想的反映,而不仅仅是客观现实的反映。由于各个民族具有不同的价值观,因此他们对于语言中词语的感受各不相同,对事物的处理方式也存在差异。例如,多数民族以"苗条"为美,但是太平洋上的汤加人以"胖"为美;大多数人看到蛇会认为是恶心的、滑腻的,但日耳曼人会认为是灵巧的、聪明的。

　　从上面的分析中不难发现,第二语言词汇习得是一种认知心理过程,这一过程中清晰地呈现了大脑概念、意义、概念结果,以及彼此之间是如何相互作用来决定表层语言形式的。当人们对物体或者事件进行指称时,建立于经验上的大脑概念对语言使用者的词汇选择起决定作用。

　　另外,由于第二语言词汇习得及两种语言之间相互作用、相互影响,因此还需要解释第二语言学习者大脑中的一语与中介语的关系。也就是说,对第二语言词汇习得的解释必须要理解一语与中介语的关系,而且能够对这一关系进行解释。能够做到这一点的只有经验主义语言观。

第四章 第二语言词汇习得的内容与过程

第二语言词汇习得的内容与过程是第二语言词汇习得理论体系建构的基础,也是影响学生第二语言词汇习得效果的重要因素。本章就对第二语言词汇习得的内容与过程进行具体分析。

第一节 第二语言词汇习得的内容

内申(Nation, 2001)曾经指出,习得一个单词意味着学习者要掌握三个层面的内容:形式、意义、用法。

(1)词汇的形式包括该词的发音、拼写、构词。

(2)词汇的意义包括该词的具体含义、核心概念以及与该词意义相关联的单词。

(3)词汇的用法包括单词的语法功能、同其他词汇搭配的模式以及使用该词的场合、频率等。

在上述不同层面的内容中,每个层面的知识又可以细分为接受性知识与产出性知识。在第二语言词汇习得过程中,很多学习者都将重点放在词汇的发音、拼写、意义、语法等方面,却很容易忽视词汇的搭配与语域。本节就重点对这两个方面展开分析。

一、搭配

(一)搭配的概念

搭配(collocation)是指连在一起使用并被视为单个词项的

两个或两个以上的词的组合。也就是说,搭配是词语连在一起共同出现的一种语言现象,是语言中词汇之间同现关系的反映。

《牛津英语搭配词典》(*Oxford Collocations Dictionary for Students of English*)给出的搭配定义是: Collocation is the way words combine in a language to produce natural-sounding speech and writing.

《牛津英语大词典》(*The Oxford English Dictionary*)给搭配下的定义是: ...in linguistics, (esp. habitual) juxtaposition or association of a particular word with other particular words, a group of words so associated.

《朗文当代英语词典》(*Longman Dictionary of Contemporary English*)对搭配的概念做出如下解释: A collocation is a group of words which "naturally" go together through common usage.

国外语言学家也从不同角度对搭配的概念进行了界定。其中功能语言学家韩礼德(M. A. K. Halliday)把搭配界定为: Lexis seems to require the recognition merely of linear co-occurrence together with some measure of significant proximity, either a scale or at least a scale or at least a cut-off point. It is this syntagmatic relation which is referred to as "collocation". (词语似乎只需要线性共现,具有某种程度上的显著邻近,或者是在连续体上,或者至少是在某个截断点内。正是这种组合关系,被称之为搭配。)

杰尔默(G. Kjellmer)则从语料库语言学的视角对搭配进行界定: A collocation is a sequence of words that occur more than once in identical form (in the Brown Corpus) and which is grammatically will-structured.(搭配是以等同形式超过一次重现,并且构成良好语法关系的词汇序列。)

对上述搭配的定义进行总结可以看出,搭配是从词与词的横向组合关系出发进行的研究,属于语言学术语的范畴。

（二）搭配的理据

搭配的理据指的是搭配所表示的事物或现象获得名称的依据,说明搭配的意义与事物或现象的命名之间的关系。①

1.搭配的语法理据

语法是语言结构的规律,是语言使用的规则。英语语法结构可以通过图4-1进行表示。

图 4-1　英语语法结构

对图4-1进行分析可以看出,英语语法结构可以按照由小到大或者说由低级到高级的顺序进行排列:词素—词—词组/短语—分词—句子。

在上述几个层次中,每一层次语言单位的语法意义都是在该单位充当较大单位成分或者说是在层次升级的过程中获得的。因此,从语法意义的角度出发,搭配指的是从较小音义系统向较大音义系统组合的过程。在语法概念中,搭配还具有词类功能意义,即较小音义统一体在较大音义统一体中的作用或功能。

《牛津英语搭配词典》（*Oxford Collocations: Dictionary for Students of English*）将搭配主要分成三大类型,即分别以动词、名词和形容词作为中心词的搭配,另外加上常用短语。

① 汪榕培,王之江.英语词汇学[M].上海:上海外语教育出版社,2008:222.

（1）动词作为中心词的搭配,如 verb ＋ adverb（动词＋副词）: choose carefully。

（2）名词作为中心词的搭配,如 noun ＋ verb（名词＋动词）: light glows/gleams/shines。

（3）形容词作为中心词的搭配,如 adverb ＋ adjective（副词＋形容词）: perfectly/environmentally safe。

《牛津英语搭配词典》强化了词与词之间有可能产生的搭配关系和一些新的归纳方法,但列举的所有搭配都遵循了一个原则: 语法体现在词汇中,而词汇受语法制约。

2. 搭配的语义理据

一般而言,英语的搭配是由两个或两个以上的词自然组合成的,所以我们可以将组成搭配的各个词本身的意义加在一起去理解一个搭配的意义。研究搭配的语义理据的一个主要内容就是研究如何根据词的本义和引申义之间的关系来了解某个词所表示的具体意义。

按照词语的逻辑意义进行的搭配源于逻辑理据,从语义角度讲,这种词语的同现现象比较符合使用者和学习者的心理期待。

另外,介词通常可与动词、名词、形容词等构成不同的搭配种类。在这些搭配中,动词、名词、形容词由于具有语义的强势而处于中心词地位,介词则作为结构性搭配词来发挥作用。但英语中的介词十分活跃,不仅在语义组合上而且在句法结构上都有很强的功能。介词的这种功能可以通过其在搭配中所具有的意义来体现。例如:

against（表示反对）: fight/guard/react/vote against

在英语中,一个搭配可以用发散的方式对其他有关搭配进行联想。联想可以采用语义场理论,对这个搭配所处的语义场及邻近的语义场进行搭配扩展。

3. 搭配的语用理据

根据奥斯丁的言语行为理论,人们通过说话这一方式可以完成如下各种交际功能：陈述、请求、命令、许诺、宣告、断言、感谢、道歉、祝贺、提问等。说话人说出的语句不仅具有命题意义，还具有施为意义，并产生施为作用（illocutionary force）。

英语中不少搭配是根据语用功能使用的，它们同"语用性习惯用语"（pragmatic idioms）密切相关。例如，表示感谢的习惯用语 thank you, thanks a lot；表示告别的习惯用语 good bye, see you, take care；以及书信开头与结尾的套话 Dear Sir./Madam, Yours sincerely, Best wishes 等均属于语用性习惯搭配。

因而，日常生活中只要符合这一原理的搭配或组合都具有语用理据。我们常见的一些指示语中的搭配往往具有语用理据。例如：

Business Hours 营业时间   Hands off 请勿动手
Way in 由此进入   Way out 由此外出
Buckle up 系上安全带   Keep Space 保持距离
No Parking 不准停车   Rear-end Collision 追尾

4. 搭配的认知理据

现代认知语言学认为，日常语言是人类关于自然、社会的共同经验的存储器。因而我们要想进一步地了解与开发语言这一丰富的宝藏，就必须摆脱句子结构的束缚去研究比喻性语言，尤其是隐喻。隐喻构建了人类的日常思维，它的使用反映了人类的心理现实，从这一角度来说，隐喻是一种认知现象。

隐喻的使用会使词或词语产生新的词语组合或者产生新的意义。可见，隐喻是造词的方式之一，也是促使词或词语产生新的搭配的一个主要途径。只要符合语法、语义、语用内在规律的两个或两个以上词的组合是用来比喻一种事物或现象，那么这种搭配就具有认知理据。例如：

bubble economy 泡沫经济

enjoy deep party roots 党内有很深的根基

a political honeymoon 政治上的蜜月期

上述词语组合符合语法、语义和语用的内在规律,而且用来比喻同一种事物或现象,因此可以说这些词语搭配都具有认知理据。

在传统的隐喻理论中,隐喻被认为是一种修辞手段。但认知语言学认为,隐喻现象十分普遍,并被频繁地运用于日常工作和生活当中,另言之,隐喻代表语言的一种常态。隐喻是人们的基本认知方式之一,它不仅仅是一个语言问题,更是一种思维方式,是人们对现实社会和自然界看法的体现。

(三)搭配的基本类型

英语中,词语搭配难以数计。一本英语词典通常就能收录几十万条词语组合或搭配。对于这些词语搭配或组合,可以从其组合关系的密切程度来将其划分为以下三种类别:习惯搭配(natural collocation)、固定组合(fixed combination)和自由组合(free combination)。

1. 习惯搭配

习惯搭配指的是根据语法规则、语义联系、语境条件而灵活组合搭配成的语言表达。习惯搭配是在语言长期使用过程中约定俗成的,因此不易改变。例如:

a confirmed smoker 抽烟上瘾的人

a hardened smoker 老烟鬼

a heavy/great smoker 烟瘾大的人

a pipe smoker 抽烟斗的人

2. 固定组合与自由组合

在语言使用过程中,会产生一定的固定组合,这些固定组合具有特定的含义。例如,see eye to eye(with)就是一个固定组合,其意思是"意见一致"。

自由组合指的是以某一单词为中心词,和其他词语自由地组合在一起使用的语言形式,其含义可以通过字面意义进行判断。

例如，see a bus/a map/a tree 就属于自由组合，而且仅从单词的字面意思就能知道这些组合的具体含义。

3. 习惯搭配与固定组合、自由组合的关系

习惯搭配指的是介于固定组合和自由组合之间的搭配形式，是在人们长期语言使用中自然形成的。习惯搭配的含义并不是一目了然，也不是固定不变，需要语言使用者根据具体的语境和词汇知识展开推测。例如：

see the light 明白

free of charge 免费

see stars 眼冒金星

（四）搭配的基本特点

1. 思维特点

语言是思维的外在表现形式。英语民族在用语言表达思想时显示出其独特的思维特点，这种思维特点在词语的搭配使用上表现得尤其明显。概括来说，我们可以从以下三个方面来理解英语词语搭配的思维特点。

（1）英语搭配构成主要看其所表达的实际意义和功能。例如：

walking tractor 手扶拖拉机

baby carriage 手推童车

zebra crossing 人行横道

the departure lounge 候机大厅

（2）英语搭配还受英语民族语言表达顺序的影响。例如：

food and drink service 饮食服务

track and field events 田径项目

look fight and left 左顾右盼

small and medium size 中小型

（3）由于思维差异，英国人和美国人在使用搭配时，选择也有所不同。有时英国人习惯用单词表达的事物，美国人却用搭配表达；有时英国人习惯用搭配，美国人却用相应的单词。此外，英美人也有相似的搭配选择。例如：

	英式英语	美式英语
扳手	spanner	monkey wrench
透明薄胶带	selltape	scotch tape
浴衣	dressing gown	bathrobe
自动电梯	moving staircase	escalator
消防队	fire brigade	fire department

2. 文化特点

由于语言是文化的重要表现形式，因此词汇搭配作为语言的必要组成也反映了语言背后的文化特征。因而，词语搭配也就具有了文化特点。一般来说，英语词语搭配的文化特点主要体现为以下三个方面。

（1）源自《圣经》和希腊神话。众所周知，《圣经》和希腊神话是西方文化的源泉，英语中的不少词语和搭配都源自《圣经》和希腊神话。在语言演变与发展的历史长河中，这些带有明显文化色彩的词语或搭配在英语国家广为流传，已渗透到人们社会生活的方方面面，对英语的发展产生了深远的影响。有些搭配已融入日常生活用语，为普通大众所熟知。

（2）源自文化习惯。英语中有些习惯型搭配由于受到英语国家的文化背景和文化观念的影响，从而带有很强的文化色彩。在对这些英语搭配进行理解的时候，如果不注意特定的语言社团的文化习惯，就会在理解上产生障碍，甚至是误差。例如：

blank wall 难以逾越的障碍，不是"空白的墙"

free love 泛爱，不是"自由恋爱"

（3）源自深层文化。英语中还有一些搭配出自深层文化，与英语国家的政治、经济、意识形态等密切相关。例如：

eye for eye, tooth for tooth 以眼还眼,以牙还牙,象征惩处暴力法则

3. 时代特点

一般情况下,开放型搭配中的词语组合关系的扩展性和创新性比较强,因而使得新的搭配不断出现。英语词汇往往能够反映社会的发展和科技的进步,从而呈现出时代特点。当今信息时代出现的网络、科技、经济、金融等方面的词汇搭配就是社会发展和科技进步的体现。例如:

global village 地球村
Green Peace 绿色和平
fitness center 健身中心

4. 英汉差异

英汉两种语言在文化、思维、生活习惯等方面存在差异,这种差异在词语搭配方面也有体现。

(1)搭配词语的概念差异

英汉民族思维的差异导致英汉两种语言中的一些词语搭配的概念有所不同。例如,black tea 表示红茶,而不是 red tea。

(2)搭配用词的习惯差异

汉语的搭配较宽,英语的搭配相应较窄。因此,汉语中的有些搭配在英语中却要用不同的搭配。这点在第二语言词汇习得过程中也需要注意。例如:

cultural circumstances 文化环境
public health 公共卫生
personal hygiene 个人卫生
environmental sanitation 环境卫生

二、语域

在第二语言词汇习得过程中,语域是另一个经常被学生忽视的领域。所谓语域,指的是因语言使用场合情境不同所引起的语言变异。

本族语者由于对语言较为熟悉,因此往往掌握了几种不同正式程度的语体,而且能够根据语境恰当选择语域。第二语言词汇习得者在学习过程中经常会忽略词汇使用的场合,从而误用语域。在第二语言习得中,应该注意语域的以下几个方面的内容。

(1)注意区分正式场合与非正式场合。在第二语言教学过程中,大多介绍正式语言使用情况,而忽视了非正式场合中语言使用的特点。正式场合指的是公共场合,如工作中的通信、会议,正式的演讲等。非正式场合注重沟通与交流,如朋友之间聊天、互通邮件等。由于场合的不同,因此词汇使用也不尽相同。词汇本身的适用场合不同,在第二语言词汇习得过程中需要引起注意。

(2)注意区分口语和书面语。书面语比口语更加正式。口语表达大多是即兴的,喻体更加随意。在第二语言词汇习得过程中也尤其需要注意。

(3)中性语体。中性语体存在于正式语体和非正式语体之间,既不能太正式也不能过于随意,可以用于不同的语体中。

例如,kid 是非正式的词,offspring 比较正式,而 child 属于中性词。

在第二语言词汇习得过程中,教师应该教授给学生正式语与非正式语、口语与书面语的区别,能够让学生根据不同的语境选择合适的词汇展开交际。

第二节　第二语言词汇习得的过程

第二语言词汇习得需要科学的过程作为保障,本节首先从二语词汇习得的概念入手,然后对二语词汇习得的过程进行分析。

一、二语词汇习得的概念

进行第二语言词汇习得过程的研究,首先需要对二语词汇习得的相关概念有所了解。下面主要介绍注意、词汇学习的类型以及复现三个概念。

(一)注意

1.注意的概念

注意是认知心理学中的重要概念之一,指的是用于某个信息加工过程的认知资源或心理努力。①

在注意系统的影响下,人们可以自行调控、整理信息,并选择其中的一部分进行加工,最终做出反应。在第二语言词汇习得过程中,注意有着极其重要的作用。

2.注意的特征

注意的基本特征主要表现在以下两个方面。

(1)注意是一种有限的心理资源

注意是一种有限的心理资源,外部信息需要占用注意来获得关注。当个体将注意转向一些信息时,那么其他信息所能获得的注意量便会相应减少。

Wickends 认为,注意是由多个相互独立的资源库构成的,如视觉资源库、听觉资源库、手工制作资源库等。这些资源库本身

---

① 范晔.视听双重输入模式下的二语词汇习得[M].上海:复旦大学出版社,2016:7.

有限,但是又能相互独立地被分配到不同的任务当中。

从这个观点出发也就说明了为什么个体能够同时执行几个使用不同感觉通道的任务,但是在同时执行几个使用同一感觉道德任务时困难得多。

（2）注意是一个连续体,并非"或有或无"的单一现象

注意是通过神经影像等研究技术探测出注意系统所包含的三个网络及控制这些网络的相应的大脑部位。这三个网络分别为警觉、定位、察觉。

警觉指的是为了处理信息做好了一般性的准备。

定位指的是将注意指向某些类型的信息,并排除其他类型的信息。

察觉指的是选择或者在认知上注意到某一特定信息,它可以是有意识的,也可以是无意识的。

上述三个网络既有关联性又有独立性。具体来说,警觉能够调整定位,定位又能够提高警觉的可能性,但是并不一定能够保证其发生。

在第二语言词汇习得过程中,学生能给予二语输入的注意资源带有有限性,同时注意程度和形态有所不同,具体表现在以下几个方面。

第一,外围注意。不特别关注某一个语言点,只是接触到语言输入而已。

第二,表面元素层面的焦点注意。特别注意具体的语言输入,如反复朗读词句,但不对其隐含的规则进行分析。

第三,规则层面的焦点注意。这一层面的注意不仅需要注意到具体的词句,还应该分析与学习其包含的具体规则。

(二)词汇学习的类型

1.附带式学习

附带式二语学习指"学习者在没有有意学习某个语言特征的

情况下学到了该特征",其通常的考察方式是将学生的注意聚焦于二语中的某一方面,然后在事先未告知的状态下测试他们在二语其他方面的学习情况(R. Ellis,2008:966)。[1]

第二语言词汇习得中的附带式学习是指学习者在没有特意去记忆词汇相关信息的情况下习得了单词。一般而言,学生在附带式词汇学习重点的焦点为词汇的含义,但是在理解或者交际过程中顺带学习了词汇。

2. 有意学习

有意学习与附带式学习相对,指的是学生在学习之初就有意识地学习第二语言词汇。

有意学习的对象是前人或他人对二者的经验及描述解释,学习者通过阅读、倾听与研究获得知识技能与态度方法。有意学习必须通过语言符号来实现,学习者既要学习相关的语义系统与逻辑运算规则,还要学会把符号系统所表达的见解经验在某种程度与个体的直接经验相结合,从而最终达到对自然、社会以及自身的认识。

3. 隐性学习

隐性学习也被定义为无意识学习,也就是没有意识到学习过程或者很难描述出所学到的知识。

在第二语言词汇习得过程中,隐性学习指的是学生在接触有意义的语言输入过程中无意识地、非有意地学习了新的词汇。

4. 显性学习

显性学习是学习者有意识进行学习的过程,这种有意识很可能是刻意展开学习。例如,学习者通过对自然、社会现象或文字材料的观察、阅读,发现问题,搜索数据,形成解释,并对这种解释进行交流、检验与评价的过程。

显性学习的应用范围十分广泛,基础是对材料(实在的或语

① 范晔.视听双重输入模式下的二语词汇习得[M].上海:复旦大学出版社,2016:9.

言的）的观察或阅读。显性学习要求学习者具备很强的好奇心，学习的要义在于设计实验、搜集数据以验证假说的合理性，在于寻找多样化的问题解答或行动方案。

显性学习还要求学生通过联想、对比、勘验，提出问题，提出解释或假说，进行批判与逻辑思考。在显性学习中，学生学习的首要任务是发现，自己独立或者在他人指导下去发现，学生通过自主探索、实验、思考，在原有知识的基础上建构新的知识。

上述四种词汇学习类型相互关联，同时存在着一定的重合之处。但是，不能将附带式学习等同于隐性学习，也不能将有意学习等同于显性学习。这些学习类型是从不同的视角展开研究所产生的术语。附带式学习与有意学习主要关注学习的意图，隐性学习和显性学习则强调学习的过程。

（三）复现

复现是第二语言词汇学习中的重要概念。通过复现，学生词汇学习的印象就会加深，因此能够更加迅速地提取形义。

但是，具体词汇复现的次数却不一而足。第二语言学习水平较高的学生较第二语言学习水平较低的学生词汇复现数量要少一些。同时，学生个体的语言学习能力有差异性，对知识的接受和复现程度自然也有所区别。

不同的复现方式能够体现出不同的认知加工方式，也对学生的词汇记忆效果有着一定的影响。除此之外，单词本身在词义、使用范围方面也呈现出差异性，较难的词汇所需要的复现次数自然要比简单的词汇所需要的复现次数多。

综上所述，词汇复现过程受到多种因素的影响，因此并没有固定的词汇复现次数。

二、二语词汇习得的过程

第二语言词汇习得的过程中需要对以下几个方面尤其注意。

（一）词汇基本含义习得

词汇基本含义习得是第二语言词汇习得的基础。在第二语言词汇学习的过程中，对生词的注意程度越深、加工程度越精细，掌握它的概率就越高。

所谓加工程度精细，指的是学习者从多个方面研究词汇，如分析词汇使用的语境、词汇与其他词汇之间的联系与语义关系等。不同的学习策略的使用、加工的程度都能够促进学习者对词汇含义的习得。从这个意义上说，词汇含义的学习需要焦点注意发挥正向的促进效果。

但是，如何判断哪种类型的加工属于精细加工呢？内申（2001）描述了三种能够促进词汇记忆的过程。

（1）注意。注意是促进词汇记忆的第一步，能够让学生注意到具体的词汇。很多因素都会影响学生对词汇的注意。

目标词在上下文中的显著程度，如加粗或者斜体的词汇会更加引起学习者的注意。目标词对于上下文的理解十分重要时，学生对词汇会尤其注意。目标词出现次数多或者目标词的使用模式和学生已有的知识不一致等。

（2）提取。提取指的是看到或者听到某个词汇之后能够回忆起它的意思，或者在需要表达一些思想或者概念时能够使用相应的词汇。提取能够增强巩固形义之间的联系，从而促进日后提取的速度。

（3）创造性使用。创造性使用指的是熟词以其不同的含义出现或者被使用。

总而言之，对于词义焦点的注意能够促进词汇的习得。在具体的第二语言词汇习得教学实践过程中，教师无法机械性量化每一个生词的加工程度，也无法让学生达到最理想的专注程度。因此，教师应该将关注点放在需要重点学习的词汇上，以此为基础设计促进学生焦点注意的活动。

此外，由于课堂教学实践有限，教师无法对所有的重点词汇都进行焦点关注,因此还需要在课内外安排大量的语言输入活动,为学生创造更多的词汇学习的机会。

(二)词汇搭配习得

在第二语言词汇学习中,搭配也是需要重点学习的步骤。在传统的词汇学习过程中,很多学生认为搭配就是了解单词的词组或句子,从而有意识地记忆这些固定结构,很少有学生主动分析词汇的搭配特征与规则。

教师在教学中也偏重于词法、句法的研究,对搭配领域的研究相对较少。需要指出的是,在第二语言词汇习得过程中,能够通过大量的输入自然习得搭配来提高学生的词汇习得质量。除此之外,对词汇搭配特征的焦点注意也能够加快词汇习得的进程。

因此,在第二语言词汇习得过程中,可以通过增加语言输入进行搭配能力的习得,但是这会花费漫长的时间。教师可以考虑在课堂教学过程中融入一些显性教学成分,从而加快学生的搭配学习进程。

显性教学的方式有很多,如演绎式教学、归纳式教学、分析搭配规律展开教学、对比英汉语言搭配进行教学等。但是无论采用哪种词汇教学方式,显性教学过程中都需要注意以下几点。

(1)显性教学过程中,学生的词汇学习会感到枯燥,因此教师需要合理把握教学时间,提升学生的词汇学习注意力,最终提高学生的词汇学习效果。

(2)一般情况下,词汇搭配的规律都较为复杂,一些甚至没有规律可循。当词汇搭配没有规律时,这时就不适合教授所谓的规律,可以采用记忆语块的方式增加学生的词汇记忆效果。

语块理论在语言教学和学习中的应用已经越来越受到人们的关注。根据刘易斯(Lewis)的语块教学理论,语块主要包括搭配、固定的短语或习语、半固定的短语或习语等。语块教学法在英语词汇教学中有着前所未有的意义,具体体现在如下几个层面。

语块有助于词汇的记忆。首先,语块的意义往往需要置于一定的语境中,因此会比脱离语境的意义更加牢固、准确。其次,语块的构成成分间往往会受到语义搭配、语法结构的限制,因此人们在运用词汇时可以从记忆库中随时提取。最后,语块中的内部结构往往会根据需要进行改变,但是这种改变是有章可循的,因此不会造成混乱,学生使用的时候犯错的机会也比较少。

语块有助于正确选取词汇。首先,预制语块往往是按照一定的规则形成的,因此以语块为单位的记忆是不需要学生再特意去关注语法结构。同时,学生可以防范母语的干扰,从而保证英语词汇运用的准确性。其次,人们在运用词汇时往往会做出大量的选择,而只有其中的一部分被认可,掌握大量的词汇语块有助于学生对这些词汇的选择。最后,每一个词汇语块都附带其自身的语用功能,并以一定的语义场的形式存储在人脑中,而语块就可以使学生掌握一定的语用能力,从而提高语言交际的正确和得体性。

英语中具有大量且灵活的基本词汇,学生对这些词汇现象往往无所适从。单词如果记忆不好,那么在口头交际和写作中会明显体现出贫乏,从而丧失词汇学习的信心。但是语块教学法可以帮助学生树立词汇语块的学习意识,将这些词汇语块贮存在学生的头脑中,使得他们在任何的语境中都可以做到信手拈来。

(3)在第二语言词汇教学过程中,教师需要重点关注以下几种搭配。

第一,学生可以经常用到的搭配,如中性语域中场景的搭配以及一些特殊领域的使用搭配。

第二,较难掌握的搭配。在第二语言词汇习得过程中,不同的搭配所具有的学习负荷也不尽相同。教师可以将学生的焦点注意转向那些难度较大又十分常用的搭配。

(三)词汇语音习得

英语是我国的第二外语,学习者在接触英语之前已经形成了一定的汉语思维模式,容易将汉语语音的相关特点挪移到英语学习过程中。鉴于此,教师进行英语语音教学十分有必要,主要应该包括以下几点内容。

（1）发音知识与单音教学。英语和汉语在发音时会使用不同的发音方法,因此英语语音教学首先需要对英语发音知识进行教学,如唇形、舌位、口形、唇和舌的运动轨迹、肌肉的紧张或松弛状态、气流的通道、口腔等的振动、声音的长度等。这种发音知识的教学,能够帮助学习者形成系统的语音系统,为后续语音教学奠定基础。

单音教学主要是英语元音与辅音的教学,元音教学要区分前元音与后元音、单元音与双元音、短元音与长元音等;辅音又包括清辅音、浊辅音、摩擦音、鼻辅音、爆破音等。

（2）字母和音标教学。字母是组字成词的前提,在英语语音教学中占据十分重要的地位。在进行字母教学中,教师需要根据字母表和元辅音分类表进行细致科学的教学,从而帮助学习者掌握字母的准确发音,提高语音教学质量。

音标是记录音素的书面符号,是对声音的一种提示。学生通过学习音标可以联想到某个相应的音,对学生学习和掌握字母、单词具有重要意义。

（3）语流教学。节奏是文化差异下英汉语音的重要不同点,因此进行语流教学十分重要。语流教学主要包括重音教学、节奏教学、连读教学、失爆教学等。对语流的掌握有助于交际的顺利进行,因此应该引起教学者的注意。

了解了第二语言词汇语音习得的内容,就需要采用科学的教学方式展开学习。

（1）归纳—演绎教学法。在语音教学中,归纳—演绎教学法是指将符合相同语音规则的词语归纳起来进行集中教授的方法。这些词汇既可以是已学过的,也可以是生词。归纳可以多次重复,即同一个单词可以在元音、辅音、重读音节、非重读音节中多次归类。这样的归纳有助于学生通过分析总结,找出其发音的共同点和不同点,深化记忆。

除此之外，教师还应归纳总结英语单词重音规则和句子的语音语调，培养学生的语感，为以后的英语学习打下坚实的基础。归纳结束后，教师要及时运用演绎法让学生操练，通过练习加深印象。归纳—演绎教学是一种有针对性的重点联系，有助于学生克服汉语思维的影响，形成英语思维模式。

（2）对比语音教学法。学生在学习英语时，已经掌握了汉语的语音，形成汉语语音的习惯。因此，在对英语语音进行学习时，学生往往会自觉或不自觉地用汉语的语音去比附英语的语音。

针对这种情况，教师应对英汉语音进行对比分析，明确指出英汉语音的相同、相近之处，以避免学生混淆。通过对比英汉语音的发音，教师能够预见学生学习上的难点，并有针对性地考虑教学方法和措施，有效地帮助学生解决语音上的困难。

需要指出的是，由于我国方言众多，各地区学生的汉语通常还带有地方性特色。因此，教师仅对英汉语音进行一般性对比分析是远远不够的，还要进一步对比分析学校所在地区的方言、方音，这样才能保证文化差异下英语语音教学更具有针对性、突破性。

（3）听说朗读结合法。为了避免纯语音训练的枯燥乏味，教师可以尝试将语音训练和日常的听说、朗读结合起来，实行语音练习上的精泛结合，保证语音练习的效果。

具体而言，教师要培养学生养成大声朗读的习惯，要求他们做到单词发音正确，句子语调合适。因此，教会学生掌握划分意群、适当停顿的方法，以及用适当的语调表达语境中的含义等成为语音教学的重要内容。

听说朗读结合法也是使学习者形成英语思维的重要方式，能够在潜移默化中影响学习者英语语音的准确度。

（4）情境交际教学法。语音学习的目的是实现有效交际。这就要求学生能够通过准确、恰当、流畅的语音语调传达自己的交际意图。因而，英语语音教学中，教师可以将角色扮演、辩论、采访、模拟和话剧表演等交际活动融入教学过程中，使学生在交际中练习并掌握流畅和地道的语音。

需要注意的是,在这些活动开展之前,教师应使学生明确本次训练的语音重点,让学生在训练中加以注意。活动结束后,教师要及时对学生的表现给予反馈,对语音练习效果好的学生多表扬、鼓励,并帮助语音练习效果不好的学生纠正发音。

(四)词汇语域知识习得

词汇语域知识的习得实质上是一种获取频率信息的过程,也就是知道词汇或者语块在具体的场合中所使用的频率的高低。

由于第二语言学习者无法像本族语者那样接触到足够多的目标语言输入,因此进行大量的输入是影响语域知识习得的重要前提。具体来说,可以通过以下几种方式提高学生的词汇语域知识习得。

(1)让学生对比相关词汇或句子的不同正式程度,从而提高学生词汇语域意识。例如:

end 和 conclude

rise 和 ascend

begin 和 commence

(2)讲解一些常见模式,让学生在阅读或者交际过程中留意这方面的信息。

(3)鼓励学生充分利用词典中关于语域、词频的信息。

(4)使用真实的语料,联系语言在实际场景中的功能进行教学。

教学过程中,教师可以多使用一些显性教学方式加快学生语域知识学习的进程,提高学生的语域知识,增加学生的感知输入与输出,从而让学生形成良性循环。

(五)词汇学习能力培养

词汇学习能力的培养是提升学生第二语言词汇习得质量的重要渠道,主要包含以下五个步骤。

（1）通过听或读等一定的渠道来接触新词。

（2）对新词的读音、词形等建立一定的听觉、视觉形象。

（3）对新词的意义进行掌握。

（4）将新词的词形、词义相结合并存储起来。

（5）对新词加以运用。

学习者要进行第二语言词汇习得，就必须掌握这五个基本的步骤。

1. 接触新词

第二语言词汇习得的第一步就是通过听广播、看电视、阅读等听或读的方式来接触新词。罗杰斯将学习分为有意义的学习和无意义的学习两大类。而听或读的方式对于词汇的无意义学习是非常重要的。可能对于大多数学习者而言，课本的单词表是学习者主要的词汇学习对象，但是并不是唯一的对象。学习者很多词汇的学习都是从课外获得的。

接触新词有着非常多的途径，除了听广播、看电视等，还包含查字典。字典是词汇的集锦，也是学习者学习新词的重要来源。成功的学习者对词典会更充分地使用，他们不仅会查询自己需要的新词，还会学习一些与之相关的词语。也就是说，他们将词典作为一种阅读对象，成为接触新词的又一渠道。

2. 词形习得

第二语言词汇习得的第二个步骤就是对词形的习得。也就是说，学习者对新词的听觉形象、视觉形象的建立与识别。在第二语言词汇习得中，对词形的学习非常重要。很多研究表明，学习者对很多词汇产生误解主要原因就是对词形的混淆，如对单词发音、单词拼写等的混淆。

在英语词汇学习中，由于词形混淆而造成的词汇错误较多，因此对于词形的学习也十分必要。遗憾的是，由于学习者对词形学习的忽视，一些不当的词汇很难得到纠正，也就很难理解新词。因此，在英语词汇学习中，学习者必须要重视词形的学习，遇到新词时,将这些新词与英语中在读音或者词形上相似的词进行比较,从而找出差异,这样便于习得新词。

3. 词义习得

第二语言词汇习得的第三个步骤是词义的习得。学习者对第二语言词汇的学习与母语词汇的学习明显不同,他们往往会选择用母语形成的语义系统来学习第二语言。甚至,他们会将英语中出现的新词的概念与母语中与之近似的概念等同起来。这种词义学习的方式实际上只看到了英语与母语词汇之间的相同点,而忽视了二者在语义范畴上的不同。

因此,理想的词义学习的方法应该是依靠英语本身的上下文来学习词语意义,这一方法在阅读中非常有效。在进行阅读时,学习者可以根据上下文来推测词义,进而对新词进行预测。在这一过程中,学习者应该注意以下几点。

(1)该新词在文中出现的频率。

(2)该新词出现时,上下文是否有较大的变化。

(3)该新词是否影响上下文的理解。

(4)上下文是否有助于理解该新词,作用如何。

(5)该新词在文中出现的密集程度。

另外需要知道的是,词汇学习过程也是一个对策略进行运用,寻找恰当的信息,建立彼此的联系与假设,并对假设进行验证的过程。其中建立词义与词形之间的关系是关键,这对于下面一个步骤的存储非常重要。

4. 词形、词义存储

第二语言词汇习得的第四个步骤就是在大脑中对词形、词义进行存储,也就是对新词进行记忆。

在传统的词汇学习中,背单词表、背词汇手册是最基本的方式。这些方法都属于机械的记忆,这样的记忆方法并没有对词汇进行深层次加工,因此会让学习者感到非常枯燥。当然,我们不能完全否认这种做法。学习者可以采用一些其他的技巧。例如,采用单词卡片来进行记忆,即单词卡片的正面是单词,背面是词义;或者将单词与词义进行连线配对。虽然传统机械的做法看起来比较费时费力,效率也非常低,但是对于有些学生而言很可能有很大的突破。因此,学习者应该根据自己的能力选择合适的方法进行词形、词义的存储。

5. 新词运用

第二语言词汇习得的最后一个步骤就是对新词的运用。很多人认为,接受性词汇的学习是不需要这一步的。事实上,接受性词汇学习与产出性词汇学习之间的界限并不是泾渭分明的,二者是相对来说的。一方面,一个新词从接收到产出的过程是具有连续性的;另一方面,对新词进行合理运用也是对新词进行巩固的过程。

学习者对新词进行运用主要有两方面的作用。

（1）通过对新词进行运用,学习者可以检验自己的假设,了解自己在接触新词、词形习得、词义习得、词形与词义存储这几个层面掌握的知识是否是正确的、合理的。

（2）通过对新词进行运用,学习者可以加深了解语法功能、新词搭配等的合理性。

因此,新词运用这一步骤是必不可少的。新词的运用有两种形式:书面表达与口语表达。其中比较好的运用就是释义练习,即运用已经学到的词语对新词进行替代。运用这一方法可以对已知词汇进行最大限度的运用,同时能在口头表达时更好地得到听话人的反馈,可谓一举两得。

第五章　第二语言词汇习得的影响因素

经过多年研究,学者们发现第二语言习得是一个众多因素相互影响的复杂过程,如情感因素、性格特征、文化因素、学习环境、学习策略等都对第二语言习得有着重要的影响作用。同样,第二语言词汇习得也受众多因素的影响,这些因素可总结为内部因素和外部因素,本章就从这两个方面对第二语言词汇习得的影响因素展开分析。

第一节　影响第二语言词汇习得的内部因素

第二语言词汇习得与学习者的个体因素有着密切的关系,学习者的个体因素包括情感、生理、认知等方面,这些都可统称为内部因素。本节就具体分析这些内部因素是如何影响第二语言词汇习得的。

一、影响第二语言词汇习得的情感因素

第二语言词汇的习得深受动机、态度、性格、焦虑等情感因素的影响,因此对情感因素进行分析和探究对提高第二语言词汇习得的效率具有重要意义。下面首先对情感因素研究进行概括说明,然后具体分析影响第二语言词汇习得的各个情感因素。

(一)情感因素研究概况

最早关注情感因素研究并在此领域做出较大贡献的学者主

要有克拉申（Krashen）、斯特恩（Stern）和埃利斯（Ellis）等人。

克拉申（1981，1985）提出了五大假说理论，其中包括情感过滤说（the Affective Filter Hypotheses）。克拉申认为，在第二语言习得过程中，输入往往要大于吸收，原因在于情感对输入的信息起到了过滤或屏蔽作用，当情感过滤强时，输入就无法促成语言习得。这些因素包括学习动机、学习态度以及自信心等，只有可理解的输入加上低屏蔽的效应，才能习得第二语言。

斯特恩指出，性格外向的学习者要比性格内向的学习者更容易成功，学习的结果与学习者对目的语及其群体的态度呈正相关。

埃利斯指出，学习者的学习动机、个性特征、焦虑等因素都影响着习得的进度与成功。

20 世纪 90 年代以后，情感因素的研究向更深层次发展，取得了丰富的成果。1994 年，埃利斯在其理论专著《第二语言习得研究》（*The Study of Second Language Acquisition*）中详细阐述了学习者自身在情感、生理、认知及所使用的学习策略上的差异对第二语言习得的影响。

20 世纪 90 年代后期，有很多学者从其他角度对情感因素在语言习得中的影响和作用进行了研究。奥克斯福特（Oxford，1999）指出："竞争意识可能导致语言焦虑，但那些在富于竞争性的文化背景下长大的学生，能在竞争中发展。"[1]

总而言之，第二语言习得中情感因素的研究成果丰富，但因各种因素的制约，情感因素的研究仍有许多值得探索的空间，而且一直在不断探索中。

（二）影响第二语言词汇习得的各个情感因素

目前，学界讨论较多的情感因素有动机、态度、性格、焦虑、自信心等，下面就对这些具体的情感因素以及它们对第二语言习得

---

[1] 肖奚强，周文华.第二语言习得研究纵观 [M].北京：世界图书出版公司北京公司，2012：71.

的影响进行说明。

1. 动机

在情感因素中,动机占据着重要的地位。第二语言习得动机是指推动学习者学习并达到掌握第二语言目标的一种强烈的愿望。

关于动机的分类,加德纳和兰伯特(Gardner & Lambert, 1959)将动机分为两类:一类是为融入另一个目的语言社团而具备的融入型动机;另一类是为达到某种实用目的而产生的工具型动机。在大多数情况下,第二语言学习者同时具备这两种动机,而且这两种动机都对学习者的学习具有促进作用,但从长远来看,融入型动机更能维持学习者的动力。

到 20 世纪 90 年代,很多学者开始对加德纳和兰伯特的观点提出质疑,认为他们的模式对课堂情境下的二语学习的动机重视不够,并且提出了其他类型的动机。Kruidenier and Clement(1986)等人经过研究发现,学生学习第二语言具有为了旅行、获取知识、为了友情等多种动机。他们的研究表明,动机取向可以预测成绩,对成绩产生重要影响的动机取向是自信,而不是融入型。研究还进一步揭示,取向依情境而定,学生的动机类型会因环境的变化、学习任务的不同而有所差别。但究竟应该以何种标准来划分学习动机,目前还没达成共识。

20 世纪 90 年代后期,奥克斯福特与威廉姆斯(Williams)等人借鉴心理学、神经生物学等其他领域的理论,总结了一些影响学生学习动机的因素,包括自我效能、归因、效价等,并扩充了学习动机的模型。克鲁克斯和施密特(Crooks & Sehmidt, 1997)将动机分为外部动机和内部动机。外部动机是指一些从外部影响学习的因素,包括学习环境、教师、家长等。内部动机是指一些从内部影响学习的因素,包括学习兴趣、好奇心、学习欲望等。多尔涅和基多(Dornyei & Qutto, 1998)将动机分为七个层面:工具动机层面;情感动机层面,包括学习态度、兴趣等内部动机和情感动机；学习环境层面；宏观环境层面，包括各国语言、文化等；目标层面；自我信念层面，包括自信、自我信念、自我效能、归因、焦虑和期望等；其他因素层面，包括家庭、同学等。[①]

多尔涅是最早将动机过程研究引入二语习得领域的学者。他认为二语动机研究中的许多分歧和争论主要是由于对时间这个角度不够重视，有些看似有冲突的理论其实没有必要互相排斥，相反却和动机行为过程的各个不同阶段相联系。他在"行为控制理论"的基础上建立了"第二语言动机的过程模型"，这一模型主导思想是，以一种以过程为导向的动机观，把不同的研究成果综合成一个非离散的、综合的模型。该模型包括行动序列和动机影响这两个观察维度。

行动序列维度分为三个主要阶段：行动前阶段、行动阶段、行动后阶段。行动前阶段与动机的选择有关，又分为三个次阶段：目标设定、意图形成、意图实施。行动阶段与动机的执行有关，包含三个基本过程：次任务的形成与完成；复杂的持续评估过程；行动控制机制的应用。行动后阶段与动机的反思有关，包括评估行动结果和考虑将来的行动计划。

动机影响维度具体可分为五组：对目标设定的动机影响；对意图形成的动机影响；对意图实施的动机影响；执行动机；对行动后评估的动机影响。其中，前三组又叫"鼓动力"，它决定了行动实施的强度。

多尔涅的这一模型得到很多学者的认同，不仅体现了动机在二语学习过程中的作用，而且综合考虑了来自各方面对动机产生影响的因素。

总体而言，学习动机研究已经取得了丰富的成果，但仍存在某些不足。首先，学习动机的研究大多采用测试和问卷的方法，研究手段和方法都比较单一和简单。其次，动机与学习者语言使用的关系研究也不够充分，如何激发学习者的学习动机来促进二

---

① 肖奚强，周文华.第二语言习得研究纵观[M].北京：世界图书出版公司北京公司，2012：73.

语习得,关于这一问题,目前还没有系统的解决方案。

2. 态度

态度是一个心理学概念,是指个人对事物和他人的一种评价性反应。其具体由三个要素构成,即认识(cognitive)、情感(affective)和意动(conative),这三个要素是协调一致的,激发其中任何一个要素,其他两个要素都会发生相应的反应。在第二语言习得研究中,态度和动机的区别并不是很清楚。加德纳等人认为,态度是构成动机的重要因素之一,动机和态度有直接的联系。学习的态度会影响学习动机,而动机又影响第二语言的习得。关于态度的研究,主要集中在学习者对目的语的态度方面。持积极态度的,愿意学习外语,学习成绩较好;持消极态度的,学习情况往往不乐观。

3. 性格

对于第二语言习得而言,性格也发挥着重要的影响作用,这在学界已经达成共识。性格是一个心理学概念,是指人类个体区别于其他个体的独特的精神面貌和心理特征。

性格对第二语言习得的影响集中体现在外向型性格与内向型性格两个方面。外向和内向是人们凭直觉就可以感知的个性差异。在学习过程中,外向型和内向型的学习者会表现出不同的特征,这可以从感知、想象和思维三个方面来观察,如表 5-1 所示。

表 5-1　外向型和内向型的学习者的特征

	外向	内向
感知	能主动观察,带有概括性,反应较快,带有记录性,有情绪反应	观察较为被动,能够分析,感受精确性较高,带有解释性,基本上无情绪反应
想象	能主动想象,想象范围较广阔,想象较大胆	想象是被动式的,想象范围较窄小,经常有想象抑制
思维	善于提问,思维比较发散,思维有弹性	善于独立思考,思维比较集中,思维具有方向性

（资料来源：李柏令,2013）

这些不同的性格对第二语言习得也产生了一定的影响。布须（Busch，1982）通过定量研究发现，外向型性格的学生语言学习的熟练程度不高。但斯特朗（Strong，1983）的研究显示内向型性格的学生没有外向型性格的学生学习语言快。也有研究发现外向型性格的学生适合自然习得，而内向型性格的学生在课堂学习中表现更好。

格里菲思（Griffiths，1991）经研究指出，与智力相比，性格与语言学习关系更为密切。一般认为，外向型性格有利于习得第二语言，内向型则不利于学习第二语言。这是因为性格外向的学生能积极参与到语言学习活动中并寻求更多的练习机会，性格内向的学生由于自我约束太多而不太参与语言学习活动。但也有些研究并不支持这种观点，因为语言能力和语言交际能力的不同方面需要不同的性格特征，所以不能一概而论。

4. 焦虑

焦虑是人类的生物学属性之一，与神经质有密切关系。焦虑是指个人由于不能达到预期目标或者不能克服障碍的威胁而形成的紧张不安，甚至带有恐惧感的情绪状态。

斯皮尔伯格等人（Spielberger et al.，1970）将焦虑分为了两种：状态焦虑和特质焦虑。状态焦虑是指出现在特定情境的焦虑，在特定情境中每个人都会发生状态焦虑，只是焦虑的程度有所不同。特质焦虑是指反映一个人个性的永久性特点的焦虑，也就是说某些人可能比其他人更常出现焦虑。

埃利斯（1994）将焦虑区分为三种，分别是气质型、情境型和一次型。气质型焦虑是一种长久的焦虑倾向，可以说是个性的一个方面；情境型焦虑是由具体场景或事情激发出来的焦虑情绪；一次型焦虑是在某一刻产生的焦虑心情。从作用方面出发，埃利斯将焦虑分为两大类，即促进型焦虑和妨碍型焦虑。促进型焦虑能促使学生克服困难，挑战新的学习任务。而妨碍型焦虑却导致学生用"逃避学习任务的方式"来回避焦虑。

在第二语言学习中,焦虑现象也经常发生,以至于阻碍第二语言学习。关于焦虑与二语习得的关系,存在相互矛盾的调查结果。一些研究表明,二语习得中出现的焦虑在某些方面是有利的。切斯坦(Chastain,1975)采用焦虑测量工具研究了美国大学生的焦虑与外语课期末考试之间的相关性。结果发现,焦虑是学习西班牙语学生的显著性预测指标,而且有一定焦虑感的学生有很好的成绩。

克兰曼(Kleinmann,1977)针对英语为第二语的学生的研究发现,在母语为阿拉伯语和西班牙语的学习者当中,有一定焦虑感的学生能表达结构复杂的英语口语。

加德纳和麦金太尔(Macintyre,1993)指出,焦虑是影响语言成绩的最大因素。具体而言,焦虑会影响语言课程成绩、语言水平测试表现、口语和写作水平、自尊心等。

埃尔曼(Ehrman)和奥克斯福特(1995)发现,在一些语言学习优秀者中,焦虑能使他们有较高的语言能力和自信心。也有人对于焦虑的影响持"不利"的观点。霍维茨(Horwitz,1991)指出,在一些简单的学习任务中焦虑有促进作用,但在复杂的学习任务中并不起作用。阿诺德(Arnold,1999)认为,课堂上出现焦虑会产生不利影响,学生因焦虑而紧张进而造成课堂表现差。

布朗(Brown,1994)提出了折中的观点,他认为焦虑过高或过低对学习都不利,保持适当的焦虑水平能激发学习者的最大学习动力,有助于保持高效的学习活动和取得理想的成绩,反过来学习结果会影响和改变学习者原有的焦虑水平。

5. 自信心

自信心又称"自我价值感",是指个体所拥有的对自己的作用、能力和价值等的总体感觉。自信心与焦虑有密切关系,通常自信心强,焦虑度低;自信心弱,焦虑度就高。

谢沃尔森等人(Shavelson et al.,1976)对自信心的结构进行了研究,并提出了一个三层模型:最高层的"总体自信心"、中间层的"特定自信心"和最低层的"任务自信心"。总体自信心是指个体的全面的自我评估；特定自信心是指个体如何在各种生活环境中根据各种特点来感知自身；任务自信心是指个体针对特定任务给予自身的评价。

由于自信心不足是导致外语焦虑的重要原因之一，因此自信心也是影响第二语言习得成效的重要因素。

根据谢沃尔森等人的三层模型，黑德（Heyde，1979）做了进一步研究，并发现学生的表现与这三个层面的自信心显著相关，其中"任务自信心"的相关度最高。但也有人做了类似的研究，并没有发现相同的结果。可见相关的研究较少，因此自信心与二语学习的关系仍需要进一步研究。

本书认为，既然自信心是个体的自我评价，那么它就取决于个体对自身的了解。如果对自己不了解，那么就会出现自评过低而"自信不足"，或者自评过高而"过于自信"。"自信不足"可能导致退缩或焦虑，影响二语学习；"过于自信"则可能导致冒进或轻敌，同样无助于二语学习。可见，只有适度的自信心才是最佳状态。

二、影响第二语言词汇习得的生理因素

生理因素与第二语言习得也有着密切关系，其中发挥主要影响作用的因素就是年龄。自 20 世纪 70 年代以来，关于年龄对第二语言习得的影响，国外很多学者都进行了大量的研究，观点可谓见仁见智，但目前在以下几个方面基本达成了一致。

其一，在学习速度方面，成年人的学习速度要快于儿童，随着语言知识的逐渐积累，儿童会最终追赶上并超过成年人。但是在自然的语言环境中儿童会比成人显示出更大的第二语言习得优势，而在正规的二语课堂上学习速度比成年人缓慢。

其二，在语调方面，儿童如果能在 6 岁之前受到足够的外语熏陶，就有可能达到与讲母语的人相同的语调。但成年人即便经

过多年的正规学习,大多数可以熟练地使用外语,也只有极少数人能达到与讲母语的人相似或相同的语调。

其三,在语言能力与潜力方面,儿童相较于成人具有取得与讲母语者相同的语言能力的潜力。

三、影响第二语言词汇习得的认知因素

认知因素具体包括智力、学能、学习策略、认知风格等。这些认知因素对第二语言词汇习得也有着重要的影响。下面就对其中的几个部分进行分析说明。

（一）学能

学能（language aptitude）是指习得第二语言所具备的特殊认知素质,是个体在学习某项技能时表现出来的互不相同、相对稳定的专门倾向或者潜能,汉语中一般称其为"天赋""天资"等,其不包括智力、动机、兴趣等因素。

在第二语言学习中,人们也表现出互不相同的能力倾向,这就是所说的"语言学能"（foreign language aptitude）。

从1953年开始,卡罗尔和萨本（Carroll & Sapon）对中学生、大学生以及成人的语言学能进行了测试套题的研究,并提出了"语言学能构成"理论。他们认为,语言学能是整体智力中负责语言学习的一个特殊部分,由以下几个相互独立的能力构成。

（1）语音编码能力（phonemic coding ability）。指辨别语言声音或音串的能力,即能够将那些声音与代表它们的符号联系起来,并把这些语音联系储存在长时记忆中的能力。

（2）语法敏感度（grammatical sensitivity）。指对句子的模式和句子成分的语法功能的敏感程度,即辨别单词在句中的语法功能的能力。

（3）归纳性的语言学习能力（inductive language learning ability）。指仔细观察语言材料、辨认对应句型以及辨认语言形式

与语义之间的联系的能力,即能够从一些语言的实例推断或归纳语言规则、并能举一反三的能力。

（4）强记学习能力（rote learning ability）。指建立并记住刺激与反应之间的联系的能力,即建立并记住母语中的词语与二语中的词语之间相对应的联系的能力。这一能力对于词汇学习十分重要。

上述四种能力是相互独立的。有的学习者四种能力都很好,有的则都不好,还有的则是其中一种或几种好,其余不好。

埃利斯（1994）指出,在承认语言学能对第二语言习得具有影响作用的同时,还应对语言学能的概念有以下几个方面的理解。

（1）语言学能和学业成绩是两个不同的概念,二者在课程开始时没有联系,但在课程结束时又有联系,所以需要对二者的概念进行区分。

（2）语言学能与学习动机应当看作两种不同的个体差异因素。

（3）语言学能是相对稳定的个体差异因素,甚至是与生俱来的。

（4）语言学能不应视作第二语言习得的前提条件,而更应视为影响学习者学习第二语言的速度和难易程度。

经国内外重要研究表明,语言学能在第二语言习得中具有重要作用,在其他条件相同的情况下,具有较高语言学能的人会学得更快些,更省力些。

（二）学习策略

学习策略（learning strategies）就是用于学习的各种策略,具体是指学习者在学习中运用的某些特殊方法或手段,是学习者获取、贮存、提取和处理信息的方法和步骤。任何学习行为都会涉及策略问题,所以学习策略一直是教育学关注的研究课题。

在第二语言习得中所使用的策略就是"语言学习策略",其与一般学习策略既有共性,又有特殊的一面。关于第二语言学习策略的定义各家给出的说法不同,实则大同小异。斯特恩（1983）

认为学习策略是语言学习者使用的普遍倾向和方法。奥克斯福特(1989年)认为学习策略是学习者为了使语言学习更成功、更自主和更有趣味性所采取的行为。埃利斯(1994)认为学习策略是学习者在整个语言习得或语言使用过程中,与某个特定阶段相关联的心理行为或行动。

因研究目的和角度的不同,也使得学习策略有不同的分类。斯凯恩(Skehan,1989)根据学习者处理学习情境的能力,将学习策略分为主动参与策略和解释与确认策略;从学习者的方法角度,将学习策略分为跨语言比较策略和归纳策略;根据学习者评价能力,将学习策略分为监控策略和自我评价策略。

奥马利(O'Malley,1987)将学习策略分为三类:认知策略、元认知策略和社会情感策略。其中,认知策略是指巧妙地处理学习材料或在学习中使用特定的技巧。元认知策略是指用来控制、调节和指导语言学习过程的策略,并涉及对学习过程的思考。社会情感策略是指学习者选择与其他学习者和本族语者交流的方法。奥克斯福特(1990)将学习策略分为直接策略和间接策略。其中,直接策略包括记忆策略、认知策略和补偿策略;间接策略包括元认知策略、情感策略和社会策略。

学习策略也受多种因素的影响,对此学者们从不同的角度出发对其进行了归纳。布朗(1983)等人发现儿童、青少年以及成人所使用的学习策略不同,儿童的复述策略常常是死记硬背,而青少年和成人则采用一般化策略,涉及主动、系统和关联的策略。夏莫(Chamot,1987)发现高级水平的学习者比初级水平的学习者使用更多的学习策略。

很多学者认为处于外语的教学环境和处于第二语言教学环境的学习者在学习策略的使用上不同,前者更多地使用复述、记笔记、翻译和解析上下文学习策略,后者更多地使用认知策略。处于课堂教学环境和处于自然环境的学习者在策略的选择上也不同,处于自然环境的学习者使用大量的社交策略;处于课堂环境的学习者很少使用社交策略。

第二语言习得学习策略研究的一个重点是对成功者学习策略的研究。对于成功者的学习策略,奈曼(Naiman,1978)等人进行了归纳总结,总结为五点:对待学习任务态度积极;对语言的系统性特点有足够的认识;积极使用所学语言进行交际和互动;当学习遇到情感问题,会积极采取多种办法面对;监控自己的语言表现,注意改正其中的错误。

第二语言学习策略的研究自20世纪至今取得的成果是显著的,但是这一研究也存在着问题,如对成功者的学习策略研究发现将多种学习策略有效结合,灵活运用才是关键,但哪些策略结合最有效,如何结合目前还不清楚,仍有待进一步探究。

(三)认知风格

认知风格是一个心理学术语,又称"认知模式""认知方式",是指个体在感知、记忆、思维和问题解决等信息加工过程中所经常采用的习惯化的方法。认知风格不直接体现一个人的能力,而是独立于人的个性。它能较好地预测人的兴趣、学科偏好以及学习成绩,并与人的行为有密切关系。

不同的学习者个体有不同的认知风格,不同的认知风格会影响他们学习的过程和效果。每个人的认知风格基本都是固定的,但可以通过培训,帮助学习者发展其风格偏好。因此,认知风格的研究有利于更好地把握人与人之间的个体差异,进而可以为因材施教提供客观依据。

在过去的几十年中,语言学家总结了心理学领域研究中认知方式的一些概念和方法来探讨认知方式与第二语言学习之间的关系。

总结而言,个体的认知风格主要体现在以下几个方面:场独立性与场依存性,复杂认知与简约认知,冒险与保守,歧义容忍度等。第二语言习得中研究最多的是场依存性和场独立性对第二语言习得的影响。

美国心理学家威尔金(Witkin,1962)及其同事根据多年的实验研究提出了场依存性人格维度构想理论,主要内容是场依存性(field-dependence)和场独立性(field-independence)。场独立性是易于从整体中发现个别的认知方式,善于剖析事物和问题,把整体与部分区别开来,能集中于某一部分而不受其他部分的干扰。场依存性是易于感知事物整体的认知方式,倾向于从宏观上看事物并把事物作为一个整体来对待。具体哪一种认知方式更好,很难说明,需要根据具体的学习任务来定。

埃利斯(1985)对场依存性和场独立性的具体表现进行了区分,如表5-2所示。

表5-2　场依存性和场独立性的具体表现

	场依存性	场独立性
1	个人倾向:在加工信息中依靠外部参照系	非个人倾向:在加工信息中依靠内部参照系
2	整体的:把一个场作为一个整体来感知,各部分与背景相交融	分析的:根据一个场的各部分来感知;各部分从背景中区分出来
3	依赖的:自我观来自其他人	独立的:分离性的认同感
4	社交上敏感的:在人际/社交关系中技能较强	社交上不那么有意识:在人际/社交关系中技能较弱

(资料来源:李柏令,2013)

里德(Reid,1995)将学习者的感知学习模式分为"视觉学习模式""听觉学习模式""体验学习模式"和"动手操作学习模式",后两者合称为"动触觉学习模式"。

视觉型学习者善于通过视觉方式获得最佳学习效果。阅读能使他们更好地理解和记忆内容,但他们接受语言指导的能力较差,不易分辨听觉刺激。

听觉型学习者擅长语音辨析、交际,接受语言信息好,喜欢与他人进行讨论和交流。听过的内容不易忘记,但他们完成书面作业和抄写有困难。

体验型学习者通过参与课堂学习活动获取最佳学习效果。他们需要更多机会接触和体验实际生活,以利于更好地记忆信息,但这类学生通过视觉、听觉接受信息欠佳。

在具体的语言教学过程中,教师应了解学生的学习风格以及学生学习风格的差异,并针对学生的具体情况采用与之相匹配的教学分类。同时,应帮助学生了解自己的风格,清楚自己学习风格的优势与不足,进而扬长避短,更加有效地学习语言。

第二节　影响第二语言词汇习得的外部因素

第二语言词汇习得也受外部因素的影响,主要是指外部客观环境,包括文化因素、学习环境、语言的输入等。无论是第一语言还是第二语言的获得,都与环境和文化有着密切的关系,所以对语言环境的研究也已成为第二语言习得研究中的一个极其重要的课题。本节就对影响第二语言词汇习得的外部因素进行具体分析。

一、影响第二语言词汇习得的社会环境

20 世纪 80 年代,受社会语言学理论的影响,第二语言习得研究越来越关注社会因素对第二语言习得的影响。学者们提出了很多理论模式,也进行了大量的实证研究。这里主要从以下两个方面来分析。

(一)社会因素与语言变异现象研究

通常,学习者的中介语有着高度的系统性,但有时会出现一些变异现象,如在目的语学习的课堂上,学习者的语言比较符合目的语的规则,出错较少;而在课下,学生说出的语言比较随意,往往并不太符合目的语的规则。造成语言变异现象的因素很多,有可能是社会环境因素,也有可能是其他因素造成的。下面就从社会因素对语言变异现象的影响进行研究。

第二语言习得中,社会因素对语言变异现象的解释源自拉波

夫(Labov)对母语者的语言变异研究。拉波夫(1972)通过研究发现,不同的社会等级群体和不同的言语情境会造成说话者语言的变异。塔罗内(Tarone,1983)对第二语言学习者语言变异现象进行了系统的研究,提出了第二语言习得者中介语"风格连续体"(stylistic continuum)的理论模式。这个连续体的两端分别为"随便体"和"严谨体"。学习者在不同的情境下由于对语言形式注意程度的不同而形成不同的语体风格,这个连续体体现了语言交际情境对学习者语言变异的影响和制约。

　　塔罗内的"风格连续体"的理论模式得到了很多实证研究的支持,但也有实验结果与这一理论模式不相符。首先,在语音方面,迪克森(L. Dickerson,1975)设计了三种不同的实验任务对日本学生发英语 /z/ 这个辅音的情况进行了考察,发现在注意力程度最低的自由谈话中,使用 /z/ 的目标变体最少,在注意力程度中等的朗读对话中目标变体增多,而在注意力程度最高的朗读词表的任务中,日标变体最多。佐藤(Sato,1985)对一个以英语为第二语言的 12 岁越南男孩在三种不同的情境(自由谈话、朗读文章、单词和词组模仿)下的关于目的语辅音丛和音节末辅音的发音情况进行了长时间的跟踪调查,结果也体现了情景语境效应。其次,在语法方面,施密特(Schmidt,1980)调查了不同母语背景的英语学习者在不同情景语境下第二次使用相同动词时是否省略。研究发现,在自由说话时没有人使用省略形式;在模仿母语者话语时 11% 的学生使用了省略形式;在书面表达中,省略的概率为 25%;在做语法判断时,50% 的学习者使用第二次出现相同动词需要省略的策略。这说明语法项目的情景语境效应可能具有一定的选择性。

　　但在一些研究中,研究结果表明学习者并非总是在严谨体中用目的语标准变体。毕比(Beebe,1980)研究了成年泰国人在朗读词表和自由交谈这两种情景语境下习得英语 /r/ 的情况,结果比较复杂,音节末尾 /r/ 的发音受情景语境的影响,但音节首位 /r/ 没有受到情景语境的影响。对此,毕比的解释是母语在中介语的正式语境中起到渗透的主导作用。埃利斯（1994）认为，学习者的母语背景和学习者的发展阶段等因素都会影响中介语的变异。

由此可知，第二语言的变异现象受众多因素的影响，而情景语境只是其中一个重要因素。

（二）社会文化因素的研究

在第二语言习得研究中，学者们从社会和文化的角度探讨了社会因素和第二语言习得的关系，建立一系列的理论和模式，其中影响最大的有"文化适应模式"和"社会文化理论"，下面就从这两个方面进行论述分析。

1. 文化适应模式与第二语言习得

20世纪70年代，美国学者舒曼（J. Schumann，1978）提出了"文化适应假说"（the Acculturation Theory），该理论把第二语言习得过程看成向目的语文化适应的过程，认为二语学习者对目的语文化的适应融合程度决定着二语学习的掌握程度。

"文化适应模式"一经提出，就受到了广泛的关注，学者们通过许多实证研究对其进行了检验。梅普尔（Maple，1982）进行了大规模的实证研究，他以190名在美国读书的西班牙学生为测试对象，用一份100道题目的量表测量这些学生的文化适应程度，用四种语言测试评估学习者的第二语言习得水平，全面考察了社会因素与第二语言习得的关系。结果显示，在八个社会因素中，除文化相似性之外，其他因素都与第二语言的习得效果密切相关。这项研究为舒曼的理论提供了有力的佐证，也有效拓宽了文化适应模式的适用范围。

但也有一些学者的研究显示了不同的结果。凯利（Kelly，1982）考察了六位在美国生活的西班牙移民习得英语否定结构和VP结构的习得情况，并测量了他们的文化适应程度。结果却发现，语言提高最快的学生的文化适应程度比较低，而文化适应程度最高的学习者语言进展最缓慢。施密特（1983）对一位33岁的日本移民的英语学习情况进行了个案研究，以他的语言交际能力来评判他的第二语言习得水平。研究结果显示，虽然这位学习者文化适应程度较高，但语言交际水平一般。

通过上述不一样的实验结果可知，第二语言习得中文化适应的程度与习得水平的关系并非像舒曼所提出的文化适应模式那样单一。

2. 社会文化理论与第二语言习得

从20世纪80年代开始，Lantolf 等学者就逐渐把社会文化理论引入第二语言习得领域，并通过大量的实证研究验证了社会文化理论在第二语言习得中的作用，同时进一步发展了社会文化理论。社会文化理论（Socio-cultural Theory, SCT）最早是由苏联心理学家维果斯基（Lev Vygotsky）提出的。该理论主要包括"调节论"（mediation）、"最近发展区理论"（zone of proximal development）、"个体话语和内在言语"（private and inner speech）和"活动理论"（activity theory）四个部分。

社会文化理论认为学习者是在社会互动中习得新的语言，互动促进学习者由最近发展区达到潜在发展水平，"支架"也在互动中搭建。

社会文化理论被引入第二语言习得研究，进一步拓宽了第二语言习得研究的视野。它将学习者、社会和语言联系在一起，突出互动在语言习得中的作用，在教学实践中确实起到了促进学习者习得进程的作用，在这些方面社会文化理论都具有重要的意义。但这一理论就目前的实证研究来看也存在一些局限，如研究范围较小，研究的时间跨度较短等。因此，在这方面仍需要进行大量的实证研究。

二、影响第二语言词汇习得的课堂语言环境

课堂这一客观外部环境对第二语言习得也有着重要的影响。

20 世纪 80 年代中期以后课堂 SLA 研究成为 SLA 主流研究之一。

20 世纪 70 年代末 80 年代初,SLA 研究主要围绕"教学对第二语言习得是否有作用"的问题展开研究。这一时期的研究没有取得十分一致的结果,但基本的结论是,课堂学习对第二语言习得速度和总体水平有促进作用,但不会改变语言习得的固有路线。

20 世纪 80 年代中期,学者们对第二语言课堂过程进行细致描写,从中发现促进或阻碍语言学习的行为和事件。

20 世纪 90 年代以后,课堂 SLA 研究开始了理论的系统建构。埃利斯(1990)汲取了自然语言学习理论和一般学习理论核心概念,突出课堂语言学习特点,以"隐性知识"和"显性知识"的划分为核心,以"课堂作为互动"和"课堂作为教学"为分析框架,较为系统地提出了课堂 SLA 理论。目前,课堂 SLA 的实证研究仍然很流行,如课堂输入/互动对语言习得的影响的研究、纠错方式与领会的研究、形式注意与语言习得的研究等。

三、影响第二语言词汇习得的"输入"

输入研究主要从语言学、心理语言学及认知语言学等角度考察外部因素对语言习得的影响。在二语习得研究领域,埃利斯对输入理论进行了系统的梳理。我国学者杨党玲(2004)分三个方面对国外输入理论的相关成果进行了梳理:输入、互动对语言习得的路径和次序的作用;输入、互动对于习得速度的影响;输入、互动与语言习得机制的关系。

目前二语习得领域达成的共识是,作为外部因素,输入总的来说对习得路径不产生重大影响,其决定性因素是学习者自身的"语言习得机制"(LAD),即"学习者内部因素"。但若没有外部输入的参与,语言习得仍然无法实现。也就是说,"外部因素"是必要但非充分条件。

克拉申提出了"输入假说"(input hvpothesis),是输入假说理论的重要创始人,其主要观点包括:学习者通过理解比自己当前的水平稍难一些的输入(i + 1)自然地习得该语言,语言习得遵循自然顺序;可理解的输入对于二语习得是必要的,但不是充分的;简化、语境以及语言外线索的提示等能使输入变得更容易理解;输出是习得的结果,并非原因,学习者输出不直接促进习得。

对于上述假说中的"输出不直接促进习得"这一点,斯温(Swain,1985)提出了相反的假说——可理解性输出假说(output hypothesis)。斯温认为,可理解性输出对二语习得能够起到促进作用,人们在学习语言的互动中输入时不太需要分析句子结构,但当需要输出时,便不得不从语义处理转向语法处理,即更多地注意表达方法,这可促使学习者在随后的习得中提高语法意识。

对此埃利斯指出,无论是语言输入,还是内部加工机制,都不能单方面地解释二语习得,据此提出了"互动观点",认为二语习得是学习者的智力活动与语言环境共同作用的结果,学习者的加工机制受输入的影响;同时,输入的质量会受学习者内部机制的影响。

可以看出,学者们对输入理论的研究结论存在不少分歧,也存在一些不足之处,在进行输入研究时,大多数研究都只考察了语音、词汇、语法特征,较少涉及语义、语用等的习得;在研究方法上重理性分析而轻整体综合。因此,输入理论仍需要进一步的论证和研究。

总体而言,第二语言习得受各种内部因素和外部因素的影响,这些因素同时影响着第二语言词汇习得。因此,在第二语言词汇习得中,应充分重视和利用这些因素,借助它们更好地进行词汇学习。

第六章 第二语言词汇习得的常见策略

词汇是第二语言习得的基础,如果不能掌握词汇,那么语言学习的任何一个环节都难以进行,听、说、读、写等基本技能也难以提高。所以,词汇习得一直都是第二语言习得研究的焦点之一。第二语言词汇习得需要借助一定的策略,如语境策略、联想策略、记忆策略等,因此本章就对第二语言词汇习得的常见策略进行探究和说明。

第一节 语境策略

语境,也就是所谓的上下文,是指词、短语、句子或者篇章及其前后关系。语境在词汇学习中发挥着重要作用,集中体现在两个方面:一是语境决定词义,一个词的词义取决于该词所处的上下文;二是语境是词汇学习的重要途径之一,词汇知识在很大程度上是在一定的语境中附带习得的。所以,通过语境策略来习得词汇,是非常有效的一种掌握词汇知识的策略。

一、语境决定词义

同一词语在不同的语境中会有不同的含义。据统计,在最权威的美语词典《韦氏第三版新国际英语大词典》(*Webster's Third New International Dictionary*)中有 267 000 个词条,平均每个词条有 2.3 个意思。可见,一词多义是英语词汇的显著特征。

（一）多义词词义在语境中的确定

通常词典会尽可能全面地收录常用词的不同词义,但是由于词典编撰本身的局限以及词典编纂者个人的习惯,词典并不能完全反映大脑词库中词义的实际储存状态。而要了解一个词的不同词义在语言使用者大脑中的表征,需要区分造成词义随语境变化的大脑词义储存模式。具体来讲有两种模式:一种模式认为,一个词在不同语境中的不同词义在大脑中都有永久表征;另一种模式认为,一个词的每一个词义都是在语言理解过程中根据某一抽象概念"在线"(on line)创造的。①

根据第一种模式,在特定语境中确定词义的过程就是"词义筛选"过程,因此这种模式又称"词义筛选"(sense selection)模式。当一个词有两个以上的意思,就可以根据语境来确定其中的一个,从而排除另一个。这里以同形(音)异义词(homonyms)bear 为例说明这一大脑认知过程。在大脑词库中,名词 bear 和动词 bear 是两个完全不同的词,特定语境可以帮助读者或听者进行筛选,并确定其中之一。

根据第二种模式,在特定语境中确定词义的过程可以被称作"指代确认"的过程,因此该模式又称"指代确认"(reference specification)模式。指代确认指在解码的过程中"形成比大脑词库中储存的信息更为具体的理解"。一个词之所以在两种语境中有不同的词义,是因为同一确切的潜在词义表征有不同的附加信息,确定词义的过程就是指代具体化的过程。例如,在"George Washington left his horse in the barn."一句中,his horse 应该被理解为 George Washington's horse。

（二）无规律可循的一词多义

同音(形)异义词与多义词有所不同。同音(形)异义词被用

---

① 王改燕.第二语言阅读中词汇附带习得研究[M].北京:北京大学出版社,2013:235.

来指同一词形有两个不同来源的词义。例如,在 the book is mine 和 coal mine 中,mine 有两个截然不同的词义,前者的意思是"我的",是 I(我)的所有格,后者的意思是"矿井",是一个名词。这两个词有着不同的历史渊源,不能视作同一个词,而是拼写和发音恰好相同的两个词。

多义词是指一个词有着多种词义,这些词义之间存在着一定的关联,有着共同的历史。例如,source 一词有以下几种词义:

(1)河流的源头,发源地

(2)来源,出处

(3)原因

(4)提供资料者,资料来源

(5)起源,根源,原因

(6)消息(或证据等)的提供者

(7)发起者,创造者,创始者

(8)原型,模型

通过观察 source 一词的不同词义可以发现,这些词义之间有着内在的联系,即它们有着共同的核心概念。

有学者指出,在实际语言运用中,同形(音)异义的情况可以通过语义筛选来解释;一词多义现象则可以通过指代确认来确定词义。例如,英语中 book 一词有着不同的词义,可以指一个具体的事物,也可以指物体的内容。实际上,这两个词义之间是有规律可循的,这一规律可以用来解释其他一些表示书面材料及其内容的词,还可以普及到表示信息储存形式及其内容的词,甚至可以运用到作品的名称及其内容。这样的一词多义可以用指代延伸的基本原则进行解释。"指代延伸"可以用来解释英语中许多词和短语的各种可能语义,因此有学者认为大脑词库中不可能,也不需要把每个多义词的不同词义分别罗列出来。

但是,"指代延伸"原则并不能解释所有的一词多义现象。在有些情况下,即使一个多义词的两个词义间有着显而易见的联系,也不能说明它们之间的关系是可预见的。例如,英语中表示动物名称的词有各种隐喻词义,这些隐喻词义与基本词义之间关系的可察觉性取决于隐喻的透明程度。这些隐喻词义通常是约定俗成的,不能根据基本词义预见。因此,一个词的这类约定俗成的隐喻词义,需要在大脑词库中有区别于该词其他词义的单独表征。

总而言之,语境不同,词义也会发生变化,这是人类语言的普遍现象。

（三）一词多义与复杂词

英语中的派生词和习语统称为"复杂词"（complex lexical items）。英语中的多义词大多是派生词或习语等复杂词。在许多情况下,由词缀和根词所构成的派生词词义继承了根词的词义,具有规律性和稳定性。但在多数情况下,复合词的词义与其构成成分的意思之间的关系很模糊,整体词义不是构成成分意思的简单相加,这时派生词的整体词义需要区别于构成成分的词义加以单独对待。

如果将整体意义是部分意义之和与整体意义和部分意义完全无关看作两个极端,那么大部分派生词处于中间位置,即派生词的整体意思与部分意思有关,但又不是部分意思的简单组合。

大多数英语词汇是半透明的,即可以从构成成分推测出部分整体词义。有大量的派生词很容易掌握,尽管整体意思不等于构成成分意思的简单相加,但是这些词的意思与构成成分的意思有明显的关系。关于这类词在大脑中的表征问题,这些词的常规词义可以在部分意思的基础上通过语义加工得出。

但许多情况下,复杂词语的意思是不透明的,即整体词义与部分词义无关,无法从组成部分的意思推测出一个复杂词语的整体意思,如 foxtrot（狐步舞）, shiftless（无能）等,这些词的词义是约定俗成的。一个词之所以是这个意思,而不是另外一个意思,约定俗成性起着决定作用。约定俗成的知识是世界知识的一部分,与语言知识无关。所以,就语言学习而言,了解复杂词的哪些意思在某一语言中是约定俗成的,是目的语语言学习和文本理解的关键。

例如,英语 iceman 一词根据其构成成分具有以下意义:

(1)把冰送上门的人(a person who delivered ice to homes)

(2)用冰做的人的雕像(a statue of a man made of ice)

(3)面无表情的人(someone who never showed emotions)

(4)冻在阿尔卑斯山冰层中的铜器时代的猎手(a bronze hunter found frozen in a glacier in the Alps)

根据上述词义可以看出,iceman 这个复合词的意思可以分解成 ice 和 man 以及两者之间的各种不确定关系。在学习过程中,需要通过 iceman 在实际语言中的运用情况来确定其"约定俗成"的基本词义。通常,每个多义词都有一个基本意思,因此在词汇学习过程中应从基本意思入手。

事实上,英语中大部分的多义现象都与习语有关。习语是比词大的单位,习语的词义特征是整体意思,不是组成部分意思的组合。习语的意思与派生词的词义有相似之处,即习语的意思也介于透明与半透明之间,大部分习语的意思是半透明的,如习语 to lose one's cool 的整体意思并不能从每个词的词义推测出,但也不是与构成单词的词义完全无关。习语的半透明性并不是完全取决于所构成的语言成分,习语的意思在很大程度上是约定俗成的。习语的约定俗成性也就增加了词汇习得的困难。

总体而言,语境决定着词汇的含义,由此可见语境在词汇习得中发挥着重要作用,因此在词汇习得中就要重视语境这一因素,并有效运用语境策略进行习得词汇。

二、语境是词汇习得的重要途径

语境是词汇习得的重要途径,并且在词汇习得过程中发挥着重要的作用,这主要可以从词汇知识的广度(词汇量)、深度(包括词汇知识的质和量)以及词汇运用等方面来分析。

（一）语境可增加词汇广度知识

词汇广度知识也称"词汇量"，语境在词汇广度知识习得中发挥着重要作用，即源于语境的词汇增长量是非常明显的。这是因为通过语境，学习者可以通过推测来了解某一词语的含义，而在推测的过程中，学习者就会对词语的基本含义及引申含义有一个系统的了解，进而会对词语有更加深刻的认识和记忆，词汇量也会随之增加。此外，同一个词语在不同的语境中有着不同的含义，了解了这一词语的不同含义实际上也是词汇广度知识的增加。例如，deliver 一词涉及的行业范畴不同，其词义也不相同，在商业领域中，deliver the goods 中 deliver 的意思是按期"交"货；在医学上，deliver the baby 中 deliver 的意思是"接生"。可见，通过语境学习词汇，不仅可以掌握词汇知识，增加词汇量，还会积累其他方面的语言知识。

（二）语境可增加词汇深度知识

掌握一个词，仅仅了解其定义是远远不够的。词汇知识由许多要素构成，除词义外，还包括词语所处的句子的结构、与其他词的搭配、内在的词素构成、语域、与其他词的语义联等。

基于定义的词汇学习通常需要背记简单的定义，而且这样只能说明词语的一个词义，只能获得非常肤浅的目的词语知识，并不能加深对包含目标词汇文本的理解。如果在定义的基础上，学习者有机会在不同语境中多次遇到目标生词，并根据具体语境需要进行深加工，一方面可以提高对包含目标生词的文本的理解，另一方面有助于关于目的词语的深度知识的习得。总而言之，大量的可理解性词汇输入对词汇深度知识的获得是非常有利的。

（三）语境可增加词汇运用的有效性

通过语境，学习者可以更加有效地运用词汇。在具体的语境中学习词汇，学习者对词语的理解不会仅仅局限于单一的词义和词性。相关的搭配,上下文的语言环境都会对学习者产生一定的影响。当具体使用词汇时,学生就不会出现"只见树木,不见森林"的问题,而是学会如何正确恰当地运用词汇。在具体的语境下,学习者应把词汇放置于一定的句子中,词汇含义就能得以体现。学习者在学习过程中应该积极主动使用各种感觉器官:耳听、眼看、口说、动脑,认真参与各种学习活动,尤其是各种具有意义性和交际性的操练活动,只有这样,才能使所学词汇知识获得真正的理解,也才能真正实现词汇学习的最终目的。

第二节 联想策略

对于学生的词汇习得而言,联想策略是一种科学、有效的策略。联想策略可以使学生形成一定的词汇学习策略意识,促使学生掌握一定的词汇学习方法,而且能提高学生的词汇学习、记忆以及应用能力,激发学生的学习兴趣,扩大学生的词汇量。

一、联想策略的理论基础

什么是联想? 对于这一问题,《辞海》的解释是,联想是指在回忆的过程中由甲事物联想起乙事物的心理过程,是事物间的某种联系在人脑中的反映。

奥马利(O'Malley)认为,联想策略是指通过联想的方式,将新旧知识联系起来,或者将新知识的不同部分联系起来,从而加深对所学材料理解和认识的一种学习策略。[①]

翟莉娟、王翠梅认为,词汇联想策略是指对已获知的词汇进行各种加工,提高词汇记忆能力的一种学习方法。[②]

---

① 欧阳一.联想策略在高中英语词汇教学中的应用研究[D].武汉:华中师范大学,2011:4.
② 翟莉娟,王翠梅.从认知策略看英语词汇学习[J].科学文汇,2008(11):147.

钟道隆认为,词汇联想策略是一种高效的记忆词汇的手段,它有助于学生了解、掌握构词规律并运用这些构词规律科学地记忆词汇。[①]

总结而言,联想就是因某人或某物而想到与之相关的人或物的一种心理过程。词汇联想策略就是运用联想寻找新旧词汇之间的共性,并结合词汇在音、形、义等方面的特点加深对新单词的理解,巩固对旧词的记忆,使新旧单词相互促进,进而记忆单词,扩大词汇量的一种方法和技巧。

20 世纪 30 年代,心理学家巴特利特(F. C. Bartlett)提出了图式理论。"图式"是指一个人已经获取的知识与新事物有机组合在大脑中储存的方式。人大脑中储存的知识结构可以通过联想来激活,而由此理解的新知识可以融入已有的图式中,不断丰富图式内容。

线索—依存遗忘理论认为,一个人不能有效回忆某个信息与缺乏适当的提醒线索有很大关系。在词汇习得过程中,在新旧词汇之间建立一定的联想,能够为回忆提供线索。

根据认知心理学理论,语言学习的过程是学习者依据已有的认知结构,通过联想思维激活头脑中的图式来获取信息、认识事物的过程。词汇的学习过程就是学习者不断激活和扩展语义网络的过程,所以在记忆词汇时应将该词同已有的知识结构相联系,从而有效地提出和储存该词汇信息。

很多语言学家和心理学家指出,不同的词汇以概念网络的形式按照它们之间的某种关系联系在一起,而同一词汇的不同意义也以类似的形式相联系。通常,处于中心位置的词汇有着典型的词义,该词的不同意义有序地联系在一起。

通过上述理论可知,在词汇习得中,学习者应合理运用各种联想策略,从而激活、利用原有知识,主动建构词汇信息,进而吸收新知识。

---

① 钟道隆.记忆的窍门 [M].北京:清华大学出版社,2000:144.

二、常见的词汇联想策略

从不同的角度出发,词汇联想策略有着不同的分类。这里将词汇联想策略总结为以下几种类型,在具体的词汇学习中,学习者可根据具体情况选用合适的联想策略。

(一)语音策略

语音联想策略具体包括同音联想、近音联想和谐音联想三种。

同音联想,顾名思义,就是根据某一词汇联想与之有着相同读音的词汇。例如,学习单词 whether 时,通过同音联想可想到 weather。再如,dessert—desert,idle—idol,sight—site—cite 等。

近音联想就是根据某一词语联想与之有着相近读音的词语。例如,学习单词 sake 时,可利用其中相同的 /ei/,通过近音联想到 nake,came,a railway station 等。

谐音联想是指根据单词的读音联想到与之在发音方面相同或相近的词,并使它们建立起联系。例如,单词 lie 有"躺"和"撒谎"两个含义,但它们的过去式和过去分词并不相同,作"躺"解释时,lie 的过去式和过去分词分别是 lay 和 lain,此时就可以通过谐音联想进行记忆:"又累(lay)又冷(lain)就躺下(lie)"休息。类似的例子还有很多:

morose:忧伤的,郁闷的。mo 的发音与"没"相接近,rose 是"玫瑰",情人节没有玫瑰当然很忧伤。

deny:拒绝,语音类似于汉语中的"抵赖"。

ponderous:笨重的,读音类似于汉语"胖得要死",胖自然会显得笨重。

将枯燥的、零散的词汇进行谐音联想,可以使词汇学习变得有效、有趣,有利于词汇的记忆。

（二）结构联想

在词汇学习过程中,还可以利用结构联想,即通过词缀联想、词根联想、合成联想与词形联想来识别并掌握生词。

1. 词缀联想

英语中的词缀数量有限,但运用范围非常广泛。

英语中常见的表示否定的词缀:

in-: incapable

un-: unusual

im-: impossible

il-: illegal

英语中常见的表人物的后缀:

-or: operator

-er: teacher

-ee: employee

-ian: musician

英语中常见的形容词后缀:

-ful: beautiful

-y: cloudy

-less: countless

-ible: horrible

通过词缀联想,学习者可以通过一个词推测出另一个词的含义,进而有效掌握词汇,扩大词汇量。

2. 合成联想

英语中有很多的合成词,它们是由两个或两个以上的词按照一定的顺序构成的新词。例如,通过 lunch 和 time,就可以推测出 lunchtime 的含义。类似的还有很多,如 skateboard, broadcast, dustbin, sunrise 等。

在词汇学习中,通过合成联想,可有效加深对合成词词义和结构的理解,进而掌握这些复合词,扩大词汇量。

3.词形联想

英语中有一些单词的拼写有着相似之处,将这些相似的单词放在一起,可以起到轻松记忆的目的。具体包含以下几种情况。

(1)首字母或尾字母不同: pocket—rocket, lamp—damp, leaf—deaf 等。

(2)中间字母不同: adapt—adopt, vocation—vacation, complement—compliment 等。

(3)添加一个字母或减少一个字母: lame—blame, exist—exit, plane—planet 等。

(4)字母相同但顺序不同: abroad—aboard, form—from, plane—planet 等。

(5)以相同的字母或字母组合进行联想: hear—tear—appear—fear—yearly—disappear 等。

(三)语义联想

1.上下义联想

上下义联想就是通过一个词联想到它的上义词或下义词。上义词支配和包含下义词。例如,在学习 creature 一词时,可以联想到它的下义词: bird, fish, animal, human 等。

而 bird 的下义词又包括 swallow, sparrow, pigeon, swan 等。Animal 的下义词有 panda, cattle, monkey 等。Human 的下义词有 baby, child, youth, adult 等。

2.一词多义联想

一词多义联想就是根据一个词的意思联想到该词的其他意思,这是一种很普遍的语言现象。例如:

wind: *n.* 风   tear: *n.* 眼泪

　　　v. 缠绕　　　　　　　　　　*v.* 撕裂

dry: *adj.* 干燥的　　　desert: *vt.* 抛弃,丢弃
　　vt. 使干燥　　　　　　　*n.* 沙漠

3. 语义场联想

语义场联想就是以一个词为中心,然后联想与之相关的所有已知的词,形成语义场。这种方法常用于词汇复习,如通过 traffic 可以联想到 vehicle, truck, subway, rush hours 等。

在词汇学习过程中,学生应有意识地围绕中心词展开联想,还可以绘制类似于下面所示的语义图,从而使思路更加清晰,使记忆更加牢固。

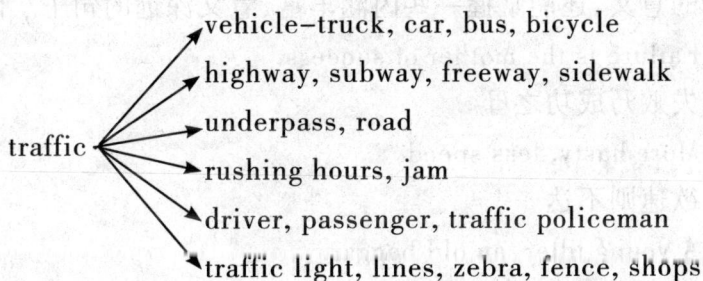

traffic→
- vehicle-truck, car, bus, bicycle
- highway, subway, freeway, sidewalk
- underpass, road
- rushing hours, jam
- driver, passenger, traffic policeman
- traffic light, lines, zebra, fence, shops

4. 搭配联想

搭配联想就是以名词或动词为中心联想与之有关的搭配。例如,说到"吃",就会联想到 have/eat breakfast/lunch/super, take medicine 等。

词汇通过搭配会形成短语,这些短语多是固定搭配,这样可以帮助学生更好地理解词汇的意思,也能提高学生的实际运用能力。

(四)想象联想

想象联想就是根据单词意思进行联想,在大脑中形成一种影像来代表这一单词。相对于文字信息而言,视觉表象更容易被激活,而且更能强化记忆。例如:

hesitate:犹豫(he-sit-ate),可以想象一个人犹豫着坐下来吃东西。

scream：尖叫，s（形状像蛇）＋cream（奶油），女生看到奶油里面有蛇，肯定会大声尖叫。

look up to sb.：可以想象成"抬头看……，仰视"，引申为"尊敬……"

look down upon：可以想象成"低头看……，不屑一顾"，引申为"瞧不起……"

（五）谚语及引语联想

通过单词联想一些与之相关的谚语和引语，不仅能有效记忆单词的意义，还能掌握一些内涵丰富、意义深远的句子。例如：

Failure is the mother of success.

失败乃成功之母。

More hasty, less speed.

欲速则不达。

A young idler, an old beggar.

少壮不努力，老大徒伤悲。

All is not gold that glitters.

闪光的并不都是金子。

第三节　对比策略

英语在我国是作为第二语言来学习，因语言的共性，英语与汉语有着某些相似之处；但因语言文化、历史背景的差异，英语与汉语也有着巨大的差异，这就有可能阻碍英语的有效学习。但通过对比策略对英汉词汇的异同进行对比分析，则能更加深入地了解词汇含义，进而有效地掌握词汇。

一、对比策略的理论基础

对比策略就是针对两种或两种以上的语言进行对比分析,从而揭示语言之间的异同,以有效帮助学习者对语言的掌握。词汇对比策略就是针对两种或两种以上语言的词汇进行的对比研究。

对比策略的心理学基础是迁移理论。学习者在学习外语时,常会将母语习惯迁移到外语学习中。迁移包含以下三种。

第一种是负迁移,就是常用母语的理解或表达方式来代替外语中的理解或表达方式。这种迁移也就是通常所说的干扰,是一种有害的迁移。

第二种是正迁移,也就是当两种语言中的不同刺激或反应在某一方面相同时,就可以促进外语学习。这种迁移是有益的迁移。

第三种是零迁移,也就是当两种语言有着较大差异,外语学习者认为两种语言形式没有任何共同之处时,外语学习不会受到母语的任何干扰。

对比策略强调语言之间的对比,侧重点在母语与外语的差异上,因为这些差异会干扰外语学习过程,制约外语的有效学习。就词汇学习而言,运用对比策略对英汉词汇进行对比分析将意义重大,会加深学生对词汇的了解和认识,进而对有效掌握和运用词汇具有重要的促进作用。

二、常见的词汇对比策略

(一)语言层面的词汇对比

在语言层面上,英汉词汇表现出众多的差异,这里仅对其中的部分差异进行对比分析。

1. 词形对比

英语属于屈折语言,名词有数和格的变化,动词有时态、语态、情态的变化,形容词、副词有级的变化。总之,英语中的名词、动词、形容词、副词都具有词形变化特征,英语在词类、性、数、格、时态、语态等方面的变化都可以通过词形变化来实现,而不需要借助其他虚词实现。汉语属于非屈折语言,汉语中的许多语法形式可以通过语境表现出来,有时需要利用虚词甚至实词来表现其意义。汉语中词与词之间的关系常要由读者自己来解读。例如:

For the two boys it is not so serious, but I lie down at night afraid to die and leave my **daughters** only a bank account.

对两个男孩而言,问题倒不大。但晚上躺下时我就害怕死去而仅仅给**女儿们**留下银行账户。

2. 词类使用频率对比

汉语动词的使用频率高于英语动词,英语名词的使用频率高于汉语名词。虽然英语语法重在动词,掌握了动词的变化和用法就掌握了英语,但这并不意味着英语中动词的使用频率最高。由于受到形态变化规则的严格限制,英语句子中动词较少。而汉语动词由于没有形态变化的约束,汉语惯用动词或动词词组,一个句子可以有几个谓语动词。例如:

天已经擦黑,虫鸣蛙噪,一片喧闹。

It is already dark, and the chorus of insects and frogs is in full swing.

英语代词的使用频率远远高于汉语。英语中的每个句子,包括其中的分句,都需要一个主语,而名词多数只在第一次出现时才使用,以后重复使用时均用代词,因此英语中人称代词用得很多。例如:

Don't put your hands in your pockets.

别把手揣在口袋里。

3. 语义范围对比

因英汉两种语言分别产生和发展在不同的社会形态和历史背景之下,它们的词汇系统之间很少出现语义一一对应的现象。此外,随着时代的变化,词汇的语义会随之变化。具体而言,英汉词义的对应程度存在以下几种情况。

(1)完全对应

所谓完全对应,是指两种语言成分或词组在所指意义上的同一性。英语中有些词所表示的意义在汉语中可以找到完全对应的词来表达,它们的意义在任何上下文中都完全相等。例如:

World Health Organization 世界卫生组织
Computational linguistics 计算语言学
tuberculosis 结核病
helicopter 直升机
computer 电脑

(2)无对应

无对应是指英语中有些词所表示的意义,目前在汉语里还找不到最后确定的对应词来表达。例如,pork barrel(猪肉桶)是美国政界经常使用的一个词,喻指人人都有一块。后来,政界把议员在国会制定拨款法时将钱拨给自己的州(选区)或自己特别热心的某个具体项目的做法称作“猪肉桶”。这种表达及其含义在汉语中没有与之相对应的表达。

(3)部分对应

在英语和汉语的表达中不是每一个词都可以在另一种语言中找到与之相对应的表示。有时候英语和汉语词汇在意义上不是完全对等的,只是部分对应的关系。例如:

marriage 娶、嫁
brother 哥哥、弟弟
morning 早晨、上午
difficulty 问题、困难

development 发展、提高、培养

4. 词序不同

在英汉两种语言的句子中,主语、谓语、宾语或表语的词序基本相同,但定语和状语的词序却有同有异,变化较多。

英语中定语的位置可前可后:当定语是单词时,通常放在名词之前(特殊情况下才置于名词之后);定语是短语和从句时,一般情况下要放在名词之后。而汉语里定语的位置一般放在要修饰的名词前面。例如:

A hotel with a few Chinese touches.

一家有几分中国特色的旅馆

英汉句子中,当单词作状语用以修饰形容词或其他状语时,通常被置于所修饰的形容词或状语之前。但是当单词和短语作状语用来修饰动词时,英、汉句子中状语的位置则有所区别。一般来说,英语往往将状语放在动词之后,而汉语则习惯于将状语置于动词之前。例如:

He left the room after taking the letter.

他拿了信之后就离开了房间。

英语句子中如果存在多个状语,往往按如下次序排列:方式状语+地点状语+时间状语;而汉语中状语的顺序一般是:时间状语+地点状语+方式状语。例如:

She reads aloud in the open air every morning.

她每天早晨在室外高声朗读。

(二)文化层面的词汇对比

很多英汉词汇都蕴含着丰富的文化意义,因地理环境、历史文化以及认知方式的不同,指代同一事物的英汉词汇有着不同的文化内涵。对英汉词汇的文化内涵进行对比分析,不仅能牢固掌握词汇的内在含义,还能有效提高文化素养。

英汉语言中这样的词汇非常多,无法一一说明,因此这里仅

对常见的动植物词汇进行简要说明。

针对英汉动物词汇文化对比，这里以 phoenix 与"凤"为例进行说明。在学习 phoenix 这一单词时，如果仅仅了解其对应的汉语意思"凤"是非常狭隘的，也是意义不大的，只有了解英汉语言中"凤"与 phoenix 的文化内涵差异，才能算作掌握了这一词语。

西方文化中的 phoenix 来源于古代阿拉伯的神话故事。传说在远古的阿拉伯地区生活着一种神鸟，它有着金色、红色的羽毛和鹰一样的外形，并且以 500 年为一个生命周期。每当一个生命周期结束时，它会在自己建造的焚烧场化为灰烬，然后从灰烬中又诞生出一个新的 phoenix。这 500 年的周期象征着太阳的起起落落，因此在古代埃及，phoenix 是一种供奉于太阳神的神鸟。在中世纪的基督文学作品中，phoenix 具有了"再生"的文化内涵，成为死与复活的象征。

凤在中国具有悠久的历史，起初是主掌风雨的神鸟，后来演变成图腾化的抽象图像。史记曾有"凤凰不与燕雀为群"的记载，如"百鸟朝凤"就体现了凤凰为"鸟中之王"的地位。随着时代的变迁，凤凰逐渐被简称为"凤"，其性别也由雄性变为雌性，成为女性的代名词。与皇后相关的事物通常都使用"凤"字，如"凤印""凤体"等。

针对英汉植物词汇文化对比，这里以 lily 与"百合"为例进行说明。在学习 lily 这个单词时，在了解其基本含义的基础上认知其内在的文化内涵，并掌握其与汉语"百合"的文化差异，将能加深对该词的记忆，并能更加有效地对其进行运用。

在英语中，lily 有着丰富的象征意义。第一，象征完美。在西方国家，lily 几乎是完美的象征。第二，象征纯洁、贞节。在西方文化中，百合还是纯洁的象征。第三，表示胆怯。西方传说称懦夫的肝中没有血液，于是 lily-liver 就表示"胆怯"。第四，代表纯真。用于描写人的性格时，lily-white 既表示"纯白"，也可表示"天真无邪"。

在汉语文化中百合这一花卉也有着丰富的寓意，但与英语中的 lily 有所不同。第一,象征吉祥、幸福。百合具有"百年好合"的寓意。第二,象征美丽。百合花形较大、润泽鲜艳、多为白色,具有极高的观赏价值。第三,表示女同性恋。在现代汉语中,百合还有"女同性恋"的含义。

综上可以看出,英汉词汇在诸多方面存在显著的差异,采用对比策略揭示英汉词汇之间的差异,不仅能加深对词汇的认识,更加有效地掌握词汇,而且对丰富学习者的文化知识大有裨益。

第四节　记忆策略

记忆是一个非常复杂的心理过程,是人脑对过去经验的保持和提取,其具体包含识记、保持和回忆三个环节。从信息加工的角度而言,就是人脑对所输入的信息进行编码、储存和提取的过程,具有敏捷性、持久性、准确性和准备性。学习者在习得英语词汇过程中,要想扩大词汇量,记忆是必要条件。而要想有效记忆词汇,就要认识记忆规律,并在此基础上掌握记忆策略,进而有效运用。

一、记忆策略的理论基础

要想掌握词汇并运用词汇,首先要记忆词汇,记忆是学习词汇的关键,所以在词汇学习中应有效运用记忆策略,提高记忆的效率。在掌握记忆策略之前,首先应了解记忆的种类与过程,这样才能更加有效地应用记忆策略。

（一）记忆的种类

根据记忆时间保持的长短,可将记忆分为感觉记忆（sensory memory）、短时记忆（short-term memory）和长时记忆（long-term memory）。

感觉记忆是指由视觉刺激和听觉刺激引起、保持时间在一两秒以内的记忆。在这种记忆中,信息是以感觉痕迹的形式保存下来的,记忆的容量较大,但保持的时间很短。

短时记忆是指保持时间在一分钟以内的记忆。如果马上使用短时记忆中的信息,通常可以回忆起来,但时间一长就会遗忘。短时记忆比感觉记忆意识清晰、操作性强,在信息加工和储存中起着承上启下的作用。

长时记忆是指保持时间在一分钟以上乃至数十年的记忆。长时记忆容量大,而且保持时间长,信息的来源大部分是对短时记忆内容的加工,也有由于印象深刻一次获得的。

在英语词汇学习过程中,因短时记忆的储存有限,一些单词刚认识便会很快忘掉,这就需要学习者尽快地对短时记忆中的信息进行加工,也就是编码(coding)。短时记忆中的信息并不是自然而然地转移到长时记忆,还需要重视记忆的强度和频度。强度与项目呈现的生动程度和识记内容有关,通常借助图片要比无图片记忆得快。频率指识记内容呈现的次数,英语学习需要大量背诵记忆,一般的单词需要反复 10~15 次才能记住。

感觉记忆、短时记忆和长时记忆相互联系、相互影响,它们之间的关系如图 6-1 所示。

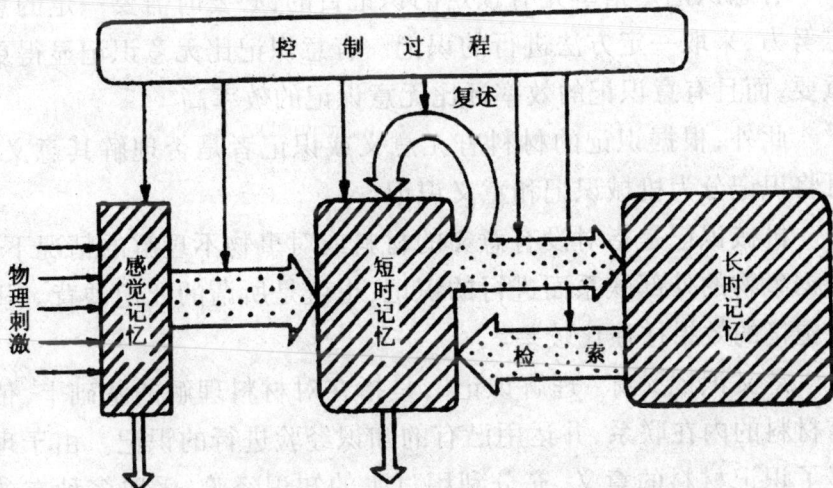

图 6-1　感觉记忆、短时记忆和长时记忆的关系

(资料来源:汪榕培、王之江,2008)

随着对记忆研究的深入,人们又将记忆分为内隐记忆(implicit memory)和外显记忆(explicit memory)。

内隐记忆是无意识、自动提取信息的,是指人们不能回忆其本身却能在行为中证明其事后效应的经验。

外显记忆是有意识地进行信息提取的,是指当个体需要有意识地或主动地收集某些经验用以完成当前任务时所表现出来的记忆。

(二)记忆的过程

1. 识记

识记(memorization)是记忆的第一步,是通过反复感知在头脑中留下印象的过程。识记有多种形式,根据有无识记目的,可分为无意识记和有意识记。

无意识记是指事先没有预定的识记目的,也不需要意志努力而进行的识记。在无意识记中,信息似乎是"自然而然地"被记住了。人们的知识经验相当大的一部分是通过无意识记获得的,但并不是所有感知过的事物都能通过无意识记印留在头脑中。

有意识记是指事先有预定的识记目的,必要时需要一定的意志努力,采取一定方法进行的识记。有意识记比无意识记显得更重要,而且有意识记的效率远比无意识记的效率高。

此外,根据识记的材料有无意义或识记者是否理解其意义,可将识记分为机械识记和意义识记。

机械识记是指对没有意义的材料或对事物不理解的情况下,依据事物的外部联系而进行的识记,也就是所谓的死记硬背。机械记忆的效果往往比较差。

意义识记又称"理解识记",是指在对材料理解的基础上,依靠材料的内在联系,并运用已有的知识经验进行的识记。由于理解了识记材料的意义,充分利用过去的知识经验,采取多种有效的记忆方法,因此效果较好。

相比较而言,意义识记要优于机械识记,但两者又是相辅相成、互相补充的。在词汇学习过程中,学习者应将两者有机结合起来,在机械识记时尽可能使其意义化,以提高记忆效果。

2. 保持

保持(retention)是记忆过程的中心环节,是信息在头脑中编码和贮存的过程。在此期间,记忆内容中不显著的特征趋于消失,称为遗忘。遗忘是指识记过的东西不能再认或回忆,或者错误地再认或回忆。

心理学的研究表明,遗忘是有规律的。德国心理学家艾宾浩斯(Hermann Ebbinghaus)用重学时所节省的时间或次数为指标,计算出了不同时间间隔所保持或遗忘的百分数,即著名的"艾宾浩斯遗忘曲线",如图6-2所示。

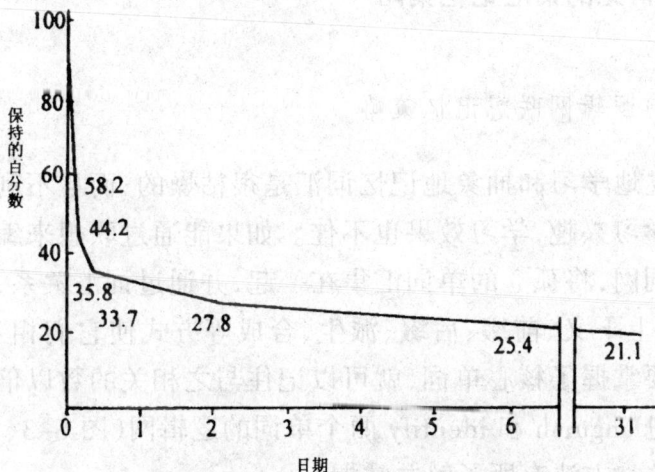

图 6-2　艾宾浩斯遗忘曲线

(资料来源:汪榕培、王之江,2008)

通过图6-2可知,在识记后短时间内遗忘较多,而经过较长时间间隔后,记忆保持的分量少了,遗忘发展的速度也就慢了。

3. 回忆

回忆(recall)回忆是指感知过的事物不在眼前时能把它重新回想起来的过程。回忆的基础是联想,是指由一事物的观念想到另一事物的观念的心理过程,它反映了事物之间的相互关系。

心理语言学专家桂诗春根据语言学习的特点,将记忆过程(识记、保持、回忆)分为三个阶段,即输入、储存和输出。

关于输入,人们在日常生活中常对接触到的语言进行理解,并记忆其中的中心内容和重要内容,次要的信息或不需记忆的信息就自动丢失。这说明人们对输入的材料会采取不同的态度。

关于储存,储存在言语运用中起到一个转运站的作用,输入和输出的材料都要通过它才能交流。

关于输出,记忆的输出有两种方式——辨认和回想。人们看到一个句子后,可辨认出以前是否学过。回想就是把学过的句子重新写出来。

二、常见的词汇记忆策略

(一)逻辑网联想记忆策略

孤立地学习和抽象地记忆词汇是很枯燥的,而且不利于激发学生的学习兴趣,学习效果也不佳。如果能通过联想来编织出一张张单词网,将孤立的单词汇集在一起,并通过词汇关系,如同义与反义、上下义、前缀、后缀、派生、合成等方式使它们相互联系,这样只要掌握了核心单词,就可以记住与之相关的数以倍计的单词。通过 anguish 和 identify 两个单词的逻辑网(图 6-3、图 6-4)就能对这一方法有所了解并掌握。

(二)比较记忆策略

学习者在词汇记忆中常出现概念不清、词义混淆、搭配不当等问题,一些词与词、短语与短语之间的相同、相近、相异之处尤其让学习者感觉困惑,此时就可以运用比较记忆策略,在比较中把握词汇含义,加深词汇记忆。

torture　n.&vt.拷问　　anguishing　adj.让人感到痛苦的　affliction　n.痛苦

agonize　vt.折磨　　anguished　adj.痛苦的　woe　n.悲哀

近义词　　形近词　　反义词

frustration　abuse　联想词　anguish　联想词　discrimination　persecute
n.失败　n.&v.滥用　　n.痛苦；苦恼　　n.歧视　　n.迫害

反义词　　形近词　　反义词

relief　n.(痛苦等的)减轻

comfort　n.安慰　extinguish　vt.熄灭　consolation　n.(被)安慰
solace　n.安慰　distinguish　n.区别

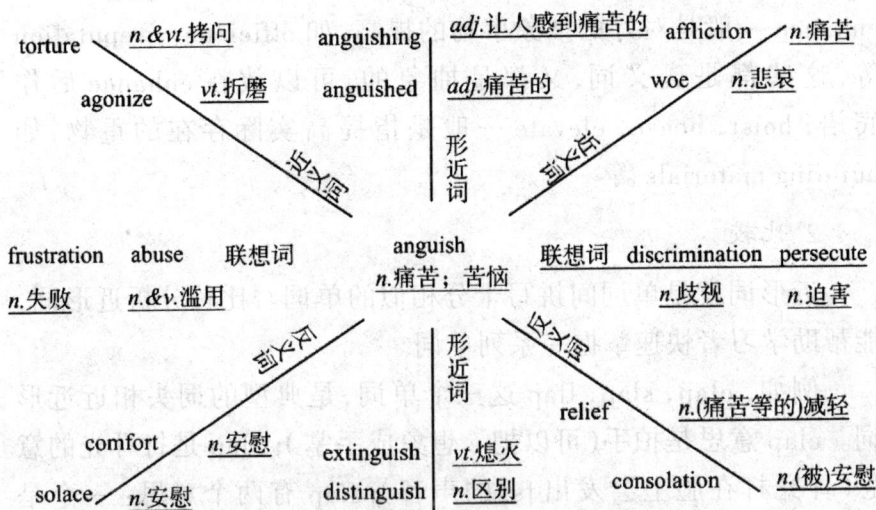

图 6-3　单词 anguish 逻辑网

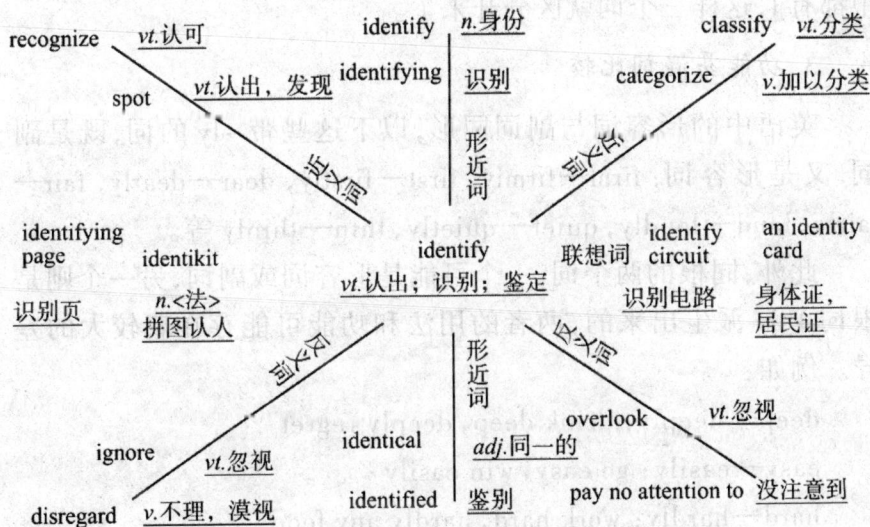

recognize　vt.认可　　identify　n.身份　　classify　vt.分类
spot　vt.认出，发现　identifying　识别　categorize　v.加以分类

近义词　　形近词　　反义词

identifying page　identikit　identify　联想词　identify circuit　an identity card
识别页　n.<法>拼图认人　vt.认出；识别；鉴定　识别电路　身体证，居民证

反义词　　形近词　　反义词

ignore　vt.忽视　identical　adj.同一的　overlook　vt.忽视
disregard　v.不理，漠视　identified　鉴别　pay no attention to　没注意到

图 6-4　单词 identify 逻辑网

1.近义词比较

近义词间意义相近,但也存在一些细微差别,通过比较近义词,可以有效区分这些单词,并加以掌握。例如,ascend,enhance,hoist,heave,elevate 这五个词都有"上升"的意思,但 ascend 一般是位置的上移,它所对应的反义词是 descend;而

enhance 一般是对好的抽象事物的提高,如 efficiency, reputation 等,这些都是褒义词,又都是抽象的,可以放在 enhance 后作宾语;hoist, heave, elevate 一般是指提高实际存在的重物,如 building materials 等。

2. 比较

近形词就是单词间拼写十分相似的单词。比较分析近形词,能帮助学习者快速掌握一系列单词。

例如,clap, slap, flap 这三个单词,是典型的词头相近近形词。clap 意思是拍手(可以把 c 想象成手掌);slap 是打耳光的意思(耳光打在脸上会发出 [s] 的声音);flap 有两个意思:一个是小鸟振翅而飞(fly),另一个表示旗帜(flag)随风飘动,fly 和 flag 中都有 f,这样三个词就区分开来了。

3. 功能易混词比较

英语中的形容词与副词同形,以下这些带 –ly 的词,既是副词,又是形容词:firm—firmly, first—firstly, dear—dearly, fair—fairly, loud—loudly, quiet—quietly, thin—thinly 等。

此外,同根的两个词,一个可能是形容词或副词,另一个则是根词＋ly 派生出来的,两者的用法和功能可能存在着较大的差异。例如:

deep—deeply: drink deep, deeply regret

easy—easily: go easy, win easily

hard—hardly: work hard, hardly any food

pretty—prettily: sit pretty, smile prettily

rough—roughly: sleep rough, roughly twenty

sure—surely: I sure a.m. late（AmE）, surely fail

4. 相似词组比较

针对相似词组,学习者应注意冠词的使用和名词单复数的比较,它们的意义差别往往取决于此。例如:

in a moment 立刻

for a moment 一会儿、片刻

at the moment 此刻

in away 在某种程度上

in the way 挡道

on the way 在途中

on board 登机 / 船

on the board 在董事会

behind the time 过时

behind time 迟到、延误

（三）阅读记忆策略

除上述策略外,阅读记忆也是一种行之有效的策略。学习者可以根据阅读材料中提供的上下文语境来记忆单词,这样能够帮助学习者准确理解和记忆词汇含义。阅读有精读和泛读之分,从心理学角度而言,精读是有意识、有目的的记忆,泛读是无意识的记忆,在泛读中能巩固精读中所学的词汇。在具体的阅读中,学习者应将精读与泛读结合起来,通过大量的泛读来巩固和复习已学习的词汇。

第五节　词义推测策略

在词汇学习过程中,不可避免地会遇到大量低频生词,如果不理解这些生词的词义,很可能就会影响对文章的理解,此时掌握词义推测策略就很有必要。

一、词义推测策略的理论基础

内申（Nation）指出，学习者在掌握了大约 2 000 或 3 000 单词之后，就能用已掌握的阅读技巧来推测新词的含义，基本上 80% 的生词都是通过推测来获得词义的。很多学者都对这一策略进行过研究，并提出了各种推测词义的方法和步骤。

克拉克（Clarke）和内申认为，词义推测策略具体可按以下五个步骤进行。

（1）仔细查看生词，分析其词性，也就是确定单词是名词、动词还是其他。

（2）查看生词所在的句子。如果生词是名词，看修饰它的形容词是什么，离它最近的动词是什么。如果生词是动词，看与其一起的是什么，有无副词修饰。

（3）通过连词或标点符号等分析含有生词的句子与其他句子或段落的关系。

（4）根据以上步骤获得的线索推测词义。

（5）核对推测出的词义是否正确。具体是用推测出的词来代替生词，如果句子有意义，可能就是正确的，否则就可能是不正确的，需要重新推测。

二、常见的词义推测策略

词义推测的方式有很多，以下就简单介绍常见的几种。

（一）通过定义推测

有时生词后面会有对其进行解释的话语，此时就可以采用定义推测策略，根据解释性话语来推测生词。例如：

The plant will grow tall and bushy under optimum conditions, i.e., plenty of sunlight, adequate water and regular feeding with plant food. However, if your apartment is not sunny, the plant will remain small.

以上说的是植物生长的条件,生词 optimum 后面有 i.e.,引出了解释性话语,通过这些解释,大致可以推测出 optimum 的意思是"合适的"。

（二）通过常识推测

在具体的词义推测过程中,还可充分利用已掌握的常识知识,这对词义推测是非常有利的。例如:

Fishes live in water and have fins which help them to swim. Most fishes have slimy skins covered with scales, but in fishes such as eels the scales are very small and can hardly be seen.

如果有一些生活常识,就不难推测 fins, slimy 和 scales 的意思了,它们分别是"鳍""滑溜溜"和"鳞",至于 eels,只要知道是 fish 的一种就可以了。

（三）通过同义词或近义词推测

通过同义词与近义词推测就是依据与之词义相同或相似的词汇或表达进行推测词义,这是一种十分有效的方法。例如:

All the other members are of the same opinion. They are unanimous.

通过分析可知, unanimous 与 of the same opinion 是同义词,具体可推测 unanimous 的意思是"一致同意的"。

Cleaning up waterways is an enormous task. The job is so large, in fact, that the government may not be able to save some of the rivers and lakes which have been polluted.

通过分析可知, enormous 与 so large 意思相近,其含义也就很容易推测出了。

（四）通过反义词或对比关系推测

通过反义词或对比关系推测,也是推测词义的一种行之有效的方法。例如：

David is thin but his brother is obese.

明显可以看出，句子中的 thin 和 obese 是反义关系，这样就能推测出 obese 的意思是"肥胖的"。

Vegetarian does not want meat, but may rate the utility of banana very highly, while a meat-eater may prefer steak.

上述句子中的 vegetarian 通过 while 与 meat-eater 对比，由此可推测其含义是"吃素的"。

（五）通过定语从句推测

在具体的词义推测中，还可以充分利用定语从句。例如：

Although dogs and cats often have large families, rabbits are famous for the size of their litters, which sometimes number more than twelve bunnies at one time.

上述句子为了更好地解释 size of their litters，用非限制性定语从句进行了解释，具体可推测 litters 的意思是"一胎生下的小动物"。

关于词义推测的策略还有很多，如通过逻辑关系、背景知识、文章大意等进行推测，这里不再一一说明。

总体而言，在第二语言词汇习得过程中，应有意识地掌握上述常见策略，进而使词汇学习更加轻松和有效。

第七章　第二语言词汇习得中的附带习得

在第二语言学习过程中,词汇的附带习得对学生词汇掌握数量和词汇掌握质量都有着重要的影响作用。这种词汇习得方式能够在潜移默化下促进学生对词汇的吸收。本章就对第二语言词汇习得中的附带习得展开分析。

第一节　词汇的"有意学习"与"附带习得"

一、词汇的"有意学习"

词汇的"有意学习"也称作词汇的"直接学习",指的是以脱离语境的方式进行的词汇分解式教学。

有意学习主要是让学生通过词汇表、查字典、完成词汇练习的方式学习词汇。这种形式能够使学生的注意力直接集中在词汇上,在教学中词汇的有意学习一般需要和词汇的记忆方法相结合。

利用词汇表、查字典、完成词汇练习的方式可以记忆词汇,学习者容易过分关注词汇的构成、形式等要素,忽视了词汇在语言中的使用情况。

二、词汇的"附带习得"

词汇的"附带习得"指的是以语境为基础,让学生在阅读或者听力的过程中学习词汇的教学方式,也称作"间接学习法"。

附带习得指的是学生在完成其他学习任务时,将注意力集中在其他方面,尤其是集中在言语所传递的信息上。也就是没有专门进行词汇学习却获得了一定的词汇知识。

需要指出的是,词汇的附带习得是上述学习任务或者学习活动所带来的附属品。通过一定的学习活动可以附带学得一定的词汇知识,这种词汇知识可能并不是词汇的全部知识。

（一）"附带"的定义

《美国英语文化遗产词典》(*American Heritage Dictionary of the English Language*)对附带(incidental)的定义是 occurring as a fortuitous or minor concomitant（偶然或伴随发生）,意思是"另外一件事的副产品"。这个定义虽然指出了附带的基本含义,但是并没有解释出"另外一件事"具体指的是什么。

沃德(Wode,1999)认为,附带习得是"在课堂上从教师或其他学生所使用的语言中学到的东西,所学到的东西不是注意对象或教学目标"。

赫克尔和柯迪(Huckin & Coady,1999)使用"次级学习"(secondary learning)来说明附带习得这一现象。他们对此现象所下的定义是"主要认知活动(如阅读)的副产品,而非目标"。

从上述两个定义可以看出,这些学者都将附带习得理解为主要教学活动的辅助产品,也就是认为"附带"是学习者的注意力没有放在所学到的东西上。这种定义失之偏颇,因为定义过程中忽视了学习者的主观能动性。

盖斯(Gass)认为"附带"一词的定义可以从不同的角度进行分析。但是,从第二语言习得的角度,很难给"附带"进行明确的定义。原因是从认知加工过程来看,并没有办法证明某一个词是"附带"习得的,也没有办法直接了解学习者认知机制的工作过程。

Hulstijn(1996)和埃利斯(Ellis,1994)对"附带"进行定义时,将学习者放于中心位置,是从学习者的注意力的角度讨论的。他们认为,"附带"是学习者没有打算要学而学到的知识。有意要学而学到的知识属于有意学习的范畴。

（二）附带习得概述

以"注意"在附带习得过程中的作用，附带学习可分为"隐性附带学习"和"显性附带学习"。"隐性附带学习"指的是对词汇没有加以注意的附带学习；"显性附带学习"指的是对词汇加以注意的附带学习。

需要指出的是，教学活动中所诱导的注意对象和学生自身注意的对象往往具有差异性。对此，埃利斯（1994）明确指出："老师没有教我们词汇知识不等于我们自己没有教我们自己学习词汇。"这就是说，无论是在隐性附带学习中，还是在显性附带学习中，都存在内部驱动的注意和外部驱动的注意的分别。例如，在阅读过程中就存在词汇的有意学习和附带学习，如图7-1所示。

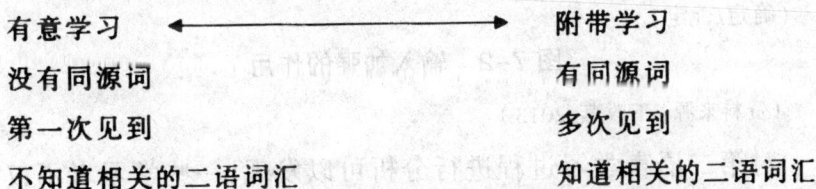

有意学习	←———————→	附带学习
没有同源词		有同源词
第一次见到		多次见到
不知道相关的二语词汇		知道相关的二语词汇

图7-1 阅读过程中的有意学习和附带学习

（资料来源：王改燕，2013）

盖斯认为如果把"注意"看作影响词汇习得的关键要素，那么就没有必要区分"显性附带学习"和"隐性附带学习"。因为在任何情况下，没有"注意"也就无所谓学习。她指出，词汇附带学习的因素包括以下几个方面。

（1）学习者的注意。

（2）本族语和目的语之间是否存在可辨别的同源词。

（3）是否可以多次见到目标生词。

（4）是否知道相关的二语词汇。

对图7-1进行分析可以看出，词汇习得在不同的情况下需要使用不同的认知加工方式。无意识的认知加工不受自主控制，很难调整和改变，但是有着迅速、有效、精确的优点，有助于学生对语言的熟练运用,提高对词汇知识的细节处理。有意识的认知加工可以控制,但是存在着缓慢、效率低的缺点,同时有意识加工的信息具有有限性。

在课堂教学过程中,只有学习者主观认识到自身知识上的不足,才可以提高自己的学习效率,如图 7-2 所示。

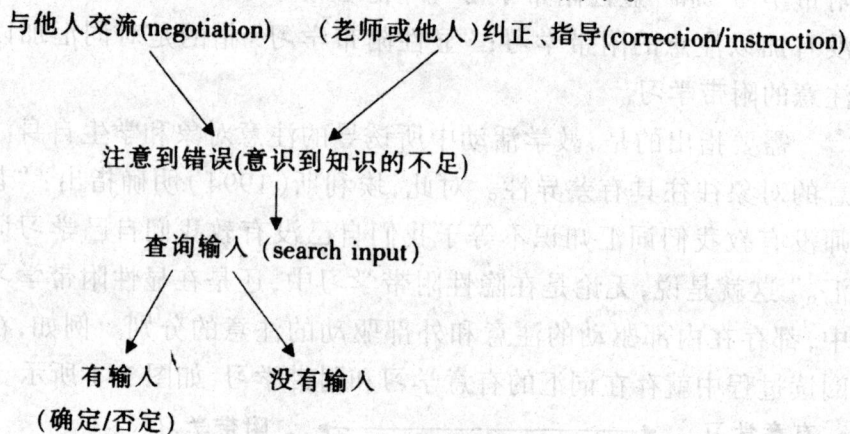

与他人交流(negotiation)　　　　(老师或他人)纠正、指导(correction/instruction)

注意到错误(意识到知识的不足)

查询输入 （search input）

有输入　　　　没有输入

（确定/否定）

图 7-2　　输入加强的作用

（资料来源：王改燕,2013）

对第二语言学习过程进行分析可以发现,一些学习者不仅能够学会老师所教的知识,同时能附带习得课堂语言输入所没有的知识。从这个角度出发,可以将附带习得分为"没有相关语言输入"的附带习得和"有相关语言输入"的附带习得。词汇附带习得的优势体现在以下几个方面。

（1）词汇附带习得需要一定的情境帮助学生掌握生词词义和用法。

（2）因为阅读和词汇学习可以结合进行,所以词汇附带习得有助于提高教学效率。

（3）词汇附带习得的发生取决于学生对阅读资料的选择,因此在一定程度上有助于提升学生的自主学习能力。

（三）词汇附带习得的增强方式

由于词汇附带习得也带有自身的局限性，因此在第二语言词汇习得过程中，可以通过一些方式增强词汇附带习得的效果。

1.为生词注释

为生词注释能够避免词汇附带习得过程中无法推测或错误推测目标生词的词义，同时有助于词汇掌握数量少的学生对生词比例大的语篇的阅读。在为生词注释过程中需要根据注释的长短，选择旁注、边注、尾注的方式。

在众多词汇附带习得过程中，多项选择对词汇附带习得及其结果的记忆和保持最有利。查词典注释也是一个十分便捷、准确的方式。

2.设计阅读任务

当学生对阅读中生词处理力度不强，记忆效果也不佳时，词汇的附带习得效果就会降低。这时需要教学者设计一定的阅读任务，从而提高学生的词汇附带习得效果。

例如，可以让学生复述文章大意、用目标词汇填空或者造句。这些方式能够促进学生对词汇的深加工，将注意力放到对生词的理解、记忆与运用方面。

3.增强输入效果

在阅读语篇中，有些生词凸显度低，因此学生经常忽视这类词汇从而影响了附带习得效果。此时，教师可以通过一些输入增强（input enhancement）的办法提高学生附带习得效果，如给生词加下划线、加粗、加大、改变字体、提高生词复现率等。这种增强方式能够提高学生对生词的注意力，从而提高词汇附带习得的发生率。

（四）词汇附带习得的结果判断

对于词汇附带习得，研究者一般是按照学习者对词汇的理解程度以及记忆质量为标准进行效果的衡量,方式主要为及时检测与延迟检测,测量的工具则为"多项选择"和"词语翻译"等题型。

但是,这些题型的设计无法全面检测出词汇附带习得的结果,现如今较多采用由 Paribakht 和 Wesche(1993)设计的"词汇知识等级表"(The Vocabulary Knowledge Scale, VKS)来检测词汇附带习得的结果。①

根据 VKS 的设计理念,词汇附带习得的具体结果大致会有以下几种情况。

(1)推不出词义。

(2)推测错误词义。

(3)推测出大概或近似的词义。

(4)推出并记住词义。

(5)推出但未记住词义。

(6)推不出词义但得到了词形、词性等知识。

(7)能运用目标词造句等。

通过科学的增强方式,词汇习得效果会在数量上和质量上得到一定的提升,因此需要教学者有意识地使用增强方式与结果判断方法。

(五)词汇附带习得对二语词汇教学的启示

对有意学习与附带习得进行分析可以看出,词汇的附带习得更加注重词汇的语言交际情况,从而使学习者的词汇记忆更加具有系统性。图 7-3 为有意学习和附带习得的差别。

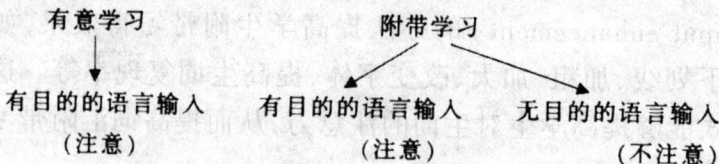

有意学习　　　　　　　附带学习

有目的的语言输入　　　有目的的语言输入　　　无目的的语言输入
(注意)　　　　　　　(注意)　　　　　　　(不注意)

图 7-3　有意学习和附带习得的差别

(资料来源:王改燕,2013)

---

① 王改燕.第二语言阅读中词汇附带习得研究 [M].北京:北京大学出版社,2013:72.

　　需要指出的是,有意学习和附带习得的作用有所不同。有意学习能够使学习者很快建立一定的词汇量,附带习得则通过不同的上下文,对词汇的使用方法进行反复学习,可以帮助学习者将所遇到的生词形象化与具体化。

　　针对一些不具备第二语言听、说、读、写能力的初学者而言,他们的主要任务是学习词汇,因此可以采用有意学习的方式。中高级水平的学习者不仅需要继续扩大词汇量,还需要了解词汇的使用方式,对词汇进行深度学习,因此可以在附带习得过程中,有意识地掌握词汇的知识。

第二节　词汇附带习得的影响因素及需要解决的问题

　　词汇附带习得的进行会受到一定因素的影响,同时其推进过程需要教学者解决一定的问题。本节就对这些影响因素和问题进行总结,从而提升词汇附带习得的科学性。

一、词汇附带习得的影响因素

　　在第二语言词汇习得过程中,会受到很多因素的影响,下面从文本因素和学习者因素两个角度进行分析。

(一)文本因素

1.文本内容

　　在阅读过程中,如果学习者对语篇内容十分感兴趣,其就会很努力地理解语篇,因此对与语篇相关的生词也会有较多的关注。可以说,文本内容是词汇附带习得的直接因素。

2.生词密度

　　在词汇附带习得过程中,如果语篇中生词出现的密度太高,学习者就无法从生词周围的表达来获取推理词义的线索,因此也会影响词汇的附带习得。一般来说,生词密度越低,学习者对词义的理解越精确,词汇附带习得的效果越好。若想提高词汇附带习得效果,学习者应该选择适合自身语言水平的语篇展开阅读。

3. 文体

文体也是影响词汇附带习得发生的重要因素。加德纳(Gardner,2004)通过对记叙文和说明文两种文体中的词频分布和生词复现情况的调查,认为阅读记叙文比阅读说明文对词汇附带习得更加有利。

4. 生词凸显度

生词凸显度与语篇理解、阅读后任务完成、生词在语篇中的作用有着密切的关系。如果学习者对生词的理解有助于其对语篇的理解以及阅读后任务的完成,那么其就会特别关注这些生词,因此词汇的附带习得就较容易发生。如果生词对语篇理解和阅读后任务的完成没有影响,那么生词的凸显度就较低,学生的词汇附带习得自然不容易发生。生词在语篇中的作用指的是这些生词是否是影响语篇的关键词汇,这个特点和前两者有密切关系,都潜移默化地作用着词汇习得的发生。

生词的复现次数也是其凸显度的重要表现因素。生词的复现次数对词汇附带习得的结果以及结果的保持都有着不同的影响。一般来说,词汇复现的次数越多,学习者对其附带习得就越容易。

除此之外,集体名词、同源词、表达熟悉概念的词汇要比抽象名词、非同源词和表达陌生概念的词汇更加容易推测词义,也更容易引起词汇附带习得的发生。

5. 语境因素

在进行词义推理过程中,语境是其关键因素。这就是说,词义推理主要是以语境为线索进行的。一般来说,语境因素发挥作用主要受以下三个方面的影响。

（1）生词是否包含在上下文语境中。

（2）语境的性质。

（3）语境和生词在语篇中的距离。

在语篇阅读过程中,并不是每个生词都会有语境线索。这是因为语篇主要是为了进行中心思想的表达,向已经熟知目标语的母语使用者进行信息传达,而不是为了词义推测来创造语境。因此,在一般情况下,生词对于第二语言学习者来说都是缺乏一定的语境的。从这个角度分析,语境对词汇附带习得的支持带有一定的限度。

除此之外,语境的性质也有所不同。有的语境包含较为充分的线索,但是一些生词缺少线索语境或者会出现误导语境。同时,语境线索太多,对于词义的推测会有所影响。

当语境线索充分时,学习者对词义的推测和理解就会相对容易,但是会降低词义的记忆效果。当语境线索较少时,学生对词义的推测就会带有困难,但是这反而会增加学生的词汇记忆效果,也更加容易引起词汇附带习得的发生。

（二）学习者因素

1. 阅读能力

阅读能力是由一系列复杂的语言和认知等技能构成的视觉信息加工能力。它通常与学习者的语言水平、词汇量、背景知识、阅读技能等有关。[①]

学生的附带习得效果与其阅读能力有着密切联系。一般来说,阅读能力高的学习者,对词义的猜测也较快。从这个意义上说,同等的条件,学生的阅读能力和词汇附带习得效果呈正相关。

2. 词汇量

在阅读过程中,词汇量是词汇附带习得发生的关键因素,一

---

① 王改燕.第二语言阅读中词汇附带习得研究[M].北京:北京大学出版社,2013:75.

定的入门词汇数量才能保证词汇附带习得的发生。

内申(Nation,2000)对于入门词汇数量有着以下两种理解。

（1）入门词汇量指的是理解阅读材料所需的词汇数量,是一个硬性的标准。当学习者没有达到词汇入门数量时就不可能对语篇有充足的理解,而当学习者达到了词汇入门数量,在条件均等的条件下,其对语篇的理解会大大提高,而这个词汇量就是阅读的入门词汇量,对词汇附带习得有着重要影响。

（2）入门词汇量是一个程度概念。如果学习者没有达到这个词汇量,充分理解阅读语篇的可能性就很低,反之则会提高。

无论是哪一种理解都能说明词汇量对词汇附带习得的重要影响。在教学中,教师需要有意识提升学生的词汇掌握数量,选取的阅读材料不能过于简单。除此之外,教师需要有意识地控制阅读资料中的生词数量,最好保证生词比例不超过5%,保证在2%左右,但是也不能低于1%,从而保证学生词汇附带学习效果。

3. 主题熟悉程度

学生对阅读主题的熟悉程度对词义的猜测也有着很大影响。具体来说,主题熟悉程度以及学生的词汇掌握数量共同影响词义的推测,同时与目标生词的记忆密切相关。

在学生阅读过程中信息加工能力提升的前提下,其对生词的掌握、记忆能力和质量都会相应提高。阅读是人类所进行的复杂的认知过程,不仅需要背景知识的调动、信息的储存、理解过程的检测,还包括句型辨认、字母辨认、词语辨认、词义判断、句法结构分析、话题解析、句子理解、上下文意思整合等。

阅读过程中,学生对背景知识的激活很大程度上取决于阅读过程中所建立的文本信息基础的质量。大脑中所形成的文本信息质量的好坏受上述不同环节的影响。

需要指出的是,背景知识对于文章理解以及文章内容的记忆没有直接影响,但是文本的加工技能与词汇的输入密切相关。

4. 阅读目的

阅读目的,也就是学习者通过阅读希望达到的目标。由于阅读动机、兴趣、阅读后的任务的不同,学习者的阅读目的也不尽相同。在阅读目的的影响下,学习者对词汇的处理程度和方式也会发生变化,从而最终影响词汇附带习得的发生与效果。

对上述词汇附带习得的影响因素的总结可以发现,附带习得的发生是一个十分复杂的认知过程,因此需要教学者综合考虑词汇习得过程的影响因素,并不断解决词汇习得过程中可能出现的问题,最终提高词汇习得效果。

二、词汇附带习得需要解决的问题

词汇附带习得自 20 世纪 80 年代以来逐渐成了热门研究领域,现如今已经在第二语言研究中占据中心地位。

一般认为,除了最初的几千个词汇之外,词汇学习主要是通过阅读过程中推测生词上下文含义完成的。这种从属性的学习活动被称为"词汇附带习得"。这主要是因为此种认知活动是阅读的副产品,而不是目标。

现如今,学者还不能完全解释词汇附带习得的过程,还有很多问题没有得到解答。下面就简要总结词汇附带习得过程中需要解决的问题。

(一)词汇附带习得的发生机制

词汇附带习得的发生机制是学者们一直关注的问题。对此克拉申提出了"可理解性输入假设", Craik 和 Lockhart(1972)提出了"深度加工假设",劳弗(Laufer)和 Hulstijn 提出了"投入量假说"。

1. 可理解性输入假设

20 世纪 70 年代末至 80 年代初,克拉申(Krashen,1980)提出了著名的"监察理论"。他认为一个人的第二语言习得过程受两个不同的知识系统的影响,一个是习得系统,另一个是学习系统。

在上述两个系统中,习得系统是潜意识的,在第二语言体系中起着主要的作用。学习者只要将自身的注意力放在语言输入的内容上,就会促进语言习得机制的发生。学习系统是有意识的,但是系统的作用有限,只能对习得系统起监察作用。在第二语言习得过程中,有意识地注意语言形式不仅不需要,也不利于中间语的发展。

输入假说是"监察理论"的核心内容。克拉申认为,学习者是通过对所输入语言内容的理解而逐步习得第二语言的,因此,"可理解的语言输入"(comprehensible input)是语言习得的必要条件。

"可理解的语言输入"是指语言输入的难度要适当,不能太难,只能略高于学习者目前的语言水平,使其在已有的语言知识基础上能够理解。只有当学习者接触到的语言材料是"可理解的",才会有习得,也才会对中间语的发展产生积极作用。"监察理论"对第二语言习得研究做出了积极的贡献,其历史地位是毋庸置疑的。克拉申的输入假说可以简单地理解为只要是可理解的输入就能被习得,这一过程可用图7-4表示。

可理解的输入 ——→ 习得

图7-4 克拉申的输入假设

克拉申认为可以通过可理解性输入假设来提高第二语言习得过程中的词汇附带习得。这就是说,阅读作为一种可理解性输入,自然有助于词汇的习得。

克拉申可理解性输入假设也存在自身的局限性。因为他强调"可理解的语言输入"在语言习得中的重要性,强调语言输入不能太难也不能太容易,却又没有准确定义"可理解的"到底是具有什么样语言特征的输入,也没有解释理解过程究竟是怎样的一个过程,究竟是自上而下的,还是自下而上的,即理解究竟是从内容到形式,还是从形式到内容。

　　一般所说的理解,指的是对第二语言资料内容的理解,习得确实针对第二语言形式的习得。那么从这个意义出发,对内容的理解是否能自动转换成对形式的习得?

　　语言习得的过程更重要的是对语言形式的习得,而不是语言内容的理解,因为真正可以帮助学生提高语言精确度的是前者而非后者,也即对学生来说,掌握讲述故事的语言特征,对其中间语发展的作用,要比了解故事内容大得多。

　　词汇习得在很大程度上主要受目标词汇的上下文、学习者的注意力、任务要求以及其他因素的影响。

　　克拉申的输入假设提出了一个很强的论断,即当学习者的注意力被放在交际内容上时,语言习得自然而然发生。但是研究发现,词汇学习不仅需要注意词义,还需要注意词形。

　　2. 深度加工假设

　　克拉申所倡导的通过可理解性输入自然习得语言的观点后来被埃利斯称为"隐性学习"(implicit learning),以区别于"显性学习"(explicit learning)。"显性学习"和"隐性学习"是20世纪80年代根据"连通主义"(connectionism)认知心理学对学习过程中不同的认知心理机制的划分。

　　Craik 和 Lockhart(1972)提出的"深度加工假设"(Depth of processing Hypothesis)被认为是有关学习和记忆研究方面的一个重大突破。

　　这个假设试图解释"显性学习"的认知心理机制。他们认为,新信息是否有机会进入长期记忆不是取决于它在短期记忆中停留时间的长短,而是取决于最初加工的深度。

　　这个假设的提出引起了很多争议,有关知识表征、信息的解码与提取、注意、记忆等方面研究的学者至今无法从信息加工的质和量去解释人类学习和记忆现象,但有一点他们达成了共识,即如果对生词信息进行深入的全面加工(仔细注意生词的发音、词形、语法特征、词义及与其他词的关系等),要比"粗加工"(只注意生词一两个方面的特征)更有助于长期记忆。根据这一假设，即使在以隐性学习为主的附带习得中，对目标词语进行显性的深度加工也是必要的。

3. 投入量假说

第二语言词汇习得方面的研究要落后于二语句法学习方面的研究。

劳弗和 Hulstijn（2001）在以上句法学习理论的基础上，提出了"基于任务的投入量假说"，该假说被看作第一个系统说明第二语言词汇附带习得过程的理论，对第二语言词汇习得研究产生了深远的影响。

投入负荷量假说基于连通主义者（connectionists）的学习观。连通主义者的学习观认为语言知识在大脑中的表征呈神经网络状态，由彼此通过各种途径（pathway）相连的单位或神经元（units, nodes）构成。这个网络是自下而上的认知加工过程的产物，在这一过程中，低级的（知识）单位通过相互连接形成高级的（知识）单位。这一知识网络不一定体现 CP, NP, AGR 等生成语法规则，在理解和输出语言的过程中也不会运用这些规则。

对于语法知识如何被习得的问题，有三种不同的看法：无连接、强连接和弱连接（No Interface, Strong Interface, Weak Interface）。根据这些观点，通过教学活动所获得的显性原语言知识不会转换成隐性知识（无连接观），会转换成隐性知识（强连接观），部分语言特征需要引导学生去注意才能转换隐性知识（弱连接观）。

在第二语言文献中，人们对于如何习得二语语法知识问题的讨论不仅受到注意与注意力（attention and noticing）话题的影响，还受到显性学习和隐性学习（explicit learning and implicit learning）话题的影响。

就词汇习得来说，埃利斯（1994）认为感官方面的词汇知识如语音特征可以通过反复出现隐性获得，词汇的运动机能方面的知识可以通过大量的练习隐性获得,但是生词的词义只能显性学得,需要在语义和概念层次进行有意识的加工,注意词形和词义的匹配。成功的学生会运用复杂的元认知学习策略,如从上下文推断词汇等。

在以上研究的基础上,劳弗和 Hulstijn（2001）的"投入量假说"引入投入量这一概念说明词汇附带学习,该概念包含三个成分：需要（need）、搜寻（search）和评断（evaluation）。

第一个成分与词汇学习的情感因素（动机）相关,后两个成分则与词汇学习的认知因素相关。在其他因素相同的条件下,投入量高的任务比投入量低的任务更有利于词汇的初始学习；词汇记忆保持效果与任务所要求的投入量大小成正比。

（二）词汇掌握数量对有效推测词义的影响

阅读理解过程中,所需要的词汇知识,也称作"接受性词汇知识",和词汇、口语表达中所需要的输出性词汇知识有所不同。

词义推测是阅读理解的一部分,同时是词汇附带习得的关键。学习者若想根据上下文推测出生词词义,就需要能够立刻辨认出生词周围其他绝大部分单词。

内申 & Hwang（1995）认为如果学习者有 2 000 词族的视觉词汇量,意味着能够自动辨认出普通文本中大约 84% 的词汇（一个词族指词根及其派生词和曲折变化的词形,各词形的词义可根据一定规则加以预测）。然而能够立即辨认 84% 的词汇并不能保证理解文章基本内容。

根据内申（1990）和劳弗（1997）的研究,要理解文章的基本内容,需要认识文章中至少 95% 的词汇,需要 3 000 词族的视觉词汇量。当然,基本理解并不等于完全理解文章内容,要完全理解一篇文章需要精确地推测生词的词义。

要能够根据上下文精确推测生词词义,读者（学习者）必须熟悉文本中 98% 的词汇。为此,读者需要的视觉词汇量是 5 000 词族。

学术性文本不同于普通文本,低频词的比例增大,5 000 词组的视觉词汇量不足以保证理解这类文本。Hazenberg & Hulstijn（1996）认为完成大学学业至少需要 10 000 词族的词汇量。

阅读理解所需的词汇知识从 3 000 词族（占普通文本词汇的 95%）的入门词汇量到完全理解普通文章所需要的 5 000 词族（98% 的覆盖率）再到 10 000 词族（大学课文 99% ~ 100% 的覆盖率）的词汇量，是个缓慢的发展过程。

琼斯（Jones, 1995）描述了自己学习匈牙利语的有趣经历。匈牙利语中来自其他印欧语言的词汇很少，词汇学习是学习匈牙利语的主要任务。他发现只有掌握了大量的核心词汇（core lexemes），才能有效阅读，才能通过阅读学习匈牙利语。只有当他的词汇量达到 3 000 词族的入门词汇量后，才能在阅读过程中通过上下文学习词汇。

（三）习得需要生词复现的次数

词汇附带习得要求同一生词在不同的上下文中多次复现，然而究竟要在什么情况下、复现几次才能习得，至今没有定论。

生词的频率是影响词汇附带习得的变量之一，生词在上下文中的凸显性，同源词知识、语言知识、学习者的兴趣、上下文语境也对词汇附带习得有着重要影响。

（四）有助于词汇附带习得的策略与方法

很多研究发现，要在上下文中成功推测生词词义需要灵活运用各种认知加工策略，包括自下而上的微观策略和自上而下的宏观策略。

例如，杜宾和奥尔西坦（Dubin & Olshtain, 1993）要求 41 名成年本族语者完成一个完形填空，他们发现研究对象需要运用各种字词以外的知识进行推测，如句子结构知识或段落结构知识、句子层面的语义信息、句子或段落以上层面的语义信息、文章主题、背景知识等。

帕里（Parry, 1993）通过一项跟踪调查发现高水平的 ESL 学生在阅读过程中运用完全不同的策略附带习得词汇,有的进行整体考虑,有的则会具体分析。由于这两种方法各有长处,她的结论是 ESL 老师应该用更多的时间对学生进行课堂元认知训练,讨论针对不同的学习目的,不同词汇学习策略在不同的情况下的优缺点。

比起那些只会运用文章所提供的上下文推测词义的学生,运用较为宽泛的背景知识在具体上下文中推测词义的学生能够习得更多的词汇知识。总体来说,最成功的二语学习者是少数"读者",他们相信可以通过阅读自然习得词汇,在阅读过程中习得词汇是直接词汇学习的补充。比"最成功的学习者"差一点的是"积极使用策略者",这一组学生有很强的学习动力,学习很努力,会有意识地使用各种学习策略。

一般情况下,好学生比差学生使用更多的各种学习策略。她还发现随着学习经验的丰富,学习者的策略使用能力会提高。弗雷泽(Fraser,1999)的研究表明查词典以证明推测的正确性是非常有用的元认知词汇习得策略。仅仅采用"在上下文中推测词义"的策略可以回忆起 31% 的目标词汇,"查词典"策略可以回忆 30% 的目标词汇,而两者结合则可以回忆 50% 的目标词汇。

（五）词汇推测主体的确定

一些学习策略似乎是在潜移默化中学会的,而有些学习策略则需要具体的教授。

霍姆斯和拉莫斯(Holmes & Ramos,1993)通过观察巴西一组中低水平的英语学生,发现他们非常依赖一个叫"同源词辨认"的策略,他们甚至不检查两个相似的词是不是同源词。

莫斯(Moss,1992)研究了 400 个母语为西班牙语的大学一年级学生,发现他们辨别西班牙语和英语同源词的能力比预期的要低。这些学生在一定上下文中只能辨别 67% 的同源词,脱离上下文为 45% 的同源词,说明同源词辨认尽管是一个自然学会的策略,仍有发展的空间。

　　杜克特和潘绍（Duquette & Painchaud,1996）的研究发现,在加拿大母语为英语的法语学习者的词汇知识的增长在很大程度上得益于英法同源词。因此,同源词辨认有不同的情况。

　　彻恩（Chern,1993）运用有声思维的方法研究了 20 个母语为汉语的高水平的英语学习者,发现学生会自然而然地运用上下文线索,特别是"向后的线索"（即生词的上文）,尽管按照中国的文化传统鼓励逐字翻译。他们也会自然而然地运用与主题有关的知识。然而,在这些学生中只有水平较高的学生会运用"向前的线索"（即生词的下文）,说明有必要向水平较差的学生教授这一策略。

　　另外一个自然策略指的是迅速辨别词汇。在使用这一策略时,虽然有时积极对目标生词进行判断,但是仍旧出现错误。有时学习者采用积极的策略,围绕着某一目标生词进行迂回。

　　有些较差的学生不会自动运用词义推测策略,而是把翻译法作为主要的词汇学习策略,这说明元认知培训对提高学习效率起着至关重要的作用。

　　例如,普林斯（Prince,1996）发现英语水平较差的法国大学生如果可以选择,更喜欢通过翻译法而不是在上下文中学习词汇。

　　沃德（1999）比较接受了"全封闭环境的语言教学"和"非全封闭环境的语言教学"的两组学生,发现在全封闭的环境中学生词汇习得的速度会更快一些。他认为主要原因是,在这种环境中,词汇主要是附带习得的,除了自然而然、无意识地掌握一些词汇外,学习者也会积极采用一些策略（如推测词义等）学习词汇。

　　（六）阅读中的显性词汇教学

　　有几项研究表明,在阅读过程中对学生进行显性的词汇教学是有益的。

　　Paribakht 和 Wesche（1997）进行了实证研究,比较了纯粹的阅读过程中附带习得词汇和阅读过程结合词汇教学的词汇附带习得。在三个月的时间内,两组学生的词汇知识都有显著的进步,但是"阅读结合词汇教学组"的词汇知识在数量和质量方面的增长都超过了"单纯阅读组"。

在一个类似的实验中,齐莫曼(Zimmerman,1994)发现每周三小时的互动式词汇教学加上一定数量的自主阅读要比单纯的阅读更有利于此技术词汇的习得。

弗雷泽(1999)的研究同样证明词汇加工策略的教学有益于第二语言词汇知识的增长。尽管词汇加工策略教学不会马上就有很大的收获,但确实有助于学习者形成适合自己的词汇学习策略。

钱(Qian,1996)研究了63名中国大学生,发现脱离语境的第二语言词汇学习,如果有反馈,要比没有反馈的、在阅读过程中的词汇学习更为有效。

（七）词汇附带习得中阅读材料的选择

有些文章似乎更有利于词汇的附带习得。研究表明,学生感兴趣的阅读资料有助于词汇的附带习得。

例如,帕里(Parry,1993,1997)的研究发现,如果阅读资料与学习者的专业课程有关,学习动力大,有助于词汇习得。

格雷贝和施托勒(Grabe & Stoller,1997)的案例调查同样证实了情感因素的作用,他们研究了一个美国人通过每天阅读一份巴西报纸自学西班牙语。文章中的解释、阐述对词汇的附带学习几乎没有作用。

钟(Chung,1995)随机挑选了507名朝鲜EFL学生,分成6组:控制组、原文未加改动组、原文简写组、复杂词汇组、复杂结构组、词义和结构均复杂组。三个词汇知识检测分别检测词形、词义、延迟的词义辨别。结果表明文本中对目标词语的解释、说明对阅读理解或词汇附带习得都无显著影响。

（八）改善输入对提高词汇附带习得的效果

提高词汇附带习得效率的一个可能的途径是改善阅读输入。

例如,有人研究了生词注释的作用。

雅各布斯(Jacobs,1994)研究了 116 名大学生,他们是母语为英语的西班牙语学习者,发现阅读资料中的词汇注释有助于阅读理解能力的提高。

科(Ko,1995)研究了 EFL 学生,发现词汇注释有助于生词的学习,特别是在有意学习的情况下,而不是附带学习的情况下。

Hulstijn 等人(1996)研究了一群有高水平法语的荷兰学生的词汇附带习的情况。研究表明,页边空白处的生词注释非常有利于阅读过程中的词汇习得,特别是那些出现频率高的词语。

然而,雅各布斯,Dufon 和 Hong(1994)研究了 101 名母语为英语而学习西班牙语的大学生,发现阅读资料中的词汇注释没有显著的作用。

计算机辅助教学提供了不同于页边空白处注释的另外一种可能。 Chun 和 Plass(1996)研究了 103 名在一所美国大学学习德语的学生,这些学生被要求在计算机上阅读一篇有 762 个字的文章,其中的 82 个字可以通过点击获得相关的注释,所有的注释都有一个简短的定义,一个例句,有的注释中还有一幅静态的图,另外一些注释中还补充有一段视频。共有 36 个目标词汇,分为三组,每组 12 个目标词汇,这三个组分别为纯文本组、文本加图片组以及文本加视频组。跟预期的一样,学生习得了大概四分之一的目标生词。然而,文本加图片组的成绩显著地比其他两个组的要高,说明有必要进一步研究具体的注释形式的作用。Kang(1995)研究了 103 名五年级的韩国学生,得到类似的结果。

学生的投入似乎有助于提高输入的效果。埃利斯等人(1994)在日本做了两项学生人数分别为 79 和 127 的课堂试验,研究了经过修改的互动对词汇习得的影响。结果发现,经过修改的互动输入比没有经过修改的输入更有利于词汇习得。由此,他们认为互动有助于提高学生的理解能力,因为互动可以帮助学生控制所接收到的语言输入,使得他们能够系统地判断和解决理解上的问题。在埃利斯和 He(1999)的研究中,对学生投入(learner involvement）情况的研究被延伸到有关学生修改过的语言输出的研究,有关学生语言输出的研究比经互动修改过的语言输入的研究更有教学意义。

（九）附带习得自身具有的局限性

一般来说,词汇附带习得的结果并不是很理想,尤其是在无生词注释、无词典可查和无人可问的单纯阅读中,其结果更显微弱。这种结果是由词汇附带习得自身的缺陷所造成的。词汇附带习得的缺陷主要表现在以下几个方面。

（1）语篇中凸显度较低的生词容易被忽视而不会被附带习得,在单纯阅读中,这样的生词多达半数左右。

（2）词汇附带习得对语篇所含生词量和学习者掌握的词汇量有一定要求。内申（2001）认为语篇生词量最多不超过 5%,Huckin 和利迪（1999）认为词汇附带习得要求学习者的词汇量至少有 3 000 词族（word families）,这就意味着生词量过多的语篇和那些初学者很难在阅读过程中附带习得词汇。

（3）生词词义推测是阅读过程中词汇附带习得的关键环节,但是从上下文中推测词义有很大的局限性。

第一,推测往往不精确,而许多阅读任务要求精确地理解文本（Grabe & Stoller,1997；Parry,1993,1997）。

第二,精确的推测要求精确的词汇辨认和仔细的检测,因为许多词条都很有蒙蔽性,很容易误导读者。

第三,推测生词需要花费时间,因而会减慢阅读速度。

第四,只有在完全理解上下文的基础上才能有效地推测生词,这就需要首先认识上下文中所有的词汇,领会上下文中线索,有足够的相关背景知识。

第五,推测需要很好地掌握一些阅读策略,这是许多学生所没有的。

第六,推测不等于习得。

第七,对于由多个词构成的习语、固定表达等,往往无法根据上下文进行推测。

（4）在一次单纯阅读过程中，可以附带习得的词汇知识非常有限，往往局限在词义方面，对生词有即时性的理解，很少涉及掌握一个词所需要的其他方面的知识；对目标生词的记忆一般只能达到识别目标生词的程度。

需要指出的是，在研究附带习得过程中，附带习得并不是完全附带的，学习者至少需要注意一定的目标词汇。但是，在多大程度上注意词汇则受到不同因素的制约，如注意力方式、上下文、任务要求等。

在第二语言学习中，附带习得是学习者掌握了基础的常用词汇后进行词汇知识扩充的主要途径，因此也成了第二语言习得研究的重要领域，应该引起相关教学者的注意。

第八章　第二语言词汇习得的认知研究

认知是人类语言的基础,第二语言习得中的认知方法不仅将增加学习者的词汇量作为目标,还更加注重词汇习得的质量。第二语言词汇的质与量的互动会使得学习者的词汇习得产生增效作用,从而促进学习者第二语言词汇能力的提升。因此,我们有必要从认知的视角来看待第二语言词汇习得,从而更大程度地解决学习者词汇习得中的问题。

第一节　第二语言词汇习得的认知解释

传统的语义观、结构主义语言学等过度强化词汇或者词义的分化,且这种分化的结果导致学习者往往逐词、死板地学习词汇。在这种机械的学习方法下,学习者只能理解和掌握词汇的音、形、义,却很难学习词汇的全部。随着词汇研究的加深,人们对词汇知识的认知也越来越深刻,发现词汇知识不仅体现在词汇的音、形、义上。

语言是人类认知的结果,是建立在认知这一基础上的。词汇也往往具有多义性,不同的词汇意义,其使用特征也不同。词汇的运用具有动态性,词与词之间、义项与义项之间具有天然的联系,且这种联系是隐性联系。因此,我们有必要从认知视角探讨语言中的词汇和语义变化机制以及第二语言学习者词汇习得的认知过程。本节首先论述词汇意义的动态性,进而分析第二语言词汇的认知加工过程及一词多义的认知解释。

一、词汇意义的动态性

洪堡特（Humboldt，2002）认为，"一方面语言独立客观地发挥作用，另一方面语言恰恰在同一程度上受到主观因素的影响和制约。这是因为，语言在任何场合都不会停滞不动，那些看起来僵死的语言成分仍旧在思维中得以创造，从而生动地转换成理解与言语，并最终并入主体。"① 在洪堡特看来，就本质而言，语言是每时每刻都在向前发展的。这样，我们将语言视为一种认知过程也是理所当然的。

语言是以认知为基础的，人类运用词汇的过程是动态的过程，人们可以用一个词表达不同的概念，也可以用不同的词表达同一概念。当某一词被语言社团接受，那么该词就可以被运用到交际领域。随着人类与社会的发展，词汇语义也在逐步发生演变，一些词汇看起来简单，但是其背后蕴含着丰富的人类物质生活与精神生活的踪迹。人类每天都在运用词汇，创造新词，也对词汇的语义进行不断的改变。因此，词汇语义是具有动态性的。

由于词汇的运用具有动态性，因此词与词之间、义项与义项之间在认知层面有着天然的联系，这种联系使得词汇的不同义项构成了一个语义网络。如何弄清语义网络中的词汇，将不同义项连接起来是词汇学习者学习的重点。

词汇意义这一系统具有开放性，词一旦产生，其意义就会随着社会的发展而不断变化。同时，词汇只是一种符号，其意义往往在人类的思维中存在。虽然词汇与客观世界无关联，但是通过人类的思维，使得词汇与客观世界建构了联系，也就产生了词汇意义。由于词汇本身是人类抽象思维的结果，因此词汇意义往往是模糊的，确切的词义往往需要人们在语境中加以运用才能形成。另外，由于人对词义的认识是建立在自己的思维与经验的基

---

① 洪堡特.论人类语言结构的差异及其对人类精神发展的影响[M].北京：商务印书馆，2002：76.

础上,因此词义的变化往往与人的思维有关。

总之,就严格意义上说,词汇是动态的、模糊的,其存在于人的思维之中,但是思维因人的不同而各异。

现代认知理论告诉我们,认知是认知对象的固有特征与认知者的认知方式之间相互影响的结果,人们看到的事物都是人们参与制造出来的。认知语言学的思想有助于解释词汇的语义是动态的还是固定的。而语义动态的过程恰好反映了人的认知思维过程。在第二语言习得过程中,学习者了解语义动态的过程,那么就能够清楚词汇的各个义项,从而更深层次地掌握词汇。

二、第二语言词汇习得认知观

前面章节论述了语言与认知的关系,也熟悉了语言认知观,具体到第二语言词汇习得领域来说,我们所提倡的认知方法主要是为了提升学习者的词汇能力、认知处理能力。

第二语言词汇习得认知观解释了词汇的认知规律及特征,如词汇结构机制、投射机制、语义网络等。在具体的操作中,学习者应该注意自己对语言材料的记忆与感知问题。也就是说,学习者对于词汇信息的解码、编码、存储、提取这一过程要熟悉,从而组建词汇的概念网络。

传统的第二语言词汇教学中对于词汇指称能力是非常关注的,很多教师往往采用孤立的生词表法来强迫学习者记忆,对于学习者的学习过程、学习者如何发展词汇能力等视而不见。而第二语言词汇习得认知观则将学习者作为中心,强调词汇推理能力,通过学习者的联想来记忆词汇,从而有助于增加词汇习得的效果。

三、一词多义的认知解释

在人类语言中,一词多义现象是非常普遍的,其将人类语言的经济性原则呈现出来。通过对同一词形赋予多层次的词义,可以减少词的数量,也减轻了人们对词汇进行记忆的负担。试想一下,如果人们仅仅使用一些单独的词汇来定义"洗脸""洗澡""洗头""帮别人洗头"等,但是没有一个通用的词对"洗"进行表达,那么就会出现非常复杂的状况。因此,一词多义有助于人们更有效、更简便地认知世界,并且明显比构词、造词、借词等手段更具有优势。

（一）一词多义现象产生的原因

1. 词义的历史性

从人类历史上来说,没有任何一种语言存在一个词只附带一层意义。可以说,一词多义现象是历史发展的必然结果,也是其必然阶段。

一词多义的历时发展主要经历了四个阶段:发起阶段、认同阶段、传播阶段、规约阶段。首先,词语意义的延伸需要在特定情况下,由某一个发话人因为某一原因而发起。例如,在打字机发明出来后不久的一段时间,人们还不能用具体的词汇对打印的文稿进行表达,这时就产生了两种选择:一是用旧词传达新义;二是创造新词。很显然,前者是比较方便、简单、经济的方法,因此人们开始用 manuscript 来表达"打印文稿"的意义。听话人也会根据这一词的原始意义——手写稿来推断该词的具体意义——打印稿。当听话人接受了这一旧词传达新义的方法之后,实际上在发话人与听话人之间产生了共识。这一共识很快会在语言社团进行传播,也使得越来越多的人对这一新词义进行了解和运用。由此,这一新词义就获得了进入词汇的权利,也使得其在语言社团中逐渐确立下来,这就是下面章节所要论述的"词汇化"或者"规约化"。

之前已经提到,多义聚合的词就被称为"多义词"。并且,有些词包含比较多的义项,如 get 一词在《牛津英语词典》中就有高达 150 多个义项。相比之下,有些词包含的义项则较少,如 cut

一词在《新英汉词典》中只有 32 个义项。但是,无论这些义项是多还是少,这些义项之间都是存在某些关联的。以 spring（弹簧）为例进行说明。

（1）an elastic device

（2）the quality of elasticity

（3）an actuating force

上述三个义项中,义项（1）是 spring 的基本含义,义项（2）与义项（3）是其引申意义,但这些引申意义并不是凭空出现的,而是建立在基本含义的基础上,即围绕"弹簧"这一中心意义延伸出来的。弹簧必然具备"弹力",这就是义项（2）;而弹簧反弹必然产生冲力,即"驱动力",这就是义项（3）。当然,除了这两个引申义项之外,还有 recoil, a flock of teal 等诸如此类的义项,这些从字里行间都渗透着与基本含义的逻辑关系。

2. 词义的认知性

关于词义,不同学界有着不同的说法。有些学者认为词义就是表明该词与何种对象相联系,有人认为词义就是对客观现象、客观事物的反映,且这一反映通过概念加以呈现。这两种说法都是存在某些道理的,但是不得不说,这两种定义都只说明了其中的一部分。概念是对客观世界的反映,是一种思维形式,概念将同类事物所具有的本质特征进行概括,以用来与其他事物进行区别。在概括的过程中,概念将同类范围内的个别事物所特有的特征排除。因此,受概念作用产生的词义所反映的并不是某些个别的事物,而反映的是一大批的同类事物。

例如,horse 不仅仅指代具体的马,还指代所有称为"马"的同类动物。horse 可能是漆黑的,可能是纯白的,可能是棕黄的,可以用来骑着玩,可以用来扛东西等,但是这些都不重要,重要的是它具有几点范畴特征:（1）有四条腿;（2）吃草;（3）具有很长的尾巴;（4）跑起来非常快。

不难发现,词义是对客观世界中事物的反映,也能够将对这类客观事物的认识以概念的形式反映出来。词义与概念具有十分密切的关系,但是二者不能等同视之。随着科技的发展以及生活水平的提高,概念的内容在不断丰富和深化,但是作为语言要素之一的词义呈现了稳定性。也就是说,词义并不一定反映事物最本质的特征,只是将某些本质特征反映出来,以区别其他事物,从而实现交际。因此,有些学者将作为词义基础的概念称为"日常概念",与"科学概念"区别开来。

例如,people 一词从本质特征来说,可以将其定义为"能够制造工具且使用工具进行劳动的动物",这一点也是人与动物的根本区别,是人的"科学概念"。但是,人们在运用 people 一词时并不一定会联想到这一概念,但是这样的认识并不会对人们的交际产生影响,也不会妨碍人们对 people 产生错误的理解。这是因为 people 一词本身有自己的词义,即"会说话的、能够直立行走的、具有思想的高等动物",这就是"日常概念",这一词义对于人们的交际而言是非常客观的,也是人们常常使用的意义。虽然人们的受教育水平、从事的职业、所处的岗位等存在差异,但是作为语言现象的词义,或者说是日常概念都是共通的,这恰好能够保证交际的顺利展开。

此外,就内容上来说,词义与概念也不是等同的。这是因为词义除了日常概念这一基础概念之外,还包含意志、情感、美感、语体等思维意识层面的内容。具体来说,语言中很多词除了用于对某些概念表达之外,还具有明显的褒贬色彩。有些词表达庄重、严肃,有些词表达生动、活泼,这些都是由于褒贬色彩附加在里面的结果。但是,概念本身并没有感情色彩的掺杂,也就无所谓褒贬。同时,英语中如 alas,oh,hurrah 这些词没有概念,只是用于表达意志和感情。

通过上述分析不难看出,词义和概念是彼此依存、密切相关的。词义以概念作为基础,概念与特定的词义有着关联。概念是对客观事物认识的成果,而词义中涉及意志、情感、美感等思维意识的内容。对词义确定的因素除了非语言现象的概念与事物外,还包含某一词义与其他词义的关系层面,这具有举足轻重的地位。语言中的词与词、词义与词义都处于各种关联之中,这种关联也恰好对词义的内容、词义的价值做了进一步的规定。

索绪尔认为,绝对意义的符号是最理想的符号。语言形式与其指代的外界实体之间,并没有任何自然形式的对应,即音与义之间处于任意的关系,是具有任意性的。但是,随着社会的进步,新生事物不断衍生出来,人们对世界外物的认识是建立在已知词汇的基础上的。由于多义词是在认知的基础上产生的,词义的拓展就将任意性抹杀了。因此,词义的延伸意义与人们对外界世界的认识和互动有关,是人类认知的必然结果,其会受到经济、文化、社会等外界因素的制约和影响,也是语言发展的必然结果。从共时的角度而言,词义的义项也是非常稳定的,人们很难明显感觉到词义发生改变;但是从历时的角度而言,词义不断发生演变,因此也就出现了一词多义。当人们不断使用旧有词汇对新事物、新概念进行命名时,其实际上是坚持了语言经济性的原则,是对词的意义的填补和扩展。现如今,人们也没有停止运用已知词汇去创造意义。可以说,词汇意义的延伸表明了人们的智慧从无到有的过程,也表明了认识逐步加深的过程,这些观点为人们从认知角度来分析一词多义现象奠定了基础。

总之,一词多义现象是当前认知语言学研究的热点话题之一。很多认知语言学家从范畴理论、概念合成理论、框架语义理论对一词多义现象进行了阐释。

(二)范畴理论对一词多义的解释

认知语言学的范畴理论认为,大多数的认知范畴不可能具备必要和充分的标准,人们公认的必要的标准往往不具有充分性。在同一范畴间,成员的地位并不是相同的,且成员具有家族的相似性。这些成员的家族相似性具有越高的典型程度,那么其与原型成员就越接近;如果这些成员的家族相似性的典型程度不高,那么其越来越接近边缘成员。①

以泰勒(Tylor)、莱考夫(Lakoff)、兰盖克(Langacker)为代表的很多认知语言学家认为,词义隶属于语义范畴,词的不同义项就属于其下的不同成员,且这些成员义项之间的联系是建立在基本的认知原则的基础之上的。

1. 泰勒——语义链

泰勒借用 climb 一词的义项来对语义链进行解析。例如:

(1)The girl climbed the wall.

这个女孩爬上了墙头。

(2)The plane climbed to 50,000 feet.

这架飞机攀升到了 50 000 米的高度。

(3)The locomotive climbed the mountainside.

火车头爬到了山腰。

(4)Lily climbed out of her skirt.

莉莉脱掉了裙子。

(5)Tom climbed down the tree and over the wall.

汤姆爬下了树,翻过了墙头。

在上述例子中,句(1)中 climb 的含义是原型义项,即人类或者四足动物从低处爬向高处的一种爬行动作,且在爬行中两者是接触的,整个过程也需要付出努力。但是,并不是所有义项都将这些特征包含在内,有的只是包含了这些特征的一部分,如句(2)只包含了"上升""努力"的特征;句(5)没有了"上升"的特征;句(4)的差别就更大了。但不得不说,climb 的各个义项之间具有家族相似性的特征。在泰勒看来,一词多义中的各个义项并不是非要具备一个共同的意义特征,而是通过意义链进行连接,相邻的义项会具有某些相同的特征,而不相邻的义项可能会存在较大的差别。泰勒通过对 climb 一词的分析,给予了这样一条理

---

① Rosch, Eleanor. Principles of categorization[A]. *Cognitive and Categorization*[C]. Eleanor Rosch and Barbara B. Lloyd (Eds.). New York: Lawrence Erlbaum, 1978: 27—48.

论。①

"The different senses cannot be unified on the basis of a common semantic denominator. Rather, the different meanings are related through meaning chains. Schematically: Meaning A is related to meaning B in virtue of some shared attribute (s), or other kind of similarity. Meaning B in turn becomes the source for a further extension to meaning C, which is likewise chained to meanings D and E, and so on. The process may be illustrated as follows:

A → B → C → D etc.

Within the category, meaning relations exist, in the first instance, between adjacent members, while members which are not adjacent might Well have very little in common with each other..."

从上述泰勒的论述中不难发现,A 与 B 之间存在一些共有的特性,这些共有的特性也使得彼此相互联系,而 C 是在 B 的基础上延伸出来的,且 D 又是通过 C 得到的,从而以此类推。但是,A 与 D 可能存在非常大的差别,但是 A 到 D 甚至到无穷本身就形成了一个意义链,且其中的任何 B、C、D……的节点都可以是意义延伸的发源地。泰勒还指出,这些义项之间的联系需要通过转喻、隐喻实现。如果将泰勒的观点看成仅仅停留在一个线性的意义链层面,那么莱考夫的理论就更为详细。

2. 莱考夫——散射范畴

在莱考夫看来,一词多义是建立在原型理论的基础上,是一个范畴化过程的特殊案例。一词多义的各个义项都包含在这个范畴之内,属于范畴的成员。如果其中义项的原型性高,那么其

---

① Tylor, John. *Linguistic Categorization*: *Prototypes in Linguistic Theory* [M]. Beijing: Foreign Language Teaching and Research Press, 2003: 110.

离中心原型义项的距离就比较近,反之就较远。①因此,莱考夫用散射范畴理论来对其进行描述,并用散射点阵图来进行表达。

同时,莱考夫强调该散射范畴会在长时语义记忆中固定下来,且该范畴并不是用来阐释各个不同义项如何生成于原型义项,而是用来呈现各个意义不同但相互关联的义项如何储存在记忆之中。②基于此,莱考夫对over一词进行了详细的分析和研究,证明了over涉及的各个义项之间存在一个散射范畴。

3. 兰盖克——网络模型

兰盖克认为,一词多义现象中的各个义项经由范畴化关系,逐渐构筑成一个网络,这些网络中有些义项处于中心地位,或者更倾向于具有原型性。③

在兰盖克看来,范畴化关系分为两种:一种是阐释关系,一种是扩展关系,且兰盖克对这两点用两个图示表示出来。

(1)A → B(阐释关系)

(2)A → B(扩展关系)

在(1)这一阐释关系中,A 属于图式性,B 属于具体性,且 A 通过 B 来进行阐释,B 是 A 的一个具体的实例。在(2)这一扩展关系中,A 属于原型性,B 属于边缘性,B 通过某种联系或某种相似性来从 A 进行扩展。

语义的扩展包含的认知机制有借喻、隐喻、意象图式等。兰盖克常用 ring 一词为例对一词多义的范畴进行分析和解释。英语本族语者一见到 ring 一词的第一反应是"戒指",因此 ring 的原型义项就是"戴在手指上的圆形的首饰",但 ring 除了这一义项之外,还能指代耳环等首饰,因此这就是从原型义项抽象出来的指代"圆形的首饰"。该义项还能进行更抽象化的引申,可以用

---

① Lakoff, G. *Women, Fire, and Dangerous Things*: *What Categories Reveal about the Mind*[M]. Chicago: The University of Chicago Press, 1987: 378.

② Evans, Vynyan & Melanie Green. *Cognitive Linguistics*: *An Introduction*[M]. Edinburgh: Edinburgh University Press, 2006: 332.

③ Langacker, Ronald W. *Ten Lectures on Cognitive Grammar by Ronald Langacker*[C]. Beijing: Foreign Language Teaching and Research Press, 2007: 36.

来指代"圆形的物体"。同时,ring 可以指代"共同做某事的群体",这是建立在相似性的基础上的一种隐喻性的表达,与前面所述的"圆形的物体"是一种扩展的关系。

上述泰勒、莱考夫、兰盖克是认知语言学范畴理论对一词多义的阐释,且三位学者一致认为以下两点。

（1）词义范畴属于原型范畴。

（2）词义之间通过某种认知机制来进行关联。

这两点正是认知语言学与传统语言学的重要区别。

（三）概念合成理论对一词多义的解释

概念合成论是由以福科尼耶（Fauconnier）为代表的一些美国学者提出的。其中"概念合成"指的是心理空间的合成,而心理空间指的是人们在进行思考和交谈时,为了达到行动的目的以及对局部的理解,而建构的概念集。[1] 概念合成理论的核心在于"四空间模式",即两个输入空间、类属空间、合成空间。

其中类属空间主要是对两个输入空间共同具有的普遍概念结构的反映;合成空间则是经由两个输入空间的选择性投射、组合、完善、阐释而逐渐形成一个新的空间,该空间超越了原输入空间,呈现一些新的结构——新显结构。[2] 例如:

The surgeon is a butcher.

上例从概念合成理论来分析,可以将"这名外科大夫不称职"中"不称职"的概念轻松得出来,具体可以分析为两点。

（1）合成空间从两个输入空间中对相关元素有选择地提取,即从 surgeon 这一目标域中提取的元素包含正在做手术的人、接受手术的病人、手术室中的细节等;从 butcher 这一始源域中提取的元素包含屠夫、与屠夫相关的细节等。这两大输入空间存在

---

[1] Fauconnier, G. & Turner, M. Blending as a central process of grammer[A]. *Conceptual Structure, Discourse and Language* [C]. In Adele Goldberg (Ed.). Stanford: CSLI Publications, 1996: 113.

[2] 转引自李福印. 认知语言学概论 [M]. 北京: 北京大学出版社, 2008: 221.

一些相同的元素表征。

（2）合成空间具有自己的新显结构，被输入的各个元素在发生相互作用后得到合成，最终使新显结构得以形成。在映射空间中，从 butcher 中映射出来的手段—结果关系与 surgeon 映射出来的手段—结果关系是不相容的。前者是屠杀动物，后者是医治病人。但是，在合成空间中，前者的手段、参与者、结果、环境等与后者的这些层面融合在一起，自然会让人认识到：如果将 surgeon 比喻成 butcher，那么就说明其做手术也是不称职的。

概念合成对意义的构建有着重要的作用，也将意义构建的创造性体现出来，是人类想象、思维等重要的组成部分，其被广泛应用于语言现象与人类活动之中，如新奇隐喻、反事实表达、科学研究、艺术等。[①]

在福科尼耶和特纳看来，一词多义现象的产生主要原因在于语言意义潜能的适应性、灵活性，其体现出人类的思维具有创造性，且概念合成理论恰好是这一思维的表现形式。简单来说，一词多义不会呈现某一个词的特性，而是概念合成过程的副产品。[②]概念合成理论指出，一词多义的发展需要遵循如下三点原则。

（1）通过选择性投射，原本只在某一种输入空间中适应的词语表达，可以被映射到合成空间之中，用来对合成空间中的对应物进行描述。通过这样，现有的词语就可以将合成空间中的新意义表达出来。

（2）源于两个输入空间的语言表达可以相互结合，构建成新表达，这些新表达应该具有合理性。但是这一合理性对于两个输入空间来说是不合理的，因为这样的结合主要源于整合空间的层创空间。

（3）概念合成为一词多义现象提供了一个连续体。在这一

① Fauconnier, G. & Turner, M. Conceptual Integration Networks[J]. *Cognitive Science*, 1998 (2)：144.
② Fauconnier, G. & Turner, M.Polysemy and conceptual blending[A]. *Polusemy: Flexible Patterns of Meaning in Mind and Language* [C]. Nerlich Brigitte, Zazie Todd, Vimala Herman, et al. (Eds.). New York: Mouton de Gruyter, 2003: 90.

连续体上，一词多义现象的显著程度逐渐呈现递增趋势，而其中的显著度主要源于特定框架在各种约定俗成的语境、理念、文化的有效性。

利用现有词汇来传达新义的一种常见手段就是范畴扩展。以"电脑病毒"一词为例进行说明。在这个词中，计算机破坏程序空间、生物学空间分别代表两个输入空间，将这两个输入空间的相关投射加以组合，就构筑成一个新的合成空间，这一空间中会涉及很多概念：电脑病毒、电脑防毒、电脑杀毒等。在提取两个输入空间的某些特性之外，这一空间中还具有本身的一些特性。

根据上述三大原则中的原则（1），生物学空间中的词汇可以被投射到合成空间之中，如"传播""感染""免疫"，对其中的对应物进行描述，从而这一系列的词在意义和用法上都得到了引申。

根据原则（2），"他们的电脑感染病毒了。"这句话是源于两个输入空间的词汇组合而成的，这句话对干任何一个输入空间来说，表达都是不合理的，但是对于合成空间来说非常贴切与形象。

根据原则（3），"电脑病毒"一词已经被人们认可，成了约定俗成的表达，很难被人们意识到，所以显著程度很低。

总之，概念合成理论的观点认为，语言的表达形式非常有限，而人类的概念系统则非常无限，因此对概念合成网络的建立主要是为了解决这一矛盾，而最终导致语言一词多义现象的出现。简单来说，一词多义现象是矛盾解决的必然。

（四）框架语义理论对一词多义的解释

除了范畴理论、概念合成理论外，认知语言学的框架语义理论也对解释一词多义现象有着重要作用。

"框架"的概念是由菲尔莫尔（Fillmore）提出的，并引入语言学之中。在菲尔莫尔看来，框架属于概念系统，是人们思维、经验的结构背景。人们要想了解系统中任何一个概念，首先需要了解其所涉及的整体结构。其与原型理论一样，框架语义理论反对将词义归纳成一组充分必要条件,认为框架是对词义进行理解和界定的基础,对框架中任何一个概念进行阐释都需要以信念、结构、实践经验等生活体验层面为参照。①

对于一词多义现象,该领域学者认为框架属于一种多维概念结构,是由一系列概括性的概念范畴组成的,这些范畴中会给予多种详细的说明。人们将概念范畴称为"概念槽",将详细说明称为"填充项"。这二者都具有可变性,且会导致一词多义现象的产生,具体可以从如下两点理解。

(1)一个框架内的概念槽不同,其凸显程度也必然不同,会导致对同一框架的视角也存在差异性,因此产生一词多义。

(2)框架内同一概念槽可以包含多种填充项,因此也就产生一词多义。

(五)认知隐喻理论对一词多义的解释

无论是从词义的历时衍化,还是从词义范畴中非典型性成员的衍生,或者是典型性成员的分裂来进行分析,新词义与原有词义之间必然存在着某些理据性联系。这种关联性是因为词义的扩展主要源于人的隐喻思维。也就是说,隐喻不仅用于构建语言,还用于构建态度、思维等,人们可以轻松地运用隐喻来进行交流、思考、理解、推理、判断等。隐喻是建立在相似性原则的基础上,强调从始源域映射到目标域,且这种映射并不是无序的,而是通过类比、相似关系等来呈现映射的理据性。

在自然语言中,语符的一词多义现象往往通过隐喻这一形式派生出来,即大部分语符的一词多义现象都可以看成是隐喻的结果。隐喻不仅仅是为了对语言进行美化和修饰,更反映了人们深层次的认知过程和思维形式。隐喻认知的实质就是借助一些具

---

① Fillmore, Charles & Beryl Atkins. Towards a frame-based lexicon: the semantics of risk and its neighbors [A]. *Frames, Fields, and Contrast: New Essays in Semantic and Lexical Organization* [C]. Adrienne Lehrer and Eva Feder Kittay (Eds.). Hillsdale NJ: Lawrence Erlbaum, 1992: 76.

体的事物来对一些抽象的事物进行表述,使概念从一个认知域映射到另一个认知域上,因此隐喻的表达形式注定要使用不同认知域概念的某些相似点。通过这些相似点,人们可以引发与原有具体事物之间的联想。

例如,在人类的认知发展过程中,空间概念往往首先诞生,要比其他概念形成得早,下面就以空间方位词 up 为例进行说明。

(1)The prices are still going up.(由空间意义的上升→数量的上升)

(2)Things are looking up.(由空间意义的上升→状态的上升)

很明显,上述两个例子都是将 up 从之前的空间意义的上升转化成数量域、状态域的上升,构成了一种隐喻性的意义,也使得 up 这一词的意义扩展开来。这种隐喻映射的产生需要建立在一定的经验基础之上,并不是凭空猜想的。在人们的日常生活中,已经将"向上"与"数量的上升"联系在了一起;而表现状态的转好是因为将"向上"与情感联系在了一起,如兴奋、快乐等,当然这也是源于生活。

从上述例子中语义的扩展不难发现,隐喻认知对一词多义的形成有着不可替代的意义。换句话说,人们只有了解了以一种概念的结构来建构另一种概念的认知形式,才能将谈论这一概念的词语在另一种概念中进行延伸。

第二节　第二语言词汇中多词单位的认知分析

当前,我们讨论的词汇大多都是侧重于单词层面,但是词汇的运用并不仅仅是指代某一单个词汇,而是与语法、句法相对来说的。几乎所有的第二语言学习者对于词汇在第二语言习得中的重要地位是不怀疑的,但是很多人对"词汇"还存在误区。首先,词汇绝不仅仅指代某一独立的单词,如果学习词汇仅停留在背诵词汇的音、形、义上,那么学习者很难在具体的语境中运用所学词汇。其次,词汇记忆应该是一种对"多词单位"的记忆,即由多个词构成的预制结构。多词单位所包含的内容有很多,如短语、搭配、惯用语等。

当前,对多词单位进行研究已经成了语言学家、应用语言学家关注的焦点,是一种研究的新趋势,因为多词单位研究将很多包含惯用语在内的短语甚至句子作为词汇来研究和分析,而不是将词汇看作语法的单位。也就是说,词块理论、惯用语等多词单位是词汇中的特殊范畴,我们应该加以重视。

一、多词单位研究

从传统意义上来讲,词汇往往被认为是个体的词汇,其可以被人们自由地运用,但是需要在语法的规约下展开。这一观点与语言主要是句法规则系统的观点有着相似性。在这些观点中,词汇只是为了使句子更具有意义而填入句子中的一些空槽。简单来说,词汇与语法是两个不同的实体,而语法居于首位。

认知语言学认为,词汇与语法这种截然不同的观点是错误的,并且从搭配、功能的视角出发,以词块为整体,与单独的词一起存在于词汇之中。

在过去的研究中,多词单位的概念并未受到重视,因为人们习惯将单词视为常规的词汇,且这些常规的词汇容易被计算和区分,也较为容易地通过词典、词频表来展开分析和研究。相比之下,多词单位就不容易被区分和确定。另外,由于并没有一个严格的定义定位多词单位,其中不乏开放性的词汇项目,且形式上多有改变,因此很多学习者是难以确定的。

自20世纪80年代以来,随着语料库语言学、计算机语言学的建立与发展,人们开始认识到英语语言交际并不仅仅通过单词、固定短语来实现,自然话语中的大部分都是通过多词单位来实现的,这就为词汇的发展提供了一个全新的视角。

费德曼(Fedman)指出:"词汇不仅指代单个的词,短语、合成词等也可被视为词汇表中的词汇项,词汇法认为词汇是多个词块的集合。"

辛克莱(Sinclair,1991)通过系统地研究了语料库中的书面语篇,提出了开放选择原则与惯用语原则这两大原则来阐释语篇的构成。第一是开放选择原则,这一原则沿用了乔姆斯基的观点,认为句子是在潜在的规则系统的基础上而创造的。句子中包含空槽,而词汇就被填充在空槽内。但是在这一原则的指导下,语料库研究者在具体的实践中受到了阻碍。因此,第二原则的产生就建立在第一原则的基础上,即惯用语原则,以其对开放选择原则进行补充。对于惯用语原则,辛克莱指出虽然很多短语可以被划分成具体的成分,但是语言使用者更多具有的是大量只构成一种选择的半预制短语。因此,根据辛克莱的观点可以总结出,尽管传统语言学家将开放选择原则视为工作的基础,但是惯用语原则在篇章的构成与解释中也是不可或缺的。

雷伊(Wray,2002)借鉴了认知语法的观点,认为词块是词汇中的重要部分。雷伊考察了母语习得与第二语言习得中的程式化现象,提出了著名的多形态词汇分布模型。在这一模型中,程式性是核心部分,并按照功能将词汇分成指称性、语法性、交际性、反身性、记忆性五个词汇域,每一个词汇域中包含程式化词语、语素、程式化词语串三部分。从雷伊的分析中可以看出,每一种词汇除了语法性词汇在语素层面占据较大的比例外,其他词汇在程式化词语与程式化词语串中占有较大的比例。

同样,在汉语中也出现了上述问题。由此我们可以看出,英汉两种语言对于多词单位的研究不仅仅是某一语言的研究方向,而且是一种语言研究的新趋势。

二、多词单位中词块理论的心理现实性

词块这一概念主要源于心理学概念组块。组块表达的是记忆对信息的加工过程,即将单个信息组织成更大的单位信息。在

20世纪四五十年代,心理学研究表明词块对于语言学习、语言识别、语言认知有着重要的作用和意义。近些年,很多心理学家通过分析长时记忆与短时记忆的差异,将词块对人类记忆的重要性进行了探讨。在心理学家看来,短时记忆加工与处理的信息容量非常有限。根据米勒(Miller,1956)的研究,短时记忆的容量约为7±2个组块,即5~9个组块;而在长时记忆中,加工与存储的容量巨大,是以语义方式进行编码和存储的,信息保留的时间很长,甚至是终生保存。西蒙(Simon,1974)通过分析和观察不同心理学实验的数据,对米勒的短时记忆容量的观点进行了证实,并指明词块是人类记忆的基本单位,也证实了词块的心理现实性。

克里克(Crick,1979)对大脑能力的描述为人们解释了短时记忆与长时记忆的问题。在克里克看来,大脑的处理能力非常有限,但是其存储能力巨大。因此,大脑运用丰富的记忆存储预制词块来弥补有限的处理能力。具体来说,大脑可以运用最小的处理代价来使用已有的语言序列,从而节省认知资源来完成组织话题内容等其他任务。这也解释了为什么本族语者语言的流利性问题,因为他们的记忆中有大量的预制词块。

三、多词单位中英语惯用语的认知分析

惯用语又称为“习语”,是词汇的重要组成部分,是人们在日常生活中经常使用的语言形式。有学者曾经调查研究发现,如今常用的英语惯用语有4 000多条,以英语为母语的成人每星期说出大约7 000条惯用语。这充分体现了英语惯用语对当今社会文化生活的重要意义。英语惯用语中包含着英语语言文化内涵、隐喻认知模式、翻译理论、特殊语用含义等方面的知识。对隐喻和转喻视角下的英语惯用语进行分析是英语词汇认知研究的重要组成部分。

（一）隐喻视角下的英语惯用语分析

1. 惯用语意义的理解是由概念知识驱动的

莱考夫和约翰逊（Lakoff & Johnson）等人认为，英语中大部分的表达是隐喻，隐喻存在于日常生活的各个方面，人类的大脑由于经验的作用积累了大量的概念知识和结构，从认知学的角度分析，人们对惯用语的理解是由概念知识驱动的。

概念隐喻的主要功能是用一种相对较具体或熟悉的经验去理解另一种相对抽象或陌生的经验，即在抽象域和具体域间起到连接的作用。例如，在句子"Ideas are balls."中，隐喻就是将始源域 balls（具体的概念）与相应的目标域 ideas（抽象的概念）对应起来。始源域与目的域的映射关系如图 8-1 所示。

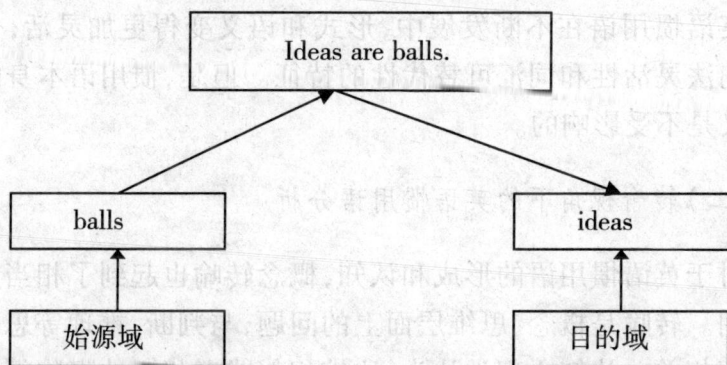

图 8-1 balls 与 ideas 之间的映射关系

（资料来源：文秋芳等，2013）

人们可以通过概念隐喻的含义来推导出惯用语的含义。以一组与 fire 相关的句子为例，如表 8-1 所示。

表 8-1 概念隐喻推导出英语惯用语实例

概念隐喻	英语习语	解释
Love is fire.（爱情是火）	The fire between them finally went out.（他们之间的爱情结束了。）	fire 是源域，love 是目的域，二者是相互对应的，引出来的习语就直接引用 fire 一词来代替 love。

概念隐喻	英语习语	解释
Imaginations is fire.（想象是火）	The painting set fire to the composer's imagination.（这幅画激发了作曲家的想象力。）	fire 是源域，imaginations 是目标域，二者是相互对应的，习语中用 set fire，这样就很容易被人理解了。

（资料来源：文秋芳等，2013）

由表 8-1 可以看出，多数英语惯用语都是可分析的，并且很大程度上都具有概念隐喻的理据。因此，在隐喻视角下对英语惯用语进行分析不仅有助于加深第二语言词汇学习者对惯用语的理解，对语言使用的认知结构有更清晰的认识，还可以通过串讲惯用语语族，使第二语言词汇学习者对惯用语的理解和掌握更具系统性。

2. 习语具有句法灵活性和词汇可替代性

英语惯用语在不断发展中，形式和语义变得更加灵活，也体现了句法灵活性和词汇可替代性的特征。但是，惯用语本身的隐喻意义是不受影响的。

（二）转喻视角下的英语惯用语分析

对于英语惯用语的形成和认知，概念转喻也起到了相当重要的作用。转喻是概念、思维层面上的问题，与判断、推理等思维活动密切相关。认知心理学认为，比较相似或者相近的事物很容易被看成一个单位，人们的记忆力比较容易观察和记忆事物突出的特征，因此在产生概念转喻的映射过程中应该遵循一定的原则：临近原则和凸显原则。以 hand 为例，如表 8-2 所示。

表 8-2　英语惯用语中包含的概念转喻

英语习语	概念转喻
an old hand（老手）	在这一组习语中，其中包含的转喻是用 hand 代替 person（即用手代替人）
a clean hand wants no washing（清白的人无须为自己洗刷）	
one hand washes another（有来有往；互相利用）	
marry with the left hand（与门第比自己低的人结婚）	

续表

英语习语	概念转喻
get one's hand in（习惯、熟练）	在这一组习语中，其中包含的转喻是用 hand 代替 skill（即用手代替技巧）
show a master hand（展示极强的能力；高超的技艺）	
with a light hand（熟练地）	
with a bold hand（大胆地）	在这一组习语中，其中包含的转喻是用 hand 代替 activity（即用手代替活动）
set one's hand to（着手，从事于）	
put one's hand to the plough（着手一项工作）	

（资料来源：文秋芳等，2013）

　　从表 8-2 中可以看出，都是在用 hand 去代替 person，skill，activity 等，而 hand 是原范畴，而 person，skill，activity 等是目标范畴。因此，上述惯用语中的转喻就是从 hand 向 person，skill，activity 等映射的过程。

　　总之，从认知词汇学角度提出的概念隐喻理论和概念转喻理论为英语惯用语的研究提供了一个新的视角。多数英语惯用语都是可构造、可分解、可分析、有理据的。经验与认知在语言结构和功能分析中具有重要的作用，而英语惯用语不仅仅是语言本身的产物，其意义与人类的概念系统和语言使用者的经验与认知紧密相连。

第三节　认知隐喻理论与第二语言词汇习得

　　如前所述，当前多数关于词汇习得的研究都是从语言学考虑的，但是心理学、认知语言学为词汇习得研究带来了新视角，而心理词汇、联想、隐喻都是其中关心的课题。由于心理词汇、联想已经在其他章节探讨，本节就来分析和探讨认知隐喻理论与第二语言词汇习得的关系。

一、认知隐喻理论的三种结构

传统的隐喻理论将隐喻视为一种语言现象。但事实上,其不仅仅是一种语言现象,也不仅仅是一种修辞格,而是更侧重理解为人类的一种认知手段或者思维方式。这是对隐喻本质的认识和理解。关于认知隐喻理论,下面主要从两个层面进行分析。

(一)三种隐喻的认知结构

1.语义体映射与关系体映射

在认知语言学领域,表达概念意义的语义项被人们称作"语义体"。ABC 结构隐喻由三个名词性语义体构成,主要呈现方式是"A is B of C"。在这种表现方式中,其将以定中结构形成的隐喻词组嵌入系表结构中,如此便形成了对主语的隐喻性描述。著名认知语言学家特纳(Turner,1991)指出,ABC 三元结构隐喻实际上代表了一种四元关系结构,其中 A、B、C 三个项目是显性的,而 D 则是其中的一个隐性项目。在这一结构中,目标域是由 A 和 C 组成的,源域则是由 B 和隐含的语义体 D 二者组成。例如:

Newton is the father of physics.

对于上述例句,表面来看目标域由 Newton(A)和 physics(C)两个语义体构成,而源域则只有 father(B)一个语义体。不过,根据莱考夫的"不变原则",映射具有拓扑相似的特点,当源域的结构被系统映射到目标域中时,源域的认知布局应当与目标域保持一致。因此,经过对上述例句进行进一步推导可得出其源域中必然隐含有一个语义体 D,即 child,如此才能构成一种平衡、对称的映射结构。因而,上述例句的深层结构如下所示:

Newton is to physics what father is to child.

而上述深层结构就是认知语言学领域中的 ABCD 四元结构隐喻,如图 8-2 所示。

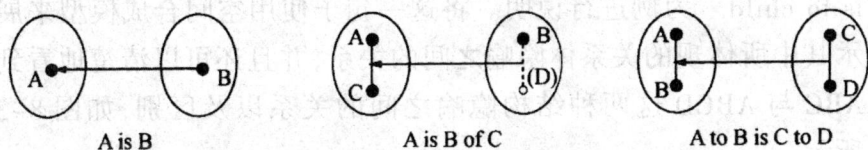

图 8-2 三种隐喻结构的映射图示

（资料来源：刘宇红，2011）

通过分析图 8-2 可以得知三种隐喻映射图示是不同的。图中的实心点代表的是语义体，连接两个实心点的竖线代表的是认知领域内所形成的关系体。AB 结构反映的是将语义体 B 的特征投射到语义体 A 上，因而属于十分典型的语义体映射。ABC 以及 ABCD 隐喻的拓扑结构是十分接近的，不过 ABC 结构中的 D 项在语言表达的过程中往往处于缺省状态，是一种潜在的语义体，所以在图示中就用空心圆来表示，即代表一种隐性的存在形式，同时将 D 和 B 之间所形成的映射关系用虚线来表示，同样代表一种隐性存在形式。

认知语言学家特纳（1991）认为，"A is B of C"这种三元结构隐喻所体现的并不是语义体之间的直接映射，而是三种关系体之间的映射。同样以上述的例句为例，在三元结构隐喻中是将人们十分熟悉的 father（B）这一显性项目以及 child（D）这一隐性项目之间的关系图式投射到相对比较陌生的 Newton（A）与 physics（C）的关系图式上。因此，人们将 ABC 或 ABCD 这种源域或目标域由关系体构成的隐喻结构称为关系体隐喻，其中各个项目所对应的映射方式就是关系体映射。与上述三元或四元结构隐喻的形式不同，AB 二元结构隐喻的源域和目标域中都是只有一个语义体，所以人们将这种结构隐喻称为语义体映射。

2. 关系体隐喻的空间合成阐释

从本质上来看，隐喻是借助一个认知经验领域来理解另外一个经验领域。当两个语义体之间不能建立直接的映射关系时，就需要依赖关系体映射才能在二者之间建立隐喻关系。为了深入阐释关系体映射，下面依然采用 "Newton is to physics what father is to child." 为例进行说明。将这一句子使用空间合成模型来展示其中所体现的关系体隐喻之间的关系,并且还可以清楚地看到 ABC 与 ABCD 这两种结构隐喻之间的关系以及区别,如图 8-3 所示。

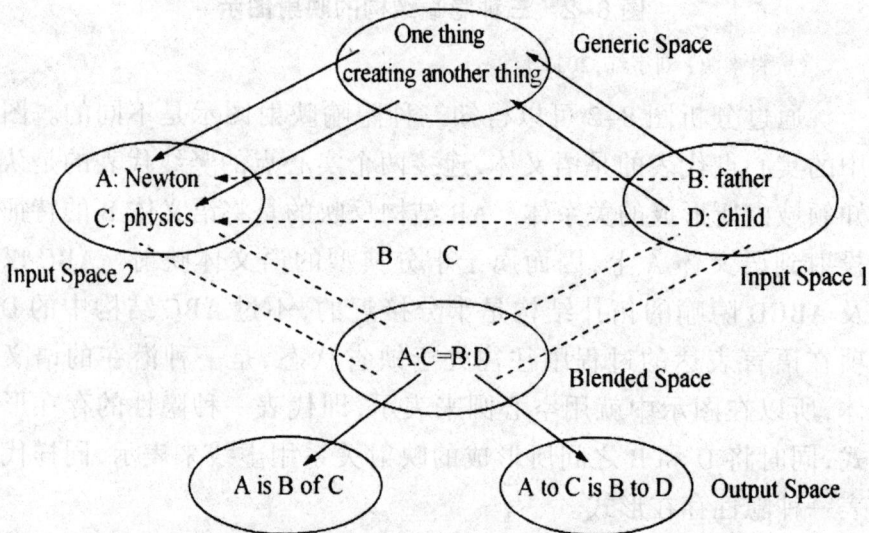

One thing creating another thing ··· Generic Space

A: Newton ··· B: father
C: physics ··· D: child

Input Space 2 ··· B C ··· Input Space 1

A:C=B:D ··· Blended Space

A is B of C ··· A to C is B to D ··· Output Space

图 8-3　空间合成模型基础上的关系体隐喻关系

(资料来源:刘宇红,2011)

图 8-3 中,右边的输入空间代表的是父子之间的血缘关系,是一种源域。左边的输入空间表示的则是目标域中牛顿与物理学的创立关系。最上面的则是类属空间,其中包括两个输入空间,即源域和目标域所共有的抽象概念结构,这决定了跨空间映射的核心意义。

在两个输入空间之间的虚线箭头表示的是借助类属空间所形成的一种间接映射关系。对于上述关系隐喻的理解,首先需要从 Input Space 1(源域)中提取一种概念结构,即 one thing creates another thing,然后将这一概念结构投射到 Input Space 2(目标域)中,表示的意思就是牛顿对于物理学将等同于父辈繁衍子嗣的关系。也就是说,随后的物理学都是在牛顿所创立的物理学基础上发展起来的。

在图 8-3 的下方代表的是合成空间,这种合成空间与 AB 结构语义体映射后所合成的空间是不同的。相关学者认为,关系体映射后所形成的合成空间是一个带有逻辑性的概念关系比: A∶C ＝ B∶D。① 这种关系比反映的是 ABC 以及 ABCD 两种结构隐喻在本质上都是关系性类比隐喻。

父亲是任何一个人出生的必要条件,而创设人同样是一个学科创建的必要条件,整个隐喻所体现的是"二比二"的结构框架,人们在这种框架下可以顺利理解隐喻的内涵。在图 8-3 中,类属空间中所获取的概念结构具有两个输入空间的结构相似性,在合成过程中依靠"不变原则"又保证了原有概念结构不被拆散,维持了一种平衡的关系结构,从而确保了源域中的认知图式可以完整地映射到目标域中。

尽管 ABC 与 ABCD 这两种结构隐喻的本质都是借助一个关系结构来理解另外一个关系结构,不过 ABC 结构其实比 ABCD 结构多进行了一个认知缩减的过程。为了对此进行有效说明,图 8-3 中合成空间的下方增加了两个 Output Space(输出空间),体现了 ABC 与 ABCD 这两种关系体隐喻从合成空间到具体语言中产生的一种分化。对于这两个输出空间,右侧表示的是 ABCD 结构隐喻,在语言的形式层面上延续了合成空间的逻辑顺序,通过语言所体现的表达式为"A to C is B to D";左侧输出空间代表的是 ABC 结构隐喻,child 作为一种隐性认知项目参与了概念结构的提取以及类属空间的形成,不过在言语表达的具体过程中该项目被缺省,因而其通过语言所体现的表达式为"A is B of C"。因为 father 和 child 之间所具有的关系图式已经在人类的大脑中形成十分深刻的印象,当人们提到 father 这一词语时,就能迅速与 child 联系到一起。因此,源域中的隐性项目 D(child)就被人们所具有的较高的认知凸显而成为一种背景化因素,隐含到关系体的认知图式中去。可见,当源域中的两个语义体之间具有十分高

---

① 刘宇红.隐喻的多视角研究 [M].北京:世界图书出版公司北京分公司,2011:33.

的关联度时,往往提及其中一个就能立刻激活另外一个语义体,从而获取完整源域的关系图式以及认知结构。

(二)三种隐喻的认知关系

1.关于语义体的增减

学者们经过研究后得出,ABC 这种三元结构隐喻形式可以认为是 ABCD 四元结构隐喻经过认知简化的结果。人们使用言语进行交际时往往需要遵循经济原则,也就是说,人类交际过程中所使用的言语需要遵循以下三点规则的支配。

(1)能量守恒规律。

(2)追求言语效用最大化规律。

(3)言语边际效用递减规律。

因此,隐性项目 D 的缺省就体现了隐喻要遵循言语配置经济原则。需要明确的一点是,尽管经过缩减后的 ABC 三元隐喻结构可以还原为 ABCD 四元隐喻结构,但并不是所有的 ABCD 四元隐喻结构都可以进行简化,有些四元隐喻结构简化后就改变了本来隐喻结构所体现的意义。[①] 例如:

(1)绘画对于梵·高如同音乐对于肖邦。

(2)Absence is to love what wind is to fire.

上述两个句子如果缩减为 ABC 三元隐喻结构则表示如下。

(1)绘画是梵·高的音乐。

(2)Absence is the wind of love.

对于缩减后的两个表达式,明显可以看出如果没有提供额外的信息或语境那么是根本不能理解的。由此说明这样一个情况:当 D 这一隐性项目不具备充分的认知条件缺省时,也就是说当源域中不能借助关系体中的一个语义体来激活整个源域所具有关系体时,隐喻结构是无法进行简化的。在正常情况下,人们不能从"音乐"即刻想到"肖邦",更不能从 wind 这一词语中想到 fire,

---

① 刘宇红.隐喻的多视角研究[M].北京:世界图书出版公司北京分公司,2011:34.

所以就无法在认知领域中构建"音乐"与"肖邦"、wind 与 fire 之间所具有的隐喻关系。

　　同样道理，ABC 三元结构隐喻也不可随便就简化为 AB 结构，以"Newton is the father of physics."为例，如果其中的 B 项目或者 C 项目被省略，那么语言表达就变成了"Newton is father."和"Newton is physics."显然这两种表达是不能通过隐喻来进行识解的。由此推理可知，人们在日常生活中显然不会说出"围棋是体操"或者"Troubles are success."这类具有歧义的表达话语。

　　ABC 三元隐喻结构的谓语部分在形式上必须是完整的，不能将其简化为 AB 二元隐喻结构。因此，从 AB 二元隐喻结构到 ABC 三元隐喻结构再到 ABCD 四元隐喻结构是一种正向推导关系，无法逆向推导。简言之，在认知语境以及背景知识等因素的制约下，隐喻结构中的语义体只能正向增加，不能逆向缩减。

　　2. 隐喻的类比性

　　如上所述，隐喻结构中的语义体是正向逐渐增加的，即从 AB 二元隐喻结构到 ABC 三元隐喻结构再到 ABCD 四元隐喻结构，这种形式明显增加了人类认知方式以及逻辑方式上的改变。随着语义体的增加，隐喻结构中的类比性越来越明显。ABCD 四元隐喻结构的语言表达方式"A is B what C is D"本来就是一个非常典型的类比关系式。

　　相关学者认为，类比和隐喻是人类两种十分相似的认知机制，隐喻被认为是人类构建事物类比以及关联概念的重要方式。ABCD 四元结构隐喻要求其中的所有语义项在结构上都是对称的，并且将关系性映射变为一种形式上的比较，这种认知形式在性质上与类比十分接近，而且也具有更强的逻辑性。而 AB 二元隐喻结构不论是内容上还是形式上都不具有上述 ABCD 四元隐喻结构所具有的类比关系，ABC 三元隐喻结构虽然在深层的认知结构上可以体现出一定的类比性，但这种隐喻结构并不具备类比的"形式因"。

因此,有学者在对隐喻和类比进行区分时提出,隐喻可以分为暗示性隐喻和句式性隐喻两种。其中,AB 二元隐喻结构以及 ABC 三元隐喻结构显然属于该学者所提出的暗示性隐喻,而 ABCD 四元隐喻结构则与句式性隐喻的特征十分接近。

3. 认知视点的选择

之所以将隐喻结构关系区分为语义体映射和关系体映射,是因为人们在分析隐喻映射时所选取的认知视点是不相同的。认知视点包括语义体内视点和语义体间视点两种。所谓"视点",是个体在观察某一事物时在心理上所采取的不同位置、方式和距离。

ABCD 四元隐喻结构是 AB 二元隐喻结构从语义体向关系体映射与延伸后的结果,而 ABC 三元隐喻结构则是这一过程的中间状态。在 AB 二元隐喻结构中,语义概念由于受到形式上的局限所体现的外部逻辑特征并不十分明显,人们所能看到的只是语义体内部元素之间的一种认知关系结构。AB 二元隐喻这种语义体映射所反映的实际上是语义体内部各个元素之间相似特征所形成的对应关系,而 ABC 三元隐喻结构和 ABCD 四元隐喻结构反映的是语义体之间关系结构相似性的一种认知表征。当映射过程中的语义体越来越多时,隐喻映射的发生机制以及认知视点就会从 AB 二元隐喻结构的语义体内部转向 ABC 三元隐喻结构以及 ABCD 四元隐喻结构的语义体之间。

二、认知隐喻理论与第二语言词汇习得

隐喻性语言是人们将不同事物、不同观念进行跨域联想的结果,是建立在喻体与本体之间的相似性的基础上的。一旦喻体与本体的相似性表达致使本体无法产生含义,那么就会生成新的意义。就认知心理学的角度而言,隐喻性语言的运用与人脑记忆的经济原则相符,因为人类语言中的词汇并不能无限扩大,否则就会对大脑造成负担。语言的创造力并不在于词汇是否不断增长,

而在于词汇之间的联系方式不断创新。隐喻就是体现了这种创新性。人们利用固有的词汇的意义不断扩展与延伸,创造出更多的新的词义,从而让人们运用有限的词汇表达无限的思想。

（一）隐喻与词汇意义的转移与演变

在认知语言学中,范畴化是一个非常重要的概念。人们用语言符号对这些抽象的范畴进行描述,赋予这些范畴名称,就形成了语言中反映主客观经验世界的概念。就原始的概念而言,它们是对某些语境下的具体事物的指称,这些指称的语义往往非常单一。随着概念使用语境的改变,原本单一的范畴发生了变化,基于语义的相似性特征,使得语言隐喻现象产生。词汇最初来自对自身与空间的理解,然后通过丰富的想象力,运用隐喻等认知策略来展开,逐步构筑成人类的概念系统。

人类的认知是从范畴化开始的,然后获取范畴,形成概念。概念系统是建立在范畴的基础上来组织的,也就是说范畴化是范畴与概念集合而成的。范畴化具有体验性,因此概念与词汇也是建立在体验的基础上。

从语言的发展及认知的角度来说,人们创造并运用的第一批词汇多表达的是直观的行为,是身体直接体验的结果。无论是符号本身,还是与其相关的语音,都具有任意性。但是,当人类积累了一些具体概念之后,由此形成的意象图式和思维能力就会构成一个交错的认知网络,这一网络随着体验与经历的增加而逐渐完善。至此,大脑的加工过程更多的是用固有的知识来同化未知的知识,运用熟悉的具体事物对陌生的抽象事物进行解释。在解释的过程中,初始阶段的随意成分会越来越少。网络化与结构化的大脑对客观事物进行的能动处理与加工正是在隐喻的作用下进行的,如果没有隐喻的参与,那么理性语言思维就不会具有条理性。

可见,初始阶段随意性的语言符号在整个语言体系中只占据最小的部分,而由认知隐喻获取的语言符号比例较大。也就是说,语言中绝大多数的词都具有理据性,如果对每一个词进行研究,就会发现其中不乏隐喻的影子。

在语言的历史演化中,词义是很容易发生改变的。实际上,隐喻是在感觉层面通过类比的形式使语义发挥发生转移,即那些本来以字面含义代表一种事物或者思想的词汇,采用类比形式,用引申义来表达。从认知层面来看,这种类比形式就是根据有形的、熟知的概念对无形的、未知的概念进行认知,形成一个不同概念之间相互关联的形式。正是在这种从语义到语义的跨越与转变中,词汇逐渐发生改变,获取新的意义。

(二)英语词汇的隐喻理据

隐喻是词义产生的主要理据,是表达的机制与情感的释放,是同义词与多义词的重要来源,也有助于对词汇的缺口进行填补。

随着社会、时代的发展与变化,人们很难对所有传输思维与文化思想的隐喻式词汇寻找根源,但是这并不能否定语言的隐喻性特征。一些时代词汇的构成完全与隐喻思维的认知模式相符,即参照人们的具体的、熟知的概念来整合新的事物和行为,进而使其具备新的概念。事实上,这些新出现的词汇几乎没有什么原创性,有的是理据性。就隐喻产生的根源来说,多数词汇概念的产生都具有相似性,这体现了隐喻的共性特征。不管怎样,新词的建构离不开隐喻与认知的作用。

目前大多数学者认为,理据性的词汇往往是通过隐喻形式获取的。首先,隐喻造成了词汇的多义性。就语言的发展与修辞功能来说,隐喻是用一个同值异质的词语对常规词序中应出现的词予以替换,通过联想与映射,将不同事物之间的对应关系发掘出来,用另一事物进行描绘。自然语言中大部分多义词都是隐喻化的结果,即是从隐喻表达式中派生出来的。例如,英语中表达听觉的词比较匮乏,运用 a warm 的表达就是隐喻化的表达。另外,新生事物无法用语言中恰当的词汇来表达时,人们也常常借助隐喻化的手段用固有的熟悉事物对新生事物进行描述。在隐喻的过程中,词汇就产生了多个义项,这就是我们前面所说的多词单位。

总之,词汇并不是任意获取新义的,而是通过人们的认知而获取的。一个词的多项共时意义往往就是以隐喻理据的形式相互联系。因此,在胡壮麟看来,隐喻对人类语言的发展尤其是词汇的发展有着巨大作用。语言符号的多义性与新鲜感都是基于隐喻而创造出来的。

(三)隐喻与第二语言词汇习得

传统修辞学的主要理论集中在语言的表达效果上。传统的研究没有将人的认知与思维的层次调动起来,仅仅将隐喻视为外在于语义内容的表达形式,是装饰性的东西。但是,现代的认知隐喻理论认为,隐喻不仅仅是传统修辞学意义上的表象,而且富有认知价值,是人类思维的一种普遍存在方式。在英语中,表达概念隐喻的句子有很多,由于隐喻无处不在,因此很多概念隐喻的映射并未被人们发觉。总之,隐喻与词汇意义的转译与演变、词汇的隐喻例句等都会给第二语言词汇习得带来启示。

1.利用不同语言隐喻的共性与差异性

利用不同语言隐喻的共性与差异性,有助于学习者对于词汇修辞意义的理解和把握。这是因为英汉两种语言中的相同或者相似的概念隐喻很容易让学习者理解;而部分隐喻的跨语言、跨文化性的存在,又使得学习者借助本族语的思维,缩短不同语言的心理距离,发挥语言学习的正迁移。对此,学习者应该挖掘表层结构下隐藏的深层次思维形式,善于透过现象寻找隐藏的概念隐喻,再运用概念隐喻与相应的表达联系起来,从而逐步培养自己的隐喻运用能力。

隐喻来自生活,受当事人自身体验与知识的限制,在创造映射的过程中,必然存在差异,这种差异不仅仅表现在语言层面,更表现在文化层面。因此,运用隐喻形式习得第二语言词汇时,学习者应该注意不同民族间的文化与思维模式的差异。

2.利用隐喻的意象图式进行词汇的意义构建

现代认知科学认为,认知是来自外部世界的信息与我们固有认知结构之间的作用,这种认知结构就是图式。由于学习理论从以教师为中心转变为以学习者为中心,词汇学习的观念也发生了重大改变。交互式的学习理论被认为是一种发展的、认知的过程,其远远超出了词汇表面意义的理解。也就是说,第二语言词汇学习应该是一种语境中建构意义的动态过程。

由于词汇可以唤起图式,而概念隐喻又可以将图式映射到其他图式之上,因此词汇可以激发隐喻性的理解。图式映射可以组织概念知识,并将这些概念知识作为一个平台,在这一平台上,学习者可以通过始源域与目标域的互动来理解目标域,从而调动自身经验,建构话语意义。

第九章　心理词汇与第二语言习得

受历史原因的影响,对于第二语言习得的研究多侧重于语言学、社会语言学层面,未考虑心理语言学的意义,尤其是未将第二语言习得的研究置于当今认知心理学所重视的认知能力、信息处理层面。事实上,对语言的研究是一个心理层面的问题,因为语言是人类大脑的产物,而心理学主要是研究人类大脑的科学。简单来说,语言与人类的大脑活动以及心理之间密切相关。近些年,一些学者认识到心理语言学与第二语言词汇习得的关系。因此,人们开始将研究的目光转向词汇与心理的关系,探求词汇的心理组织、提取等相关问题。基于此,本章就来探讨第二语言词汇习得中的心理词汇。

第一节　心理词汇在第二语言习得中的意义

如前所述,语言与人类的大脑活动以及心理之间密切相关。当代理论语言学的发展趋势是将语言视为一种心理活动,将其看成心理的一个组成成分。

心理词汇是心理语言学、理论语言学、神经语言学所关注的一大问题,也是认知科学领域的一个重要组成部分,研究的主要问题在于词汇的音、形、义在大脑中的表征与提取。心理词汇的概念是由著名学者特雷斯曼(Treisman,1960)提出的,他认为心理词库是由许多词条构成的、结构有序的,且可以按照一定的程序进行提取的词汇表征。这些词条的范围非常广,当一个词条被激活后超出了其自身范畴,那么这个词就被认知了。

在卡洛(Carroll,2000)看来,词汇的发音、拼写、意义以及与其他词的关系等都属于心理词汇特征的范畴。在阿奇森(Aitchison,1994)看来,词汇的心理表征就是存储在长时间记忆中的词汇,包括高频词与低频词。

根据上述学者的研究,心理学家倾向于认为某一个体学会了语言与阅读,那么他就具备了一个心理词库。所谓对一个词的认知,指的是在心理词库中找到了与该词对应的词条,并且能够将该词的音、形、义功能激活的过程。由于心理语言学的研究方法的融入,心理词汇的研究要比传统词汇的研究更能接近词汇的本质。

心理词库与纸质词典既有相似之处,又存在诸多差异,主要表现在以下几个方面。

(1)心理词库的提取速度快。相对来说,纸质词典的提取速度慢。

(2)从内容方面来看,纸质词典的容纳量是固定的。正如词典编撰家塞缪尔·约翰逊(Samuel Johnson)在《英语语言词典》(*A Dictionary of the English Language*,1755)中所说,"只要舌头还能说话,就没有哪部词典是完美的,因为当词典在出版时,有些词也正在生成,而有些词却在消亡。"相比较而言,心理词库则常常处于不断的变化之中。

(3)纸质词典中的词义常常是孤立存在的,也难以体现近义词的区别。然而,人们的心理词库则可以很快进行区分。

(4)纸质词典内容枯燥,信息简洁,难以体现词的使用频率与相关句法知识。但是,人们凭借心理词库则能够实现快速判断与识别。

可以说,心理词库是人脑中所存储的所有与自然词汇相关的知识、信息的总和。这种总和具有开放性,人脑随时向其中注入新的词汇信息,也会随时调取其中的已有信息。根据心理学家的实验可知,在人脑的心理词库中,有关所有自然词汇语义信息的存储和提取都具有规律性,并存在相关的知识结构。人类使用语言必然离不开心理词库,虽然这种关系不易被察觉,是潜在的关系,但又确实是存在的。

双语心理词库是心理词库研究中的一个独特领域,研究中心在于双语词库概念—形式的表征上,且争论的焦点问题在于:在双语者的大脑中,关于两种语言词汇知识的心理词库存储方式是共享的还是独立的? 影响共享或独立的因素有哪些? 如果是共享的存储,那么共享的方式是什么? 著名学者桂诗春认为,无论是第一语言还是第二语言,都存在一部统一的心理词典,激活扩散可以在第一语言与第二语言中交叉进行。

第二语言词汇教学的目标并不是仅要求学生将一系列的词汇表记忆清楚,而是要求学生利用认知策略来提升自身的词汇能力,最终最大限度地完成词义的理解。很遗憾,长期以来的外语教学法多为静态教学法,一般不包含学习者的心理层面,这明显与心理语言学研究的成果衔接不足。同时,第二语言词汇习得的研究大多为描述类研究,而解释性研究还不够充足。基于这些问题,心理词库的建构就发挥了巨大作用,对双语心理词库的深入研究有助于人们对语言的表征与语言运用有深层次的了解,并分析第二语言学习中的一些常见现象和问题,从而更好地指导第二语言词汇学习与词汇运用。

第二节　心理词库的组织与第二语言词汇习得

在第二语言词汇习得认知机制的构建过程中,需要注意三大因素:记忆、词汇难度、中介语。其中影响最大的是词汇的记忆,这就是我们所说的学习者对心理词汇的提取。语言学习者都有这样的体会,词汇语义的记忆非常困难,虽然当时记住了,但是遗忘率特别高,尤其是有些学习者是依靠死记硬背的方式获取的词汇,因此记住就更加困难了。但是,根据认知心理学的研究,只要把握了人脑的心理词汇的表征和提取特征,那么就容易记住这些词汇,也有助于提升自己的词汇能力。因此,对心理词库的组织的了解和把握至关重要。具体而言,其主要体现在心理词汇的提取和组织上。

一、心理词汇的提取

认知心理学家、心理语言学家对大脑中心理词库的研究表明,第一语言学习者与第二语言学习者的大脑中都存在心理词库,他们在表征和词汇提取的特点上具有异同点。那么,不同类型的学习者是如何提取心理词库的呢?

词汇提取是心理语言学的一个重要课题。在以英语作为研究对象的早期文献中,出现了以下三种代表性的理论。

(1)直通理论,认为词义通过词形表征直接进行提取,语音在其中起不到任何的影响和作用。

(2)语音中介理论,认为词义的提取需要借助语音中介完成,是一个由词形到语音码再到提取字义的过程。

(3)双语通道理论,这是词汇发展之后的一个让众多研究者接受的理论。词汇通道理论认为,词汇的加工是通过语音、词形两大通道展开的,词汇提取的方式不同,所适用的词汇的类型也不同。

认知心理学家与心理语言学家提出了不同的词汇提取模型。一般来说主要有两种模型:一种是串行搜索模型;一种是并行模型。当人们在阅读中遇到一个词,往往会查看词汇表,看其是否属于词汇表中的项目,然后将其意义提取出来。串行搜索模型在搜索词条的过程是按照次序进行的,因此称其为"串行"。后者主要认为一个词的知觉输入过程,除了是对该词的激活外,还是将其他候补词汇相应地激活,最后选择出与输入词共享特征最多的候补词。并行模型在搜索词条的过程中并不是逐个激活的,而是同时进行的。限于词汇的并行模型主要是连接模型,且会在下文提到,这里主要论述词汇的自动检索模型。图 9-1 就是一个典型的词汇自动检索模型。

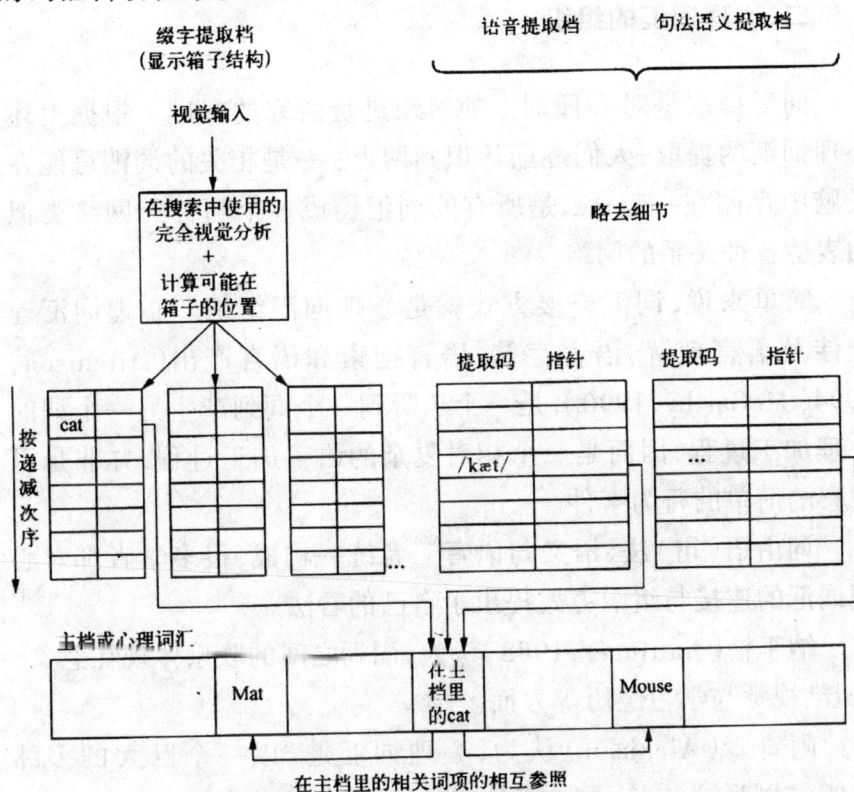

图 9-1 词汇自动检索模型

（资料来源：桂诗春,2013）

在图 9-1 的模型中,心理词汇如同一个图书馆,一个词代表一本书,且只能在一个地方放置,但是其位置可以从不同的索引目录中搜索到,如作者目录、书名目录等。这些目录就是图中的"提取档",其包含三大类:缀字提取档,用于辨认书面文字;语音提取档,用于辨认口语;句法语义提取档,用于辨认意义。在这三个提取档的作用下,词条就可以在听辨、阅读、口语中检索出来。主档有很多存储单位,称为"箱子",在这些箱子中,最常用的位于最上面。因此,高频词的提取速度明显高于低频词。如果提取档将搜索指向主档箱子,搜索就会按照条目一个接一个地传递下去,一直搜索到最匹配的项目。

二、心理词汇的组织

词汇提取是对心理词汇的组织进行研究的基础。根据上述心理词汇的提取，人们逐渐认识到两点：一是相关的词汇可能在大脑中存储在一起；二是所有的词汇构成一个与神经网络类似的表达各种关系的网络。

简单来说，词汇连接方式就是心理词汇组织。心理词汇连接涉及语言理解、语言存储、语言搜索和语言产出（Aitchison，1994；McCarthy，1990），是一个从听到一个词到产生另一个词的心理加工过程，因而是一个相对复杂的语言加工过程，并非是可观察的简单的行为事件。

词由语（句）法、语义与语音三者统一构成，很多学者都对心理词汇的连接与组织方式提出了自己的看法。

纳丁格（Nattinger，1988）认为，词汇之间的联系体现在意义、语音、视觉与学习经历等方面。

阿奇森（Aichison）认为，心理词汇是"以一个巨大的多纬度蜘蛛网形式连接，网中每一个词项都与许多其他词项黏附连接"[①]，因此有四种连接方式，即同义连接（如 starved-hungry）、上下位连接（如 butterfly-insect）、搭配连接（如 salt-water、butterfly-net）和并列连接（如 salt-pepper, butterfly-moth）。同时，阿奇森还提出，语义场或语义是心理词汇连接的纽带。其中，语义场包括搭配连接词汇、并列词汇、同义词等。

麦卡锡（McCarthy，1990）认为，语义连接模型太"过于简单化"，其范围只涉及同义关系、上下义关系、纵向组合与横向搭配。麦卡锡把心理词库比拟成计算机，提出了一个"三维"连接模型。具体来说，语音连接、词汇连接与语义连接是词汇组织的三个维度，主要包括词类连接、语音连接、上下义关系、同义关系、搭配、

---

① Aitchison, J. *Words in the Mind*: *An Introduction to the Mental Lexicon* (2nd edition.) [M]. Oxford: Blackwell, 1994: 82.

并列等心理词汇组织方式。

索克门(Sokmen,2002)提出,许多词可以诱导出"情感"连接,而情感不仅包括个人的过去经验与情感,还涉及意见与视觉。换句话说,学生可以凭借态度、情感或者强烈记忆来形成词汇连接。

优玛莫托(Umamoto,1997)在词汇连接测试中发现,被试者者把以下词汇连接在一起。

white—birth	sea—freedom
cook—fail	back—future

从语义上看,上述配对连接属于一种无意义连接,但也可以解释为"情感"连接。情感连接往往不能仅仅凭词汇之间的关系,而可能根据学习者的个人经历做出判断。

麦卡锡根据自己的经历也指出,个体之间在词汇连接上存在着巨大差异。此外,心理词库不仅像计算机更新知识一样随时变化,还常常因人而异。正如麦卡锡所说,"心理词库不是静止不变的,而是不停地接受新输入,并整合到已经存在的存储记忆中;不仅加入新的词汇而且补充已有词汇的信息……意义网络和连接网络不停地改变和重新调整;编织新的连接、加强旧的连接。"[①]

实际上,译者通常可以同时具备两种心理词汇组织的特征,但源语词汇往往激活不止一个译语词汇信息,所以找到两种心理词汇的激活路径就成为关键环节,译者双语心理词汇提取则成为两种语言心理词汇之间的激活路径。

可见,关于心理词汇的组织仍是一个存在争议的话题。但是在研究中,很多认知心理学家、心理语言学家通过实验证明了语义网络是最理想的模型,其中有影响力的次模型包含两种:一是 Collins & Quillin(1969)提出的层级网络模型;二是 Collins & Loftus(1975)提出的扩散的激活模型。两大模型都体现了心理

---

① McCarthy, M. *Vocabulary*[M]. Oxford: Oxford University Press, 1990: 42.

词库呈现网状结构,词汇的储存并不是孤立存在的,而是以网状结构连接起来的。

(一)层级网络模型

关于语义记忆的层级网络模型,Collins & Quillin 指出可以将语义记忆与一个概念相互连接的网络进行类比。这一模型中会涉及很多与词汇、概念相互对应的节点,其每一个节点在线索的辅助下与相关节点连接起来。因此,与所给出的词汇、概念相联系的节点,加之与第一节点相关联的对其他节点予以指向的线索,组成了这一词汇、概念的语义记忆。

将这一模型称为"层级网络模型",是因为很多专家学者认为节点的组织是根据层级展开的。大部分节点都包含上下位层级节点。层级网络模型侧重于词的属性与范畴关系。虽然词与词之间存在联系,但是它们在词义网络中的位置存在差异。简单来说,不同词的节点在网络中有高有低。例如,代表"动物"的节点明显高于代表"家禽"的节点,因而形成词义关系的层级性,如图9-2 所示。

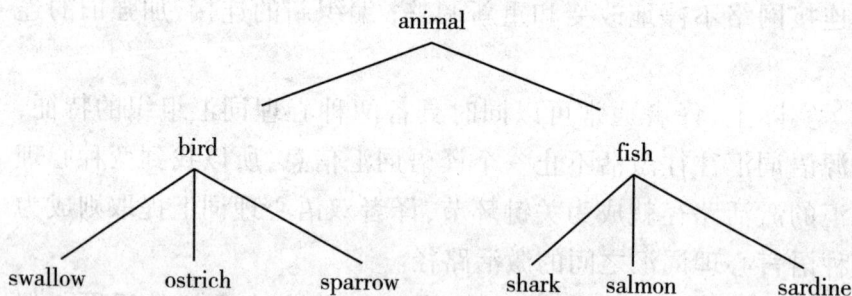

图 9-2　词汇层级网络模型

(资料来源:陈万会,2006)

图 9-2 中,animal 为第一层级,bird 与 fish 为第二层级,最底层的为第三层级。该图只是语义层级网络中的一小部分。但是通过对该图分析可知,处于第一层级或者较高层次的词一般是

上层的、较广泛的概念；处于最底层级的词一般是下属的、较具体的概念；居中的部分是基本层面的范畴。

分层网络模型的产生较早，也是最有影响力的模型。Carroll等人逐渐发现，该模型善于解释各种语义关系，但是也存在明显的弱点。例如，分层网络模型无法解释为何处于同一层次的词的提取速度存在差异，如图 9-2 中的第三层级的 shark，salmon，sardine 三个词就属于同一层级，但是提取的速度却存在差异。按照道理来说，它们的提取速度应该是相同的，但是实验发现明显不同。基于这些问题，扩散的激活模型诞生。

（二）扩散的激活模型

为了更好地理解实验的结果，Collins 等人提出了扩散的激活模型，该模型对分层网络模型中网络的概念予以保留，但是剔除了分级以及所有同级之间的联系都是相等的概念。扩散的激活模型不仅将词的概念知识考虑进去，还将词的语音知识、句法知识考虑进去。更为重要的一点是，扩散的激活模型提出了比其他节点更容易提取的节点。可以说，这一模型是最能体现心理词汇本质的，且在研究界具有很强的解释力，如图 9-3 所示。

这一模型认为，心理词库的组织更像是一个相互连接的网络，网中的节点就是词的概念的代表。节点之间的距离由结构特点以及概念的典型性或概念的使用频率、连接强度这两大因素制约。心理词汇的提取过程是通过不断扩散的激活展开的，激活首先在一个节点上产生，然后向周边扩散。随着扩散的距离增加，激活的水平却相对下降。也就是说，距离节点越近，其激活强度越大，距离节点越远，其激活强度越小。

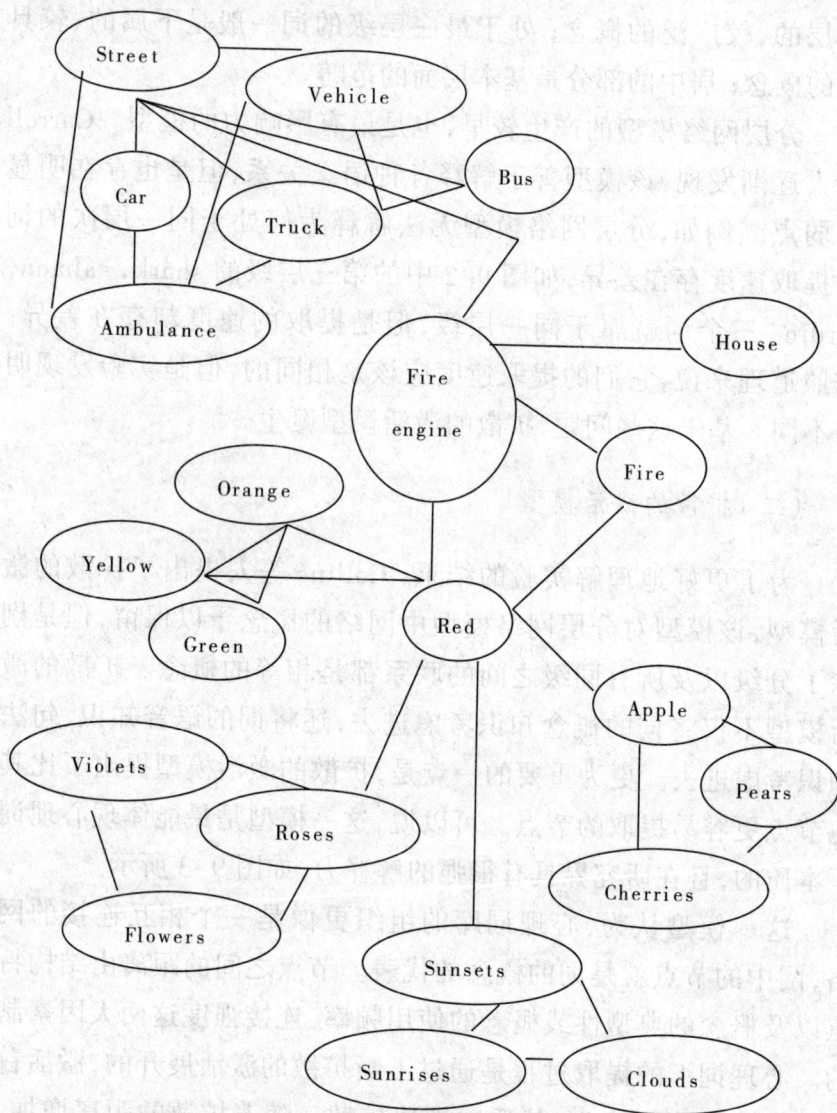

图 9-3　扩散的激活模型

（资料来源：陈万会，2006）

　　扩散的激活模型具有两大优势：一是可以更好地对词频效应予以解释；二是受概念的结构特点、概念与概念之间的关系、典型性的影响，其可以对与语义相关的词汇问题进行解释。但是，这一模型仅仅将词汇概念的组织容纳进去，并未考虑词汇的语音、句法等属性，因此也是不全面和不完整的。

第三节 心理词汇的发展与第二语言 词汇习得中的迁移现象

以往大部分的第二语言词汇习得研究主要集中在词汇量和词汇学习策略上。虽然词汇习得与词汇表征之间有着紧密的关系,但是很少有人将二者相结合。这说明,研究者对于第二语言词汇的心理表征研究不足,即未重视心理词汇的发展问题。另外,语言迁移问题也是影响第二语言词汇习得的重要层面。基于此,本节来探讨心理词汇的发展及第二语言词汇习得中的语言迁移问题。

一、心理词汇的发展

心理词库是语言学以及其他认知科学越来越重要的一个研究领域。研究的问题主要涉及包含各种词汇信息在大脑中的提取和表征。双语心理词库是心理词库研究中的一个独特领域,也是心理词库得以发展的表征。

译者的认知层面特征具有十分广泛的范畴,既包括表征层次、表征和加工之间的差异,又涉及完成不同任务所需的认知表征和加工方式。此外,认知表征和加工方式在不同阶段中改变形式也是其重要内容。以认知特征为假设,双语心理词汇提取模型主要包括词汇连接模型和概念媒介模型、修正型层次模型与再修正层次模型、概念特征模型以及事件记忆模型等。

（一）词汇连接模型和概念媒介模型

波特等(Potter et al.,1984)提出了两个双语表征模型,即词汇连接模型和概念媒介模型。在词汇连接模型(图 9-4)中,与概念有直接联系的只有 L1,L2 若想与概念层建立联系,必须通过

L1 词汇库。

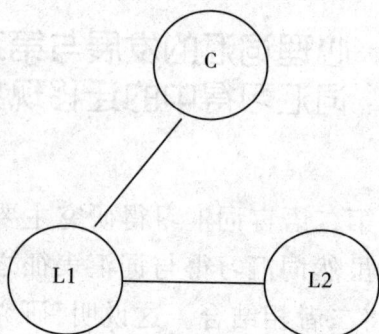

图 9-4　词汇连接模型

（资料来源：颜林海，2015）

在概念媒介模型（图 9-5）中，假定 L1 和 L2 共享一个概念系统，二者提取概念可以直接、独立地进行。换言之，L1 和 L2 字词之间具有相同的概念表征。

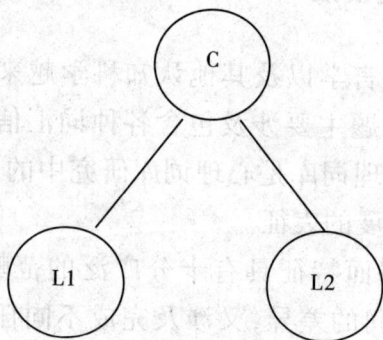

图 9-5　概念媒介模型

（资料来源：颜林海，2015）

上述两种假设通过两种实验来验证，即翻译任务和图片命名。具体来说，在翻译任务实验中，实验者向被试者呈现一个词后，被试者立即用另一种语言说出该词。在图片命名实验中，实验者向被试者呈现一张图片，被试者用 L2 说出该图片的名称。从实验结果来看，无论双语者对语言的掌握是否流利，二者在两个实验中的耗时均无明显差异。由于这两项实验只进行了 L1—L2 的翻译任务，但未能进行 L2—L1 的实验，克罗尔和斯特华特（Kroll &

Stewart,1994)通过修正型层次模型与再修正层次模型进行了
修正。

（二）修正型层次模型与再修正层次模型

克罗尔和斯特华特提出了修正型层次模型。在他们看来,双
语记忆存在着两个独立而又相互连接的心理词库,即图9-6与图
9-7中的L1和L2。这一模型的假设条件是,当方向不同时,词
库连接的强度也不同。相应地,两种语言中的词与概念连接强度
也不相同。需要特别说明的是,强势连接在图中用实线箭头来表
示,弱势连接则用虚线箭头来表示。不难发现,L1—L2词库连接是
一种弱势连接,而L2—L1词库连接是一种强势连接即自动连接。

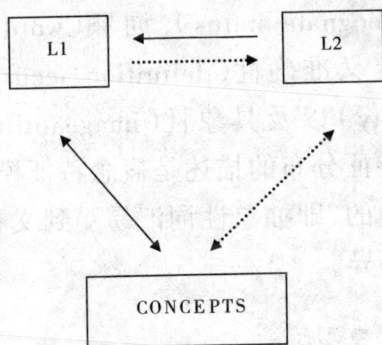

图9-6　修正型双语层次模型

（资料来源·颜林海,2015）

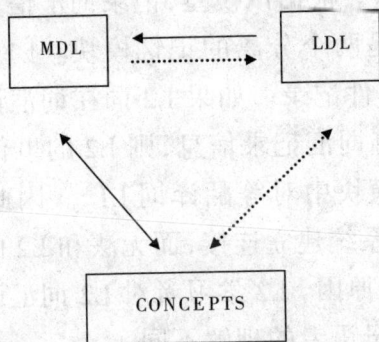

图9-7　再修正双语层次模型

（资料来源:颜林海,2015）

实验结果显示，L1 到 L2 的翻译主要依靠概念媒介模型，而从 L2 到 L1 的翻译主要依赖 L1 与 L2 之间的词汇连接。这再次验证了波特等人所认为的单纯的命名任务不需要经过概念层。

（三）概念特征模型

德·格鲁特（de Groot，1992）提出了概念特征模型，这是一种记忆表征模型。在格鲁特看来，一系列语义特征构成了一个概念，所以一对翻译字如果具有完全相同的语义特征，则这对翻译字就完全等值。

德·格鲁特认为，正向翻译（L1—L2）（forward translation）常常受到很多因素的影响，如刺激词的词长（length）、同源性（形音相似度）（cognate status）、词频（word frequency）、熟悉度（familiarity）、定义准确性（definition accuracy）、语境可用性（context availability）以及具象性（imageability）等。强调对翻译等值词之间的特征分布的描述是概念特征模型的鲜明优点，其劣势也是不可避免的，即抽象性词汇易受到文化影响而比具象词具有更大的翻译差异。

（四）事件记忆模型

为了改进概念特征模型的弱点，Jiang 和 Forster（2001）提出了事件记忆模型。根据该模型，记录词汇信息的词汇记忆模块和事件记忆模块是两个分离的记忆模块。L1* 和 L2* 分别表示 L1 和 L2 词汇的事件记录。如果 L2 词在词汇记忆模块中只有事件记录信息而没有词汇记录信息，则 L2 的事件记录即 L2* 就只能激活事件记忆模块中对等翻译词 L1*。因此，L2 的词汇系统与 L1 词汇的语义系统建立连接，而无法和 L2 的语义系统建立连接。正是由于这个原因，L2 学习者对 L2 词汇语义系统的理解完全有可能与 L2 的母语者的理解不同。

综上所述，每种词汇提取模型都是按心理词汇的激活路径进行的。由于激活路径必然与两种语言相关,因此也必然与译者的心理要素、推理能力、双语语言意识具有密切联系。可见,译者以一定的心理词汇提取路径为词汇信息进行提取的过程就是翻译中的词汇理解过程。

二、第二语言词汇习得中的迁移现象

语言迁移现象一直是第二语言习得研究的一个重点问题,当然在第二语言词汇习得中也不例外。下面首先分析第二语言习得中的语言迁移问题,进而探讨第二语言词汇习得中应对迁移现象的对策。

(一)第二语言习得中的语言迁移

语言迁移现象一直是第二语言习得、应用语言学等研究的中心议题。对于"语言迁移"这一概念的界定,至少有 17 种。有学者认为语言迁移是一种约束,有学者认为语言迁移是一种输出策略。面对这些不同的界定,不仅说明了在第二语言习得中语言迁移的重要性,还说明在这一议题上的研究尚不成熟。

20 世纪五六十年代,随着比较分析假设的诞生,"迁移"的概念得以产生。这一假设根植于行为主义理论研究成果。行为主义的语言习得理论将语言的学习看作一种习惯,而第二语言的学习则是在学习另外一种习惯。因此,在第二语言教学中,母语系统即旧的语言习惯必定会对目的语系统的学习,也就是新的语言习惯产生一定的影响。所谓"语言迁移"则指的是一种语言的学习对另一种语言的学习产生的影响。它有"正迁移""负迁移"与"零迁移"之分。正迁移是指原有知识能够对新知识的学习产生促进推动的作用,母语中与外语相似的习惯、模式、规则等能够促进外语的学习,产生正向的迁移。负迁移是指原有知识对新知识的学习产生了阻碍干扰的作用,母语中的某些语言习惯、表达模式、规则等影响了新语言习惯的形成,产生了负向的迁移。零迁移是指母语与目的语的语言任务完全不同,两种语言之间的表达形式差距巨大,以至于外语学习者认为这两种形式毫无共同之处。①

20世纪60年代末期,受乔姆斯基语言学理论的影响,新的语言习得观诞生,认为学习者是积极的信息加工者,会通过语言输入有意识地建构目的语,并对目的语进行检验。根据这一观点,很多学者认为母语并不是语言学习的干扰,而是语言学习的基础。

凯勒曼(Kellerman,1987)在Kckman语言标记理论的基础上提出"心理类型标记"的理论。在凯勒曼看来,当阐述母语对目标语词汇习得的影响时,学习者对于母语与目标语距离的心理感觉对目标语学习产生直接的影响。如果学习者感觉两种语言距离近,那么就会将母语知识迁移到目的语中。如果学习者感觉两种语言距离远,那么就不会进行迁移。换句话说,学习者是否愿意进行迁移与他们对目标与特征的理解有关。当然,学习者对母语特征的理解也会影响母语的迁移过程。如果母语特征被理解为"不规则、少见、具有民族性",那么就可以被认为是"高标记",也就不能发生语言迁移;如果母语特征被理解为"规则、常见、具有共性",那么就可以被认为是"低标记",也就意味着可以将母语知识迁移到目标语新知识中。可以看出,凯勒曼的"心理类型标记"的理论解释了语言迁移这一心理活动是非常复杂的,与行为主义的语言迁移观不同。

我国学者张红玲、戴炜栋在凯勒曼的理论研究的基础上,探讨了英汉词汇文化内涵的迁移因素。两位学者将文化迁移分为两种:表层文化迁移与深层文化迁移。前者一般是显性的,后者指的是心理层次的迁移,是隐性的。深层文化迁移涉及人们的思想和观念,因此在第二语言学习中或者跨文化交际中很难被察觉。而就词汇来说,表层文化迁移的研究往往针对三种词进行。

---

① 张利. 浅析对比分析理论对外语教学的影响 [J]. 外语教学与研究,2012(27):76.

（1）语义重合词，指在英汉词汇中，二者不仅概念意义相同，文化意义也相同，如英语中的 fox 与汉语中的"狐狸"，二者都带有"狡猾"的含义。

（2）语义空缺词，指英语中存在汉语中不对应的词，反之亦然。这类词往往具有鲜明的文化特点，如英语中的 Pandora's box 和汉语中的"旗袍""阴阳""粽子"等。

（3）语义错位词，指英汉词汇中具有相等的概念意义，但文化内涵不同甚至对立，如汉语中的"龙"被认为"勇敢的、吉祥的"，但在英语中被认为"凶险"。

两种语言的词义之间的这些异同都只是表面现象，挖掘其深层次原因是与诸多文化因素相关，如环境、历史、感知等。这就是深层文化迁移。语言与文化之间相互依赖、共同发展，人们习得第二语言的同时也在习得其他民族的文化，所以词汇内涵深层文化迁移更具有隐蔽性，也成为语言交际的一大阻碍。

20 世纪 90 年代开始，人们对语言双向迁移现象有了更深的了解。乔姆斯基的普遍语法为语言双向迁移提供了解释。在乔姆斯基看来，人类各种语言只不过是在某些语言结构上存在差异，儿童往往有一套与生俱来的参数和语法规则，语言环境不同，参数也不同。

近些年，实验心理学家将英语作为主要研究对象，从信息加工的角度对语言迁移现象进行重新解释。例如，在对句子加工的跨语言进行研究时发现，在句子理解和输出过程中，语言使用者的认知策略会受到所用语言的具体句法特征的影响和制约。因此，我们可以根据不同语言的字词结构汇总，对不同的信息加工过程进行确定。研究发现，儿童并不能系统地处理与母语的结构相矛盾的语言形式，这就说明儿童往往敏感于早期习得的语言特征。

总而言之，从不同语言的具体特征对语言迁移现象进行理解，就可以分析和解释母语背景不同的第二语言习得者在第二语言加工过程中的差异性问题。语言不同，其认知加工机制也不同。

在第二语言习得过程中,如果每一个人都对以母语为基础的信息加工机制有所依赖,那么母语背景不同的学习者在习得第二语言的过程中,认知加工方式会完全不同。从类比语言学的角度来说,学习者的母语背景不同,那么他们的母语与目标语的相似度也不同,就会影响学习者的大脑认知机制。也就是说,如果母语与目标语的相似度较低,那么认知加工的效率也会较低;如果母语与目标语的相似度较高,那么认知加工的效率也会相应较高。这就可以解释母语背景不同的学习者在第二语言学习中的速度、方式等存在差异的原因。

（二）第二语言词汇习得中语言迁移现象的应对策略

不同语言是不同世界观、不同思维模式的反映。学习另外一门语言,等于进入另外一个圈子,因此学习第二语言不仅是为了对该类语言进行掌握,也不仅仅是把握该类语言的技巧,而是让学习者转换另一种思维和习惯。每一种语言都包含着说该类语言的本族语者的思维方式和概念,掌握第二语言的成就并不明显的原因就在于人们总是或多或少地将自己的原有的世界观、语言观带入第二语言的学习中。这就是告诉人们:第二语言学习者必须学会用外语思考,即要克服母语对外语的负迁移。那么,在第二语言词汇习得中如何克服这种负迁移作用,让学习者从一个圈子成功地进入另一个圈子呢? 需要做到如下几点。

1. 学习者应了解英汉语言的差异

不同民族,其所处的客观世界存在某些不同,造成该民族的人在认知经验层面存在差异。这反映在语言上,就是不同民族的语言存在自身的特殊性。受地域、文化传统的影响和制约,英汉两种语言都存在个性,且存在较大的差异,这就导致中国学习者在学习第二语言时存在某些障碍,这种障碍会阻碍学习者的第二语言词汇习得。

语言的不同反映了人们从何种角度看待世界。在人类行为上，这一差异体现为个体的独特性，在语言上表现为个体的民族性。沃尔夫曾经谈到了人类行为的独特性，认为人类行为包含人的思维、人类语言、人类的各种行动。沃尔夫还指出，每一种语言都是一个庞大的形式系统，彼此之间存在差异，这些语言所包含的是约定俗成的范畴和形式。通过这些范畴和形式，人们得以展开交际活动，并对交流双方的自然语言进行分析。在交流过程中，交谈者可能对某些类型的关系和现象予以关注，也可能对这些类型的关系和现象予以忽略，但无论是关注还是忽略，都是为了传送理念，构建意识的大厦。①

从语言类型学来看，汉语是孤立型语言，而英语是黏着语、屈折语、孤立语三种兼有的语言。在英语中，词汇的形成往往是通过派生、转换、合成、混成等形式实现的。对于英语本族语者来说，派生、转换等构词方式及规则是一种基本的语言知识，这种语言知识不仅帮助本族语者根据词的结构来识别语法类别，还能够帮助他们运用构词规则形成与上下文相符的词语或者语义相同的词语。

中国学习者在运用英语的过程中往往存在一定的误区，他们在运用英语表达时一般不能根据语境的不同对词类的要求展开词类转换。因此，出现很多名词作动词或形容词使用、形容词作名词使用、副词作形容词使用等情况。分析产生这些错误的原因，表面上可能是因为学习者对词汇的派生形式不了解，但是深层次原因是当第二语言使用中第二语言知识还没有达到应用自如的情况时，学习者的母语词汇与句法知识就对第二语言的应用产生了影响。

因此，对英汉语言的差异性有所熟悉，有助于更好地认知和习得第二语言中的词汇，从而指导具体的实践。

---

① Whorf, B. L. *Language, Thought and Reality: Selected Writing of Benjamin Lee Whorf*[M]. Cambridge, Massachusetts: The MIT Press, 1956: 220-232.

2. 学习者要具备心理语言类型的意识

母语迁移的发生与母语和目标语的距离相关。埃利斯（Ellis，1994）在谈到影响语言迁移的因素时指出，语言距离与心理语言学类型对第二语言习得有着重要影响。在埃利斯看来，语言距离可以被认为是一种语言现象，即两种语言的差异性的程度；语言距离也可以被认为是一种心理语言现象，即学习者感知到母语与目标语之间的差异性程度。这就是"心理类型学"的内容。如果两种语言之间存在语言距离是客观的，其可以通过对比分析进行确认。但是由于心理语言类型的概念是一种主观的潜意识的心理概念，因此不能仅仅依靠对比分析，还需要考察第二语言学习者对母语中不同结构的感受以及这种感受与迁移之间的关系问题。也就是说，第二语言学习者的感受会对某些母语结构的迁移产生影响。

心理类型学阐述了学习者对语言距离的心理感觉，虽然这种心理感觉与语言的实际距离存在一定的差距，但是其与心理语言标记会产生一定的作用，从而对学习者的母语迁移产生影响。简单来说，如果学习者感知到母语与目标语之间存在较大的距离，且母语的结构又有标记，那么这一结构往往是不常用的、不规则的，因此这种情况也不易产生迁移。

根据前面章节语言相对论的论述，虽然人类所处的客观世界相同，但是经过不同的认知，反映在语言中就会产生不同的表达形式，这就是语言的民族个性或特殊性。对于同样一个事物，在一种语言中可以用属性来定义，在另外一种语言中就有可能用功能或者其他层面定义，这就是认知层面产生的差异造成的。人们常用"红茶""红绿灯"这两个典型的例子来说明，英语中运用 black tea（黑茶）与 traffic light（交通灯）来表示。在命名上为什么会出现这种差异呢？有些学者认为是英汉思维方式的不同，但是更多的学者认为是英汉两种语言观察事物的角度不同。具体来说，汉语命名"红茶"是根据茶水的颜色来说的，而英语说

black tea 是根据茶叶的颜色来说的。这一解释是符合实际的。但是如果深层次挖掘就会发现,这样的解释是符合人们认知事物的规律的,属于心理学类型层面。

3. 学习者要充分利用英汉词汇共性的正迁移效应

不同语言之间既有民族差异性,也存在共性特征。世界各民族语言的共性可以使第二语言学习者凭借大脑中的母语参照系统对第二语言进行顺利的把握和理解,即认识英汉语言的共性有助于第二语言习得。其缩小到词汇习得上就是,认识英汉词汇的共性有助于第二语言词汇习得。

语言是人类特有的一种符号系统。总体来说,这一系统内的符号与符号之间并不是任意性的关系,其需要受到某些规则的制约。埃利斯认为,所有的自然语言中都存在一种共有核心原则,这就是人类语言的共性。例如,语言的创造性、抽象性、表意功能等特征都体现了人类语言的共性。之所以存在这种共性,是因为语言反映的是现实,是现实的编码体系,虽然世界上的社会团体有很多,但是他们面对的现实几乎是一致的,正是这种相同的现实造就了语言的共性。

随着对语言本质、语言习得认知以及母语在第二语言习得中的作用越来越深入,母语在第二语言习得中的作用是不言而喻的。但是,人们对语言迁移的认识存在明显的误区,即只认识不同语言的差异性,导致很多学习者都认为母语只会对第二语言的习得产生阻碍作用。其实不然,在这种阻碍的过程中,我们不能否认母语与目标语之间的共性以及产生的积极作用。如果认识并利用这种共性,对于第二语言词汇习得而言是一个有利条件。

从理论上说,词汇的发展是概念的发展,即学习者的母语完全发展,那么目标语中的词汇习得只是将新的语言结构、新的符号融入已有的概念之中。年长的学习者的词汇习得水平要明显高于年轻的学习者,这主要是因为语言间的概念知识是相互作用的。对于年长的学习者来说,他们在习得第一语言的过程中已经形成了很多概念,因此目标语词汇的习得主要是获取这些概念的新的符号而已。从这些论述可以看出,第一语言即母语的习得是第二语言习得的基础,是一种促进因素。一个人的母语经验不仅仅是经验与某种特定语言的结合,更是一般意义上的经验与语言的结合,无论母语与目标语具有多远的距离,其经验都是有益的。

第四节　第二语言词汇习得中石化现象的成因及对策

近些年,国内外对于第二语言词汇习得的研究不仅仅侧重于词汇广度的研究层面,还关注词汇的深度研究,且从词汇知识与深度词汇习得进行了一些实证研究和探讨。第二语言词汇习得中词汇知识的研究表明,中国英语学习者在第二语言词汇知识的习得中具有明显的侧重词义、理解与接受的认知特征,而第二语言词汇习得的核心与重要内容在于意义的习得。中国学习者的接受能力普遍要比产出能力高,即词汇知识的"接受性"大于其"产出性"。这反映了人类的认知性特征,且也诠释了人类语言学习的信息处理过程。在人类语言学习的信息处理过程中,输入、理解、加工、存储是必不可少的环节,而词汇知识的检索与提取等又体现了更高一层次的产出能力。

但是,虽然学习者接受了第二语言的词汇知识,但是其水平很难达到第一语言的水平。也就是说,当学习者的第二语言学习达到一定程度时就很难再进步了。在第二语言学习中,有些语言错误是非常顽固的,即使已经具备了很多语言材料的输入,也很难将这些错误排除,这就造成了学习者词汇能力停滞不前的局面,即我们所说的石化现象。

在第二语言词汇学习中也是这样,学习者在词汇学习中,经过一段时间的学习后,总会出现放缓或者停滞的情况。那么,为什么会出现这种情况呢?下面就来分析第二语言词汇习得中出现石化现象的原因,进而探究解决这种石化现象的方法。

一、石化现象产生的原因

从理论上说,任何单词如果具备充足的、高质量的输入,都能够进入词汇发展的整合阶段。但是在实际的词汇学习中,情况却恰恰相反。在学习初期,学习者的词汇量迅速增加,但是到了中级、高级阶段,学习者的词汇量习得就逐渐放缓甚至停滞不前。这主要是由内、外两大原因造成的。

(一)外部原因

中国学习者的英语学习属于外语学习,学习环境不足导致他们的词汇学习出现石化现象。

外语课堂环境下的习得是从第二语言词汇习得开始的,学习环境对于词汇知识的获取及词汇能力的运用有着重要影响。这可以从克拉申的"习得"与"学得"的区分中看出。在克拉申的五大假说中,"习得—学得"区分假说是最基本的假说。所谓"习得",是指学习者无意识地、自然地、不自觉地去学习语言的过程。通过"习得",学习者可以获取语言知识和语言能力。所谓"学得",是指学习者有意识地、正式地、自觉地去学习语言的过程。通过"学得",学习者可以获得语言规则。

就第二语言词汇习得过程来说,课堂环境至少存在以下几大不利因素。

1. 词汇输入数量贫乏,质量粗糙

中国学习者在课堂上一个学期甚至一个学年只学习一本课本,他们没有充足的时间展开课外阅读,加之自身的惰性,也不会主动参与课外阅读中,这就导致他们的词汇量输入不足。没有充足的词汇量,学习者就很难培养自己的英语语感,也很难接触到第二语言词汇的不同用法。既然接受性的词汇输入数量不足,那么何来词汇产出呢?在有限的输入中,语言材料的真实性的输入也不足,学习者很难感受真实的语音、语义及其用法,从而很难形

成有价值的词汇网络。

由于没有足够的高度语境化的输入,学习者很难获得单词的语义、句法、形态层面的特征信息,从而很难将语义、句法等信息融入该单词的条目中。除此以外,在课堂环境下,教师对于学习者的第二语言词汇能力的评估也仅限于对离散知识的考查上,很少关注学习者运用各种词汇知识的综合能力。这就意味着,第二语言词汇学习和运用往往被分割开来。

2. 我国英语教学的"异化"现象所致

当前,应试教育模式的运用使得教师过分重视学习者的应试能力,且各级各类的考试也都偏重视词汇的检测,尤其是接受性词汇。在考试题型设计上,往往采用判断题、客观选择题等容易接受的题型,但是这种题型并未涉及词汇知识的不同层面,导致学习者严重忽略了词汇深度知识的提升,造成词汇习得中的石化现象。

很多第二语言教师及学习者忘记了语言学习的目的是一种综合运用能力的学习,并不是语言知识的积累,这就导致学习者的词汇习得很难再有所提升。

3. 采用单一的词汇习得策略

受中国传统语言学习的影响,很多学习者不善于根据语境信息、编码记忆等策略展开词汇学习。并且,很多学习者往往会使用电子词典来查询生词,虽然电子词典易于携带,查询也方便,但是词汇释义往往不准确,所提供的词汇知识信息也较少,这就很容易误导学习者的词汇学习。

很多学习者满足于将英语词汇与汉语释义进行匹配,仅仅侧重于词汇形式特征与意义的了解,并不了解其他方面的知识,这就不可避免地导致学习者难以再上一个大台阶。

（二）内部原因

除了外部原因,学习者在第二语言词汇习得中的石化现象还受到内部原因的影响。具体而言,体现在以下几点。

1.片面的第二语言认知观与学习观

大多数的第二语言学习者认为,词汇是第二语言习得的最大阻碍,因此学习一门外语的主要任务就是习得词汇。这些学习者着重追求词汇数量,却忽视了词汇的质量和深度的学习与把握,这样就使得他们掌握的词汇知识不健全。

另外,第二语言学习者到了中高级阶段之后,他们感到自己的词汇量已经达到了基本的需求,在具体的使用中他们往往会采用迂回、婉转的已知词汇来解释某些现象或者语言项目,因此学习新词的动机也就逐渐降低。

2.没有足够的注意力资源

学习者没有培养足够的第二语言词汇敏感性,未注意到新的语言项目出现以及已有语言项目的新用法,未将新旧知识联系起来。在使用中,学习者也不主动运用新的语言项目,这就导致了严重的停滞不前。

3.母语对等词的影响

很多学习者误认为第二语言中的词汇与母语词汇是对等的。实际上,母语中的翻译对等词对于第二语言学习者来说具有双重性。

一方面,翻译对等词为学生提供了触发的条件,这有助于第二语言词汇习得;另一方面,翻译对等词会给学习者一种错误印象,即翻译对等词就是真正的语义对等。事实上,所谓的语言对等词不过是语言学家、词典学家等的权宜之计,它们是一种人为的现象,而不是天然形成的。由于不同人有着不同的偏爱性,对自身所处的世界的划分范畴也必然不同,因此体现在一个民族中的东西便只能是一个心理现实性的体系,这一体系必然与其他语言中的心理现实性体系不同。如果将这一理论置于词汇中,就意味着一种语言的词汇与另一种语言中的翻译对等词应该是有所差异的。

因此,第二语言词汇学习的认知方法并不是找出另一种语言的简单的、机械的对等词,而是应该使语言材料的处理具备认知可识解性。

二、克服石化现象的方法

如果学习者的词汇能力长期处在一个平台上,教学中也不采用切实的方法,那么学习者的词汇水平就很难得到提升。如何克服第二语言词汇习得中的石化现象呢? 具体而言可以从如下几点尝试。

（一）激发学习者的动机,了解不同交际语境对词汇的要求

如果学习者感到固有的词汇知识不够用,不能与自己的交际需求相符,那么其词汇学习动机就必然会增强,这样的词汇学习就能够持续发展。相反,如果学习者认为自己的词汇知识已经达到了足够的水平,那么他们就很难树立词汇学习的动机,也很难提升自身的词汇水平。这一理论也解释了为什么很多学习者到了中级阶段,其词汇量就停滞不前的原因。例如,man 这个词可以指代各种各样的人,但是在不同的交际环境中,可以根据表达需要使用 chap,guy,boy 等词。

在英汉两种语言中,同义现象是非常常见的。学习者不能认为掌握了同义词中的某一个词就万事大吉,还需要知道这些同义词之间的细微差异。在不同的语境,这些同义词的使用情况也不同。对这些同义词的精准选用会收到不同的交际效果。

（二）建立词汇不同义项之间的概念网络

在心理词库的组织中,我们谈到了扩散的激活模型,并指出不同的词汇是按照概念网络组织起来的。事实上,概念网络的建立不仅体现在不同的词汇之间,还体现在同一词汇的不同义项之间。换句话说,学习者应该建立同一词汇的不同义项之间的概念

网络。

如果说对于初级的第二语言学习者来说，词汇习得的主要任务是扩大词汇的广度的话，那么对于中级、高级的学习者来说，他们应该不断发展词汇表达的丰富性，提升自身的词汇能力。学习者在扩大词汇量的同时，更应该集中自己的注意力在词汇深度知识上。

在第二语言词汇学习中，学习者应该具备大量的语言输入，要在不同语境中接触多义词的多个义项，感受不同义项的用法与意义，并对各个义项之间的语义联系进行分析，了解各个义项之间的衍生关系，如换喻关系、隐喻关系等，然后对这些不同义项进行整理和组织，建构语义网络。

另外，学习者还需要注意多义词的搭配用法，通过系统地整理与接触之后，学习者不仅了解了新的意义与搭配，还对词汇知识有更深度和系统的了解，最终完善自己的语义网络。例如：

The man ran.

The water ran.

The bus runs between New York and Boston.

在上述三个句子中，第一句中 run 与 jamp，run 等构成一个语义场；第二句中 run 与 drip，pour 等构成一个语义场；第三句中 run 与 depart，journey 等构成一个语义场。但是 run 的这三个意义之间的关联性又使得三个语义场关联起来，构成一个更大的语义场。就这样，词汇的不同义项就在一个大的语义场中，语义场越来越大，词汇习得量也会越来越多。

（三）设立旨在提高学习者二语词汇能力的专门课程

学习者词汇能力的提升是一个循序渐进的过程，词汇学习并不是一蹴而就的。记忆词汇本身就是一个远非词汇学习的结束，学习者一方面有运用二语词汇的需要，如在理解输入和语言产出过程中继续频繁接触第二语言词汇；另一方面为了使第二语言词汇信息能在长时记忆中得以保持，需要不断激活并提取已经存储到词库中的单词信息。

为此我们认为,在高年级阶段应该开设一门旨在提高学习者运用词汇能力的专门课程,因为一方面词汇能力需要在实际运用语言的过程中逐步培养,另一方面在外语环境下的专门培训也实有必要。学习者在不同时间和环境下学到的词汇知识往往是分散的,没有专门的讲解与训练很难达到词汇知识的系统性。相反,经过专门的词汇知识讲解,可以帮助学习者建立起语义网络,使得在词汇广度和词汇知识深度之间达到一种平衡。

第十章 第二语言词汇习得与词汇教学研究

词汇是意义的基本单位,是语言学习的基础材料。先有词汇,后有语音、语法。词汇是语言的主体。因此,作为语言三大要素之一的词汇,是语言大系统赖以存在的支柱。英语作为我国学习者的第二语言,关键在于词汇学习。从这个意义上来说,英语词汇教学决定了整个英语教学的成败。

第一节 第二语言词汇教学研究的意义

一、第二语言词汇教学研究的必要性

词汇是英语教学的基础。英语词汇教学是英语教学的一个重要组成部分,也是英语教学中的重要环节,词汇教学的成败直接影响着英语教学的质量。

20世纪中叶,占主导地位的语法—翻译法和视听法相继衰落,语法教学逐渐退出历史舞台,兴起了一批以意义理解为目的、以交际活动为形式、以学生自身为中心的教学方法。可以这样说,交际教学法的出现,是对英语教学时代的划分:交际教学法之前是语法教学的时代;而交际教学法之后则是词汇教学的时代。在词汇教学时代,词汇在外语学习中的重要性得到普遍认可。高尔基曾说:"作为一种力量而起作用的真正的语言美,是由词汇的确切、鲜明和响亮动听而创造出来的。"可见,要使语言有效地表达思想,使语言纯洁、健康,就需要学习和研究词汇。

语音、语法和词汇是构成英语语言的三大要素,其中词汇又

是最重要的因素。词汇是语音和语法的载体,是构成语言大厦的建筑材料,没有词汇,任何语言都是不可想象的。没有足够的词汇,就不能有效地进行听、说、读、写、译,就无法有效地用英语进行交际。掌握足够的词汇是成功运用英语的关键,没有词汇就不能运用所学的语法结构和功能意念。英语词汇是学习者最难突破的一关。在语言三要素中,语音和语法的变化不太大,词汇却有很多的变化形式。它随着历史的演变、科学技术的进步、与外界的接触和因其他语言的影响经常变化,而英语学习者又往往希望英语和本族语一词一义对号入座,英语的一词多义给英语学习者带来很大困难。

词汇在语言教学中的重要地位日益凸显,无论是高等学校英语应用能力 A、B 级考试,还是大学英语四、六级考试,研究生英语考试或其他英语测试如托福、GRE、GMAT 或雅思考试,都会有一定比例的词汇试题。有些研究也证明英语词汇量与学生成绩之间有很大的相关性。英语教学的成功与否很大程度上取决于词汇教学的质和量。

因此,如何帮助学生巧妙记忆词汇,提高词汇教学效率,促进学生的语言学习,已成为国内英语教师高度关注的问题。许多教师都在积极进行词汇教学研究,不断开阔视野,去学习、发现新的观念、新的方法,改进与激活词汇教学,大胆借鉴与尝试一切新颖、有效的教学方法,并不断进行总结,进而切实提高英语教学水平。

二、第二语言词汇教学研究的作用

词汇教学研究是一项在教学理论指导下有关教与学的双边活动。词汇教学研究一方面使词汇教学理论更为繁荣,另一方面还使词汇教学得到了进一步发展。英语词汇教学实践的发展引发了英语词汇教学理论研究的繁荣。反过来,英语词汇教学理论的繁荣又推动英语词汇教学实践的持续健康发展,使词汇教学在英语教学中的地位得以巩固。

如今,词汇教学在整个英语教学中的重要地位已确立。在英语教学的各层次上,从英语教学的任何一个角度通过英语教学的各种渠道,均可以实现词汇教学。

就英语教学理论与实践的发展情况而言,词汇教学将直接影响英语教学的成败。

在中国英语教学理论界对英语词汇教学的论述中,最具代表性的观点是胡春洞等人的词汇教学观:"广义的词汇教学就是整个英语教学。具体地说:教词汇 = 教文化;教词汇 = 教交际;教词汇 = 教学习;教词汇 = 教语言。"[①] 他们认为,词汇教学等同于语言教学和文化教学,这可以说是一种词汇教学大视界。该观点将词汇教学置于更大的教学框架中加以审视,使词汇教学融入英语教学活动中的方方面面。该观点注重词汇教学的开放性与多样性,突出英语词汇教学的重要性。就这个意义而言,胡春洞等人的四个等式代表了当今中国英语教学界词汇教学的主流观点。

三、国内有关第二语言词汇教学的研究

我国的英语教学一直以来都以语法、结构或功能为纲来展开的,而英语词汇教学往往被忽视,经常处于英语教学的附属地位。

在实际的英语教学中,多数教师仅仅重视语法和句型的讲解和操练,缺乏对词汇知识的讲解,使词汇教学成为薄弱环节。值得提及的是,近年来,随着英语教学改革逐步深入,国内教育界意识到英语词汇教学的重要性,对此进行了广泛而深入的研究,且取得了不小的研究成果。

由电子杂志社出版的《中国学术期刊(光盘版)》所收录文章统计可知,在 1997—2002 年,国内一共发表了多达 261 篇有关英语词汇教学的专题研究文章,这体现了英语词汇教学受到了中国英语教学理论界的重视。

章柏成、韦汉(2004)将这一期间国内学者对英语词汇教学

---

① 王芬.高职高专英语词汇教学研究[M].上海:上海交通大学出版社,2012:6.

的研究进行了总结,具体包括十个方面。

(1)英语词汇教学的问题与对策。

(2)英语词汇教学实施的方法 / 技巧 / 策略。

(3)英语词汇教学的原则及应注意的问题。

(4)语境与词汇教学。

(5)语言学理论与词汇教学。

(6)意义学习理论与英语词汇教学。

(7)记忆与英语词汇教学。

(8)消极词汇与积极词汇。

(9)词汇教学与文化导入。

(10)语料库与词汇教学。

除此之外,我国学者还研究了词汇量以及词汇量与学习者的英语综合应用能力的关系。

徐密娥、李炯英通过 CNKI 中国期刊全文数据库检索了 1994 年至 2005 年在 16 种外语类重要学术期刊上发表的与英语词汇教学研究相关的论文,经过定性和定量分析之后,得到以下结果。

(1)从总体上来看,国内英语词汇研究呈明显的上升趋势。

(2)在研究英语词汇教学内容的过程中,研究视角及所运用的理论有所变化,语言研究者开始从多个角度,如认知心理学、认识语言学、语用学、语体学、跨文化交际学以及语料库等来研究英语词汇教学。

(3)就研究方法而言,思辨性的理论探讨研究的文章居多,基于统计数据的描写性和实证性研究较少,但实证性研究呈明显的上升趋势。

综观国内近 12 年间英语词汇教学研究的发展,其主要包括两个阶段。

第一阶段是 1994 年到 2000 年,英语词汇研究增长缓慢且不稳定,7 年期间共发表相关学术论文 29 篇,占总数的 35.4%。

第二阶段是 2001 年后,2001 英语词汇研究进入了活跃的发展期,研究成果量呈现增长的趋势,从 2001 年至 2005 年,共发表相关文章 53 篇,占总数的 64.6%。可见,英语教学研究受到了国内越来越多研究者的关注。

根据他们的统计结果可以看出,国内英语词汇教学研究中存在以下几个方面的问题。

(1)在研究课题分布上,语言研究者主要探讨的是构词法、一词多义、词语搭配、语境、词块以及心理词汇等方面,缺乏从认知语言学、跨文化交际学等视角对英语词汇教学进行专门系统探讨的文章。

(2)在研究内容上,在个别领域有较严重的研究重复现象。

(3)在研究方法上,国内的英语词汇教学研究主要是思辨性的理论探讨研究,实证性研究偏低,且定量法和定性法有机结合的研究也不多。可见,国内关于英语词汇教学的实证研究在研究工具和统计方法上还需多样化和科学化,有待于进一步完善。

第二节　教学理论指导下的第二语言词汇教学策略

通常而言,策略应以理论为依据,词汇教学策略也是如此。第二语言词汇教学也应以一定的理论为基础。这里需要注意的是,任何一种词汇教学策略有优势,也会存在自身的缺陷,所以教师在实际的教学中应根据具体的教学实际来选择合适的教学策略,从而实现教学目标。本节探讨教学理论指导下的第二语言词汇教学策略。

一、元认知理论与第二语言词汇教学

(一)元认知理论

1976 年,弗拉维尔(Flavell)第一次提出了元认知的概念。他认为,“元认知是个人关于自己的认知过程及结果或其他相关事情的知识,以及为完成某一具体目标或任务,依据认知对象对认知过程进行主动的监测及连续的调节和协调。"随着研究的深入,弗拉维尔在1981年重新概括了元认知的概念,他认为元认知是"反映或调节认知活动的任一方面的知识或认知活动"。

之后,众多心理学家展开了对元认知的研究和探讨,并且提出了各种不同的定义。例如,Kluwe认为,"元认知是专门指向个体自己的认知活动的积极的反省的认知加工过程";董奇教授认为,"元认知是个人对认知活动的自我意识和自我调节"。

可见,元认知是"以认知策略为基础,以自身的认知系统为认知对象,对主体认知过程的自我意识和自我调节,是对认知的认知①"。

元认知包含三个基本要素:元认知知识、元认知体验和元认知监控。

(1)元认知知识。元认知知识指的是与人的认知活动有关的过程及其影响因素方面的知识。弗拉维尔(1979)将元认知知识分为三类。

一是主体知识,指认知主体关于自己作为认知加工者在认知方面的知识。

二是任务知识,指认知活动的任务要求方面的知识。任务知识有两种:对认知任务完成得最好方法以及完成的可能性的看法;对任务要求难度或任务目标设定的看法。

三是策略知识,是关于策略及为达到特定的目的而有效运用策略的知识。策略知识可以帮助认知主体通过计划、监控及评估等方式来调整认知的过程,或进行自我管理。

(2)元认知体验。元认知体验是随着认知活动而产生的一种认知体验或情感体验。元认知体验表现丰富多样,如在认知活动中取得成绩可能使认知主体产生自我效能感,同时从成功的讲演中获得自信,从失败的经验中吸取教训等。元认知体验在很大

---

① 王芬.高职高专英语词汇教学研究[M].上海:上海交通大学出版社,2012:86.

程度上影响认知任务的完成,这主要是因为积极的元认知体验会使主体的认知热情得以激发,认知潜能得以充分调动,最终提升认知加工的效率。

（3）元认知监控。元认知监控是认知主体在进行认知活动时,以自己正在进行的认知活动作为意识对象,不断对其加以监控、调节。元认知监控主要涉及以下四个方面的内容。

一是制订计划,即在进行活动之前,根据认知活动制订目标和计划对活动的策略进行选择活动。

二是实际控制,即在认知活动中,及时评价、反馈认知活动的各种情况,并对认知策略做及时的调整。

三是检查结果,即根据认知目标对认知活动的结果进行检查。

四是采取补救措施,即根据对认知活动结果的检查,对发现的问题采取合适的措施进行补救。

上述三个基本要素相互作用,相互影响,三者共同影响人的认知活动。元认知知识是元认知体验和元认知监控的基础;元认知监控又能使个体产生新的元认知体验,并不断地检验、修正和丰富有关元认知的知识;而元认知体验则会进一步推动元认知监控。

在弗拉维尔提出的元认知理论中,元认知策略是其重要的内容之一。元认知策略是指控制信息的流程,监控和指导认知过程进行的策略。元认知策略是利用认知过程中获得的知识,通过确立学习目标与计划,监控学习过程和评估学习结果等手段对语言行为进行调节。

元认知策略主要有三种:计划策略、监控策略、调节策略。

（1）计划策略。计划策略包括设置学习目标、浏览阅读材料、产生待回答的问题以及分析如何完成学习任务。无论是完成作业,还是为了应付测验,学生在每一节课都应有一个一般的"对策"。

（2）监控策略。监控策略主要涉及阅读时对注意加以跟踪、对材料进行自我提问、考试时管理自己的做题速度和时间。这些策略使学习者警觉自己在注意和理解方面可能出现的问题，进而找出来，并进行修正。

（3）调节策略。调节策略有利于学生矫正他们的学习行为，从而补救理解上的不足。

元认知策略总是和认知策略共同发挥作用。若一个人没有使用认知策略的技能和愿望，那么他也不可能成功地进行计划、监控和自我调节。通过元认知过程，可以估计学习的程度，决定如何学习；认知策略则有利于我们将新信息与已知信息进行整合，并且存储在长时记忆中。

（二）元认知理论指导下的第二语言词汇教学策略

词汇学习过程是信息加工过程，即认知过程，词汇的输入、储存、习得、提取和使用的过程都受制于元认知因素。因此，在词汇教学中，教师应注重元认知训练，从而提高词汇学习的效率。

在实际的词汇教学中，教师首先应通过问卷调查、组织学生讨论等方式了解学生使用的词汇学习方法中哪些策略有助于记忆单词。要使学生在词汇学习中能有效运用各种词汇学习策略，教师除了要教给学生策略是什么，怎样使用策略，还应教给学生这种策略在哪种情境下运用更有效。其次，教师应适时运用元认知理论，给学生讲解词汇学习策略，引导学生寻找适合自己的词汇学习策略，运用记忆策略和元认知策略学习、巩固和使用词汇。教师不仅应注重词汇知识的输入，更要通过设计各种教学活动激活学生已有的词汇知识，使新旧知识之间的联系得以加强，使学生通过大脑中已有的知识结构来重新构建新知识。

具体而言，教师可以采用以下措施帮助学生正确评价自己的策略选择、学习效果，发现问题，缓解焦虑，最终提升词汇学习的效率。

1. 选择合适的学习内容

美国语言学家莱特鲍恩（Lightbown,1985）提出选择性注意假说（selective attention hypothesis）。在他看来,形式操练通过为语言学习者提供"接入口"对于第二语言的习得具有积极的意义,虽然它并不能在实际上导致新的语言特征成为学习者的中介语知识。具体而言,形式操练通过帮助学习者发现语言输入中的新特征而引发了语言习得的过程。语言习得的过程强调反复的操练,从主观的形式上的操练入手,在操练过程中对输入的语言的特征进行识别并内化为一种较为自然的过程,这是对知识的不熟悉到熟悉的学习过程。

在具体的词汇学习中,哪些是要深入掌握的,哪些是只需要了解即可的,都应有明确的指导与选择,从而使词汇学习达到事半功倍的效果。

2. 制订有效的学习计划

在词汇教学时,教师应注意指导学生在对以前的英语词汇学习进行评估的基础上,制订词汇学习计划,包括词汇的选择、时间的安排、采用的策略、遇到困难时如何克服等。有了明确的目标和计划,学生就会按照所订计划朝着既定目标积极、主动地发展。

此外,要提高词汇学习效率,学习者还要进行大量的记忆。在科学记忆词汇时,应遵循记忆的客观规律,制订科学的学习计划。因此,教师在词汇教学中,应引导学生充分认识自己的认知能力和特点。在此基础上,引导学生进行有利于记忆的语义加工,如激活生词的同义词、反义及其相关的搭配,形成语义网络,利用已有知识、经验和能力来主动建构信息。

3. 对学习结果进行评价与调整

在词汇教学中,教师应有意识地选择学生英语词汇学习中的难点,引导学生运用恰当的学习策略进行自主学习,同时对自己的学习进展进行监控,总结词汇学习的经验。

元认知监控在词汇学习中主要体现在两个方面：词汇课内学习和课外自主学习。

（1）课内学习监控。课内学习监控分为三种：方向监控（明确每次课堂学习的目的）、进程监控（学习中监控自己是否注意力集中；是否避免了明显的语音语法错误等）以及策略监控（监控自己在英语词汇学习中是否采取了适当的策略）。对该类型的策略训练，教师可采取课堂提问和组织学习小组讨论的形式来督促和检查。

（2）课外英语词汇学习监控。课外英语词汇学习监控指训练学生监控自己的自学计划是否按时按质按量地完成。通常采取两种训练方式。

一是要求学生写好每次的英语词汇自学日记，每周或每月交老师检查一次。

二是在课内要求学生进行课外学习汇报。

学习结束之后，应对学习活动的整个过程进行自我评价。自我评价是学生学会学习、客观认识自我的过程。

美国教育心理学家布卢姆认为，学生的自我评价是认知的最高层次，通过评价分析有利于激发学习者的内因，推动学习者的主动学习过程，使学习者从认知、归因和情感上进行最佳整合，然后对学习目标、过程和策略等加以调整，从而在更高层次上学习。

二、自我效能理论与第二语言词汇教学

（一）自我效能理论

1977年，美国著名心理学家班杜拉（A. Bandura）首次提出自我效能（self-efficacy）概念。它是指人们对于成功完成某个特定任务所需行为的能力的认知判断和信念。班杜拉在其社会学习理论、社会认知的基础上提出了自我效能理论，强调以认知为基础的主体内部因素对心理活动的影响，强调了主体能动性在思

想和行为中的重要作用。

自我效能理论提出后就成为心理学界关注的焦点,其理论研究和实践应用的范围日益扩大,新的研究成果层出不穷,并已经在学校教育、健康和临床等领域得以广泛应用,具有很强的实践性。学生自我效能是自我效能在学校教育领域中的主要应用。它是学生对自己完成有关活动任务的自我效能,表现为学业自我效能、认知自我效能和调节自我效能等。

1. 学业自我效能

学业自我效能是学生在学习活动中对自己的学习和作业能力进行的评价。班杜拉对知觉到的学业自我效能的界定是"个体对自己组织和实施达成预定的某种教育成就的行动过程的能力判断"。

2. 认知自我效能

认知自我效能指学生对自己完成学习任务和满足日常生活要求的认知能力的判断,个体对完成学习任务的认知能力的主观评价是其关键所在。它既能通过影响思维品质和获得的认知技能的良好运用而直接对学业行为产生影响,也能通过加强寻找问题解决的坚持性对学业行为发挥重要作用,最终对学业成绩产生影响。

3. 调节自我效能

调节自我效能指个体对自己运用各种调节技能对学习活动或其他活动进行调节的能力而持有的一种信念。

自我效能对学习者的学习会产生影响。

(1)对自我效能学习者的学习行为的调控具有一定的影响。高自我效能的学习者设定的学习目标更高、自我评价的标准更高、更容易进行自我监控、学习时间管理更有效、更积极地运用学习策略、以更正面的态度对待学业求助行为。

(2)自我效能对学业情感具有一定的影响。低自我效能的学习者在学习中容易产生应激压力、焦虑、抑郁等负面情绪；而高自我效能的学习者信心十足，情绪饱满。

（3）自我效能对学习动机具有一定的影响。通常情况下，高自我效能的学习者倾向于选择更困难、更富挑战性的活动，在遇到困难时，会做出更大的努力，坚持的时间更长。低自我效能的学习者则相反。

（4）自我效能对学习者最终的学业成绩具有一定的影响。自我效能的重要作用在基本认知技能的获得、学业课程的成绩和标准化成绩测验上均有所体现。

（二）自我效能理论指导下的第二语言词汇教学策略

自我效能对学习者的学习有着重要影响。在词汇教学过程中，教师应注意增强学生英语学习的自我效能来促进其英语词汇的学习。具体可以采取下面的策略。

1. 使学生合理归因

归因，即对结果原因的解释。美国心理学家维纳（B.Weiner）将归因分为三个维度。

（1）内部归因和外部归因（内外源）。

（2）稳定性归因和非稳定性归因（稳定性）。

（3）控制归因和不可控制归因（可控性）。

对结果的归因不同，人们的自我效能判断和今后的行为倾向也会有所不同。通常情况下，把成功归因于能力或努力有助于自我效能感的提高，把失败归因于努力不够或其他外部原因不会降低自我效能感。因此，在实际的词汇教学中，教师应注意引导学生进行有利归因，将英语词汇学习上的成功归因于能力或努力，失败都归因于努力不够或外部因素。只有这样，才能使学生从自身寻找原因并增加或不降低对成功的预期，最终使自我效能感得以提高。

2. 让学生体验成功

很多学生学生由于难以体验到词汇学习的成功而对词汇学习失去兴趣。因此,词汇教学要想取得成效,应使学生体验到成功,增强自我效能。

具体而言,在词汇教学过程中,教师应从以下几个方面入手。

(1)根据学生的能力水平和个体差异设定难度不同的目标。课堂上设定的目标应当是大部分学生经过采用一定的方法即可达到的,且开始的目标应容易,从而使学生有更多的可能体验到成功。

(2)形成灵活多样的评价机制。在评价学生的词汇学习时,应要求掌握词汇的质,而不是掌握词汇的量。

(3)对学生的词汇学习进行反馈。若学生在英语词汇学习上取得了成功,可以通过请他给大家做示范、帮助其他英语词汇学习有问题的学生等方式来进行积极鼓励。

3. 进行有效的激励

积极的反馈有利于提高学习自我效能。在词汇教学中,教师可以从以下几点入手。

(1)尊重学生,并让他们意识到这种尊重,进而激励学生的学习,影响学生的自我评价。无论在何时面对什么样的学生,尊重都是第一位的。

(2)积极强化学生的良好英语学习行为。教师要对学生学习上的点滴进步给予积极关注,并进行必要的鼓励。对于学生来说,精神或心理鼓励往往更加有效果。

(3)教师反馈要及时。及时的反馈能使学生意识到自身与学习结果之间的关系,看到成功是自己努力的结果,提高英语学习的自我效能。

三、跨文化交际理论与第二语言词汇教学

（一）跨文化交际理论

所谓跨文化交际，是指本族语者与非本族语者之间的交际，也指任何在语言和文化背景方面有差异的人们之间的交际。[①] 不同国家、地区、民族之间的文化差异，都会对人际交流产生影响。语言是文化的一个重要组成部分，又是文化的主要载体，文化的传播和传授都离不开语言。语言受文化的影响，反过来又对文化造成影响。

爱德华·泰勒（Edward Taylor）在其《原始文化》（1871）一书中指出：文化是"一个复合的整体，其中包括知识、信仰、艺术、法律、道德、风格以及人作为社会成员而获得任何其他的能力和习惯"。

文化具有民族性和地域性特点，并作用于一定社会的所有领域。文化孕育语言，语言发展文化，二者密切相关。文化差异指的是人们在不同的生态和自然环境下形成的语言、知识、信仰、思维方式、人生观、价值观、道德、风俗习惯等方面的差异。中西方文化差异使人们对同一事物或同一理性概念的理解与解释不尽相同，有时甚至引起误解。

因此，在英语学习过程中，或者在进行跨文化交际活动中，教师应该引导学生了解并兼顾交流双方的文化差异，重视对英语国家（主要是英美）文化知识的了解，在具体的英语教学过程中应该积极地渗透相应的文化背景知识，才能使相互间的交流得以顺利进行。而词汇作为构成语言的最基本成分，不仅承载文化信息，且反映文化生活。不同的语言使用者，由于其所处的历史、文化、社会和政治背景等不同，对同一个词具有截然不同的理解，而不同的理解则体现了其鲜明的文化差异。这就要求教师在词汇教

---

① 王芬．高职高专英语词汇教学研究 [M]．上海：上海交通大学出版社，2012：100.

学中要在跨文化交际理论指导下引导学生对词汇文化内涵进行对比,提高学习效率。

（二）跨文化交际理论指导下的第二语言词汇教学策略

词汇可以反映其所属语言国家的文化特征及其变化。因此,在词汇教学中,教师不能简单地讲解其字面意思,而应在教学生掌握字面意义的同时,使学生掌握词汇所包含的文化内涵,特别是那些在不同的语境中出现的词汇。

（1）指示意义相同,联想意义不同或截然相反的词汇。在不同语言或文化中,同一事物所引起的联系可能不同。以颜色词为例,一些颜色词为不同语言或文化共有,然而,它们的文化内涵却不同。例如,在西方文化中,白色象征纯洁,因而新娘的婚纱大多采用白色为主色;而在中国传统文化中,新娘多选择红色为嫁衣的颜色,白色则为丧服的颜色。

（2）指示意义相同,联想意义部分相同的词汇。在两种不同的文化中,以英汉语言为例,这类词在某些方面会引起不同民族的共同联想,而在其他方面却会引起不同的联想。例如,猫头鹰（owl）在英语和汉语中都有不吉利、凶兆、死亡的联想含义。汉语中有"夜猫子进宅,无事不来"之说。但是,西方人还将 owl 视为一种吉祥鸟,认为它代表着智慧,如 as wise as an owl。

（3）指示意义相同,在一种语言中有丰富的联想意义,在另一种语言中却没有的词汇。在民族文化的影响下,一个普通的词在一种语言中常有丰富的联想意义,而在另一种语言中就可能只是一个语言符号。这类词很容易造成理解上的障碍,造成交际时不必的误解。

例如,"竹子"这种植物就与中国的传统文化关系很大。中国人常以竹喻人,表达坚定、正直的性格。比如,欧阳修有诗曰:"竹色君子德,猗猗寒更绿"。汉语中也有很多带有"竹"字的成语,如"胸有成竹""势如破竹",可见竹与中国的传统文化关系紧密。然而,bamboo 一词在英语中几乎没有什么联想意义,甚至这一词本身都是从亚洲国家借用来的。

（4）各自文化中特有的词汇，即文化中的词汇缺项。在不同民族的文化中，经常出现词汇缺项的现象，翻译常会碰到这类词，即只在一种文化中存在，在另一种文化中并不存在的词。例如，汉语中的"客气"就很难译为英文，英文中的 polite 难以准确地传递其意义。同样，英语中有些词对于中国文化而言也很陌生，如 punk 可以译成汉语中的①（古）妓女，娼妇；②行为不端的男性青少年，小流氓；③无聊人物，废物；④庞克族，年轻无知的人，小伙子；⑤不中用的拳师等。如果不了解西方文化，就不会确切知道他们到底指什么人。

四、交际教学法理论与第二语言词汇教学

（一）交际教学法

20 世纪 60 年代末期，英国应用语言学家坎德林（Christopher Candlin）和威多森（Henry Widdowson）等人创立了交际教学法（Communuicative Language Teaching）。

美国社会语言学家海姆斯（D. H. Hymes）第一次提出"交际能力"这一概念。

1972 年，萨维农（S. J. Savignon）提出交际能力语言教学的思想。

1978 年，蒙比（John Munby）发表《交际大纲设计》，威多森（H. G. Widdowson）发表《作为交际的语言教学》，这是交际教学法正式确立的标志。

20 世纪 70 年代后期，很多学者尝试将交际法引入中国，Candlin 和胡文仲最先将交际教学法引入中国。孙黎和辛斌论述了交际法的理论。史宝辉对交际法及其实际应用之间的关系展开了探讨。此后，交际法开始对中国的外语教学产生影响。

交际教学法的核心是要将语言作为一种交际工具来教、来学、来使用，而不是把教会学生一套语法规则和零碎的词语用法

作为语言教学的最终目标。要使学生能用所学的语言与人交流，获取信息，形成交际能力。交际教学法强调以学生为中心，对语言获得的实践性尤为重视。主张利用多媒体教育技术，建立真实或准确的语境，尽可能调动学生多种器官积极参与教学活动，使学生成为学习的主人，通过活动操练语言，增强学生的语言实践，最终培养并提高学生的语言交际能力。

（二）交际教学法理论指导下的第二语言词汇教学策略

在交际能力培养的过程中，掌握大量的词汇是前提，只有掌握了足够多的词汇，才能使语言交际活动顺利进行。卡纳尔和斯温（Canale & Swain）指出，语言能力的培养是交际能力培养的关键，而词汇则是交际得以进行的语言能力的核心的部分之一。只有掌握了充足的词汇量，才能听懂和读懂他人的言语和文章，才能畅所欲言地表达自己的思想，从而在交际中得心应手。

交际教学法理论指导下的词汇教学策略强调交际策略。而交际策略的核心是通过一定的方式，将各种词汇学习内容转化为各种交际活动。交际策略要求在课堂上创设生动活泼、直观形象的交际情境，激发学生的学习兴趣，在具体而富有感染力的情境中进行语言交际。

通过交际策略学习词汇的具体方式有很多，无论何种交际手段，平等开放的师生关系都是贯彻以学生为中心，发挥学生的主体性的前提。课堂上，教师与学生之间的关系决定整个课堂的交际氛围。教师对待学生的态度，对学生对教学过程的参与积极性具有直接影响。建立平等融洽的师生关系有利于缓解学生内心的紧张情绪，使学生更加主动地参与交际，教学效果也就更有保障。

下面介绍通过交际策略学习词汇的具体方式。

1.创设游戏情境进行交际

在课堂教学中，游戏既可以创造和谐欢乐的课堂气氛，又能激发学习兴趣,使学生变被动接受词汇为主动学习、应用词汇,也有利于提高学生听说能力。例如,在以食物为话题的单词竞猜游戏中,要求一名学生想出一个与食物有关的单词,并给出一条提示,如"I'm thinking of something to eat."其他学生通过问问题来猜测该单词,如询问"Is it meat, vegetable or fruit?"出题的学生要给出简短的答案,如 fruit,然后由同学根据已得到的线索继续提问,每人均可自由提问,直到猜出此词。

2. 利用多媒体创设交际情境

语言的交际离不开一定的语言环境。在词汇教学中,采用多媒体手段创设真实交际情境有利于激发学生运用目标词汇的兴趣。例如,学习英语 halloween 一词时,教师可以通过营造节日气氛,看穿着吓人的或英雄式装束的街头活动、南瓜灯,喊着 trick or treat(不给糖就捣蛋)到处要糖的小孩等。在这种身临其境的感觉中,学生能自觉地进行视、听、说的练习,主动参与口语实践,既有利于激发学习的主动性和积极性,增加了词汇量,又可以培养学生的跨文化意识。

在交际策略的具体实施过程中,教师应注意以下几个方面。

(1)避免同时教授一对反义生词。约翰斯顿(Johnston)曾指出,学生在学习词汇时记忆空间似乎很有限,如果同时教给他一对反义词,回想时混淆的倾向会更大些。因此,同时教授一对均为生词的反义词是不明智的。而当反义词中的一个是学生耳熟能详的词汇时,则另当别论。此外,当一词多义或是兼类词时,也不可同时一次性教授。

(2)不要有错必纠。学生在进行交际时,出现一些错误是难以避免的,教师对错误的纠正要讲究方法,不要有错必纠。

(3)利用词汇培养学生的跨文化意识。语言的学习实际上也是一种社会文化的学习,词汇作为语言的基本单位也具有承载文化的特点。由于各民族间的历史、习俗、文化等原因,造成了汉语与英语的文化障碍,如缺乏词汇对等性、缺乏习语对等性等。

缺乏词汇对等性表现为一种语言中的一些词汇是由其国家或民族的特点和历史原因造就的。例如,中国的"麻将",在对方语境中原来并不存在。

缺乏习语对等性是指不同文化习俗形成习语的特别意义。例如,"The old man kicked the bucket." 若不了解英语习语的人可能会将该句理解为"一个老人踢了桶",而实际上指的是"这个老人过世了"。

可见,在词汇教学中,教师有必要随时把交际内容所涉及的文化背景知识传授给学生,并与母语中类似的情境进行比较,使学生正确理解语言交际,更好地理解目标语文化,培养学生的跨文化意识,掌握词汇用法,提高词汇学习效果。

五、任务型教学法理论与第二语言词汇教学

(一)任务型教学法

20世纪80年代,勃雷泊(N. S. Prabhu)提出了任务型语言教学(Task-Based Language Teaching, TBLT),这是一种通过运用语言完成任务的语言学习方式。此后,一些语言教学专家,如坎德林(Candlin)、纽南(Nunan)、朗(Long)等以此为基础从不同方面研究了任务型教学,并于20世纪90年代在理论上逐渐成熟。

任务型语言教学以设计、执行和完成"任务"为教学的主要手段,强调语言习得者互相交流的重要性。任务是该种教学法的中心词,斯凯恩(Skehan,1998)将其论述为:意义优先,任务完成为主,评估基于任务完成与否。

任务型教学法的核心是"以学习者为中心"和"以人为本"。任务型教学法更注重信息的沟通,活动具有真实性,且活动量较大,这也是任务型教学法与传统教学法之间的不同之处。

纽南认为,教学任务应包含以下六个方面。①

(1)任务目标(goals)。

(2)构成任务的输入材料(input)。

(3)基于材料的各项活动(activities)。

(4)任务所隐含的教师的作用(teacher role)。

(5)任务所隐含的学习者的作用(learner role)。

(6)任务所执行的环境(setting)。

学生在完成任务过程中进行互动,进而产生了语言习得。正由于任务型教学模式具有上述性质和特点,在英语课程改革背景下,倡导选择和运用任务型教学以期更好地完成课程目标显得十分必要。任务型教学法具有真实性和交际性,且有利于激发学习者的学习兴趣和内部学习动机,教学任务真实自然,能让学生学习语言知识,且做到"言、行"一致,情境交融,使学生印象深刻,获得较好的教学效果。

(二)任务型教学法理论指导下的第二语言词汇教学策略

在词汇教学中,教师应根据课程需要设计不同的任务,把词汇学习寓于任务之中。在完成任务的过程中,促使学生间利用已知词汇进行交流、互动,并在互动中积累新的词汇,最终达到轻松掌握单词的目的。

采用任务型词汇教学策略,关键在于设计好与学生实际相符的任务。任务的设计应涉及如下几个阶段。

1.准备阶段

在课堂开始之前,教师应根据教学目标导入与课堂内容相关的主题,设置好学生感兴趣的切入点,为下一步任务的实施做好准备,然后进入教材给出词汇的准备阶段。

教师可利用影音设备让学生通过跟读、复读和大声朗读等方式对已提供的生词建立起音、形、义的初步印象和概念。在词汇

---

① 王芬.高职高专英语词汇教学研究[M].上海:上海交通大学出版社,2012:110.

的口语和视听之间建立起联系,使学生在听到或要说到该词时可以进行迅速的反应。

2. 任务准备

当学生对已提供词汇达到一定的熟悉程度时,教师可以分配和布置任务。任务设计、任务选择、任务执行应做到科学实际,灵活开放,以人为本,注重实践。需要注意的是,在实际的教学中,根据具体的教学目标和教学内容,教师可以采取多种多样的任务形式,或将两种或两种以上任务形式结合起来。

3. 任务实施

任务实施可以说是任务型教学的关键环节。在对已提供词汇基本熟悉的基础上,学生根据头脑中已有的知识体系与教师布置的任务相结合,充分发挥其主观能动性,主动思考,通过与同学进行交流,不断完善旧的知识体系,同时构建新的知识系统,变被动学习为主动学习。在这一过程中,教师不再是传统的知识传授者,而是任务的组织者和活动的监督者,鼓励和引导学生完成任务,在必要的时候提供一定的帮助。学生感受到自己是课堂的主人,是学习的驾驭者,英语学习的兴趣和信心自然也会提高。

4. 任务结束与评价

在任务结束后,教师可以组织学生互评,及时发现问题和检验任务效果。对于学生在学习过程中出现的错误,教师要及时指出,并予以更正;要有针对性地进行评价,且评价应以鼓励为主,以帮助学生建立和加深对词汇的理解和记忆。

5. 教学反思

通过实践证实任务型教学策略对词汇教学有一定的成效,但是仍然存在不足之处。以下四点应引起教师的重视。

(1)面向全体学生,尽量让每个学生都体验成功。任务型教学策略的核心是要求教师根据学生的不同水平,设计不同层次的任务,尽可能使每个学生都得到有效的发展。只有这样,学生才能感受到成功的快乐,产生更持久的学习热情。

（2）任务要以激发学生学习的主动性为出发点。在设计任务时,教师应使设计的任务内容和方式尽量真实,且具有实际意义。选择贴近学生生活、学习经历和社会实际的任务,使学生有话可说,并主动参与到任务中。在完成任务的过程中,学生需要利用已有的经验推测未知内容,发挥主观能动性,通过与小组成员进行协作,获得最优化的结论。

（3）教师应为学生提供及时的帮助。教师在布置完任务后,应尽快到学生中间去,如果学生在完成任务的过程中遇到问题,教师可以帮助学生及时解决,并指导出现的问题。

（4）教师要及时总结课堂教学。教师还应及时总结教学的情况。内容方面应包括对学生成果展示的评价以及对所学单词用法的补充。在评价学生成果展示时,应有针对性,对于学生在完成任务过程中出现的错误应及时纠正,善于发现学生的优点,及时表扬学生。此外,采用任务型教学法,教师需要在学生任务结束之后做适当的补充,并对教学内容进行总结,帮助学生抓住要点和难点。

第十一章　第二语言词汇习得的测试研究

第二语言测试诞生于 20 世纪 60 年代,涉及心理语言学、语言习得、认知科学、教育学、统计学等多学科领域。对第二语言词汇习得的测试进行研究有利于对词汇习得的效果进行检测,发现其中的问题从而提出针对性的措施。本章首先对第二语言测试进行综述,然后探讨第二语言习得中的词汇测试。

第一节　第二语言测试综述

简单来说,第二语言测试是对第二语言能力的科学测量,同时关注第二语言测试对外语教学与学习所产生的影响。本节从类别、结果分析、原则、意义等层面对第二语言测试进行综述。

一、第二语言测试的类别

一般来说,第二语言测试的划分标准有很多,可以按照第二语言测试方式、测试用途、评分方式、学习阶段等为标准来进行划分。

（一）以测试方式为标准

按照第二语言测试的方式进行划分,可以将第二语言测试分为综合式测试与分离式测试。

1. 综合式测试

综合式测试主要考查的是学习者的语言综合运用能力,主要题目类型包括完形填空、阅读理解、写作等。完形填空题型是在一个完整的语篇段落中,选取某些与上下文联系紧密或包含重点词汇的句子或对话,抽取若干词汇,留下一些空格,学习者要通过对语篇大意的理解和分析,在多个词汇选项中选出正确的词汇。阅读理解题型考查的是学习者综合分析、概括和提炼重点信息的能力,在多个选项中选出符合文章表达的选项。写作题型要求学习者以书面的形式,综合运用词汇、语法等语言知识,根据特定的话题或主题流畅地表达出自己的观点或态度。

2. 分离式测试

与综合式测试不同,有人认为语言是由多种语言成分构成的一个系统,掌握了各种成分后就掌握了该种语言。因此,分离式测试就是考查学习者对语言中各个成分的掌握和运用,测试中的每个项目都针对一种语言知识或语言技能进行集中考查。例如,单项填空题就属于分离式测试。

(二)以测试用途为标准

按照第二语言测试的用途,可以将第二语言测试划分成潜能测试、水平测试、诊断测试以及成绩测试。

1. 潜能测试

潜能测试主要是对学习者的潜能和天赋进行测试,其测试主要关注的是学习者是否具备学习英语的天赋。

2. 水平测试

水平测试主要测试的是学习者的语言能力,而不是对教学内容的掌握情况。通过水平测试,教师可以判断学习者达到了什么水平,从而确定他们能否对某一项任务胜任。雅思考试、托福考试就属于水平测试。

3. 诊断测试

诊断测试是在学习者已经学习了一段时间之后,对学习者从开始到目前为止的学习情况进行测试。这一测试有助于诊断学习者某一方面的知识，并对自己学习中的错误情况进行修正。因此，诊断测试的侧重点在于学习者在哪些方面出现了错误，并通过评价来不断探寻解决的方法。

4. 成绩测试

成绩测试的基础在于外语教学内容，目的主要是测试学习者对外语教学大纲要求的内容、测试的内容的掌握情况。一般的期中测试、期末测试都属于这一类别。

（三）以评分方式为标准

按照语言评分方式，可以将第二语言测试划分为客观性测试和主观性测试。

1. 客观性测试

客观性测试的主要特点是评分准确，不受其他主观因素的影响，答案是固定和统一的，不论是机器阅卷，还是教师阅卷，得分都是相同的。客观性测试主要有判断题、单项或多项选择题以及配对或连线题，这样的题型构成有其不足之处，学习者的分析、概括、提炼、表达等能力无法清晰地体现出来。

2. 主观性测试

主观性测试也应在第二语言测试中占有一定的比例。这里所说的主观性测试多指测试的结果与评分人的主观因素有关。例如，在第二语言测试中的写作部分，不同的评分者可能会由于自身的英语水平、兴趣、爱好、情感状态等的不同而得出不同的分数，这也是与客观性测试相比，主观性测试的不足之处。但是，主观性测试能够很好地体现出学习者归纳、总结、组织语言的能力。因此，要使第二语言测试更加公正、客观、有效，就要合理分配客观性测试和主观性测试的比重，二者有效结合，提高第二语言测试的质量。

（四）以学习阶段为标准

按照学习的阶段，可以将第二语言测试划分为随堂测试、分级测试、期中测试以及期末测试。

1. 随堂测试

随堂测试主要指的是教师完成一节课的教学之后，对学习者进行的小型测试。这一测试的内容一般较少，时间也比较短，目的主要是测试学习者在本堂课的学习情况，当然采用的形式可以是拼写、听写、填空、翻译等。

2. 分级测试

分级测试主要测试的是学习者入学之后，对他们进行的系统的、全面的考查。这一测试的主要目的是帮助教师了解学习者的语言水平，确定教材的难易程度等。

3. 期中测试

期中测试主要在学期之间对学习者的学习情况进行的测试。这一测试可以给学习者营造一种阶段性的心理感觉，让学习者对这一阶段的学习形成全面性、系统性的总结和回忆。期中测试的内容需要建立在随堂测试的基础上，对该阶段教学的重点进行测试，同时要求与教学大纲相符合。

4. 期末测试

期末测试是建立在教学大纲的基础上，能够将整个学期学习者的学习内容反映出来的一种测试形式。一般来说，期末测试的目的包括促进学习者巩固自己的所学；评定整个学期的教学效果；对下一个学期的教学内容进行安排和调整。另外，期末考试的内容并不需要完全按照教科书来进行设计，往往需要对学习者知识的掌握情况以及知识的运用能力进行考查。

二、第二语言测试的结果分析

既然进行第二语言测试,必然要关注测试的质量,即能否真正改进教师的教学状况,能否反映学习者的进步情况,第二语言测试结果能否为教学管理者提供有效、可靠的信息等。为了确保第二语言测试的质量,需要对第二语言测试的结果分析,其主要需要参考信度和效度这两大层面。

(一)信度

在第二语言测试中,信度就是一致性,其主要包含三种形式:稳定性信度、复本信度、内部一致性信度。这三种信度是不能相互替换的。

1. 稳定性信度

所谓稳定性信度,是指第二语言测试结果的跨时间的一致性程度,即使第二语言测试进行的时间、场合不同,其结果应该大体上是一致的。为了考查在不同时间第二语言测试结果的稳定性程度,往往需要间隔一周到两周的时间,然后再进行重复的测试。因此,稳定性信度又可以被称为"重测信度"。

一般来说,计算稳定性信度的方法有两种。

(1)计算前次测试与第二次测试之间的相关系数。

(2)求出两次测试间分数所处类别没有变动的人数比重(按百分比计算)。

这种确定信度的方法被称为"类别一致法",可用以确定哪些学习者可以不用再学习某些知识点的情况。

2. 复本信度

所谓复本信度,是指等值的第二语言测试复本间的一致性,该信度主要解决两个等值复本或多个等值复本间是否是真正等值的。但是,对同一测试进行重复使用是不公平、不合理的,因为后一批接受第二语言测试的学习者有更多的练习机会,他们的第二语言测试结果也会明显高于先前接受第二语言测试的同学。基于这一问题,测试者往往会选用复本。

一般来说,对复本信度进行确定的步骤与上面的计算稳定性信度的方法有些相似之处。

(1)给同一组被测试者两个测试复本,但两次测试最好间隔较短,或者没有时间间隔。

(2)得到被测试者的两次测试分数,计算两个复本间的相关系数。

3. 内部一致性信度

内部一致性信度与稳定性信度、复本信度不同,其关注点并不在于被测试者在测试分数上的一致,而是着重于第二语言测试题目之间在功能上的一致,即第二语言测试题目的同质性。并且,在第二语言测试次数上,稳定性信度和复本信度需要测试两次,而内部一致性信度只需要测试一次即可。

一般来说,内部一致性信度包含如下两种不同的计算公式。

(1)针对判断正误的题目,采用库德—理查逊(Kunder-Richardson)的 K-R 公式。

(2)针对可以计不同分值的题目,采用克伦巴赫(Cronbach)的克伦巴赫 α 系数。

在第二语言测试中,信度是核心概念之一。如果一个测试的信度较低,那么根据测试的分数是得不到准确答案的。因此,务必要记得第二语言测试所连带的利害关系越大,就越需要对信度予以更高的关注。

(二)效度

除了信度之外,另一个重要的第二语言测试结果分析的方法就是效度。效度的意义在于:测试准确,其对于改进策略的质量是有利的;测试错误,那么就可能会误事。所谓效度,即准确性,是指在第二语言测试结果的基础上做出准确的推论。一般来说，第二语言测试的效度由以下几种效度证据来决定的，即内容关联效度、效标关联效度和结构效度。

1. 内容关联效度

所谓内容关联效度，是指第二语言测试内容对所要推论的评价范围的代表程度。其中第二语言测试范围主要包含知识、态度、技能等。因此，在确定第二语言测试内容的代表性、抽取样本进行检测时，第二语言测试范围中的所有内容都具有应用性。一般来说，对内容关联效度进行证据收集的办法有两种：一是通过外部评估；二是通过测试编制，从而确定内容关联效度。

2. 效标关联效度

所谓效标关联效度，是指第二语言测试成绩对学习者在外部校标成绩上的预测程度。这与前面所述的内容关联效度类似，其能够指导第二语言测试者决定他们可以从多大程度上相信以成绩作为基点的对学习者的推论情况。但是，在证据收集上，效标关联效度与内容关联效度还是存在明显区别的。效标关联效度仅仅应用于需要根据评价结果来预测学习者在之后的效标变量中的表现的时候，因此是具有明确的使用范围的。一般来说，效标关联效度的最普遍的应用形式就是对学习者在能力倾向测试的情况进行计算，进而与后来的学业成绩进行对比。

3. 结构效度

所谓结构效度，是指经验性证据对某种结构的存在性进行确定的程度以及运用评价工具对这一结构进行测量的程度。一般来说，结构效度的证据收集往往是非常直接的，主要包含如下两个步骤。

（1）根据已经理解的被测试结构的运行机制，对被测试者在这一测试上的表现程度进行一个或者两个假设。

（2）对经验性证据进行收集，并检验上述假设能否证实。

在方法上,搜集结构效度的证据往往会采用不同群组法、干预法、相关测试法。

(1)不同群组法,是由于不同的人群其结构概念的表现不同,因此其测试的结果也应该不同。

(2)干预法,是在接受某种干预后,被测试者在评价中的表现会呈现不同的变化。

(3)相关测试法,是指由于两个测试测的是同一结构,因此其测试的结果应该存在着某些相关性。

总之,从第二语言测试的发展历史上说,人们习惯将信度与效度作为第二语言测试的标准,其实它们还是评价的标准。从微观层面上来说,信度和效度是保证第二语言测试质量和方法的需要;从宏观层面上来说,信度和效度是第二语言测试学科发展的历史必然。

三、第二语言测试的原则

原则是规律的反映,第二语言测试原则反映的是外语教学的规律。要想对外语教学有一个真正的把握,还需要掌握一定的第二语言测试原则。根据这些测试原则来制订测试手段和方法,才能与外语教学规律相符。

(一)参与性原则

学习者是学习活动的主体,也是第二语言测试的主体,因此学习者要参与第二语言测试的设计和制订。学习者参与的方式能有效提高第二语言测试的真实性和有效性,同时提高英语学习的热情,在参与的同时加强对自身英语学习过程的反思和总结,更有针对性地加强薄弱环节的训练,实现各方面综合发展。

(二)针对性原则

第二语言测试具有明确的针对性,其往往是针对外语教学中的具体问题进行的。对于教师和学习者而言,如果一堂课进行得非常顺利,师生之间也配合得更为默契,那么进行第二语言测试可以帮助教师和学习者总结经验;如果一堂课进行得不顺利,出现了较多的问题,那么进行第二语言测试有助于帮助教师和学习者解决教与学的问题,便于之后克服这些问题。

（三）方向性原则

第二语言测试应遵循方向性原则,即在测试中应保证价值取向正确,这是实现第二语言测试有效性和可靠性的关键层面之一。如果第二语言测试与正确的价值取向不符,甚至发生偏离,那么第二语言测试的方向也就会严重偏离,也就使外语教学达不到预期的目的。

遵循方向性原则意味着第二语言测试设计者和教师要树立正确的价值观、评价观,对第二语言测试有一个清晰的认识,即测试关注的是外语教学过程能否获得进步和发展,知识与技能、情感与价值观、过程与方法是否满足了个人、社会的教育价值需要。

（四）交际性原则

第二语言测试要遵循交际性的原则,即在各种题型,如单项选择、完形填空、阅读理解中,要充分考查学习者的分析推理能力、综合运用能力和语言交际能力。

（五）全面性原则

全面性原则是反映第二语言测试规律的一项重要原则。所谓全面性原则,是指在确定第二语言测试标准并使用第二语言测试标准时要注重全面性。我国的教育方针、第二语言测试规律都决定了第二语言测试要具有全面性。具体而言,可以从如下两点着手。

（1）教师在设计教学评价时,应该与教育方针相符。我国当前的教育方针是使学习者能够在德、智、体等层面都得到综合发展,因此教师在设计第二语言测试题目时,不仅要注重教书,还要注重育人。

(2)教师在设计第二语言测试时,应该遵循外语教学的规律,使第二语言测试不仅保持了全面性,还保持了客观性。

只有这样,才能保证第二语言测试更合理,也才能推动外语教学向前发展。

(六)客观性原则

第二语言测试的客观性原则是指测试中不能主观臆断,而应该实事求是,不能掺杂个人的感情。客观性原则是第二语言测试的重要原则之一。在外语教学各项工作中,第二语言测试具有很强的科学性。一般来说,第二语言测试是否客观往往对外语教学效果产生直接的影响。如果第二语言测试结果是客观的,那么就有助于促进外语教学目标的实现;如果第二语言测试的结果不客观,那么外语教学就会远离预定的目标。因此,第二语言测试中必须坚持客观性原则,即要根据一定的教学目标来确定测试的标准,并结合多重因素,考虑该标准是否能够得到人们的认可。当测试的标准确定之后,任何人不得更改,这就能较好地体现客观性原则。

(七)激励性原则

激励性原则是指第二语言测试中应该发挥被测试者的积极性和主动性,从而提升外语教学的质量。《中共中央关于教育体制改革的决定》中就明确"开展第二语言测试应该调动参与外语教学的教师、学习者、管理人员等的积极性,发挥第二语言测试的激励性原则,反映第二语言测试的规律"。因此,在第二语言测试中遵循激励性原则具有必然性。具体来说,可以从以下三点着手。

(1)使测试者与被测试者提高对第二语言测试的认识,使他们主动参与测试。

(2)第二语言测试必须客观、公正、全面,能够将优劣加以区分,对先进的个人予以表彰,使被测试者能够看到自己的进步,同时能分析出自己的差距。

（3）制订第二语言测试指标时应与被测试者相适应,如果测试指标过高或者过低,都不利于被测试者的学习,也起不到激励的作用。

四、第二语言测试的意义

第二语言测试在不同的教学阶段,根据不同的测试目的,适用于不同的测试对象时有着不同的作用。质量高的第二语言测试不仅能够帮助学习者了解自身的语言掌握情况,反思学习过程,调整学习计划,改变学习方式,从而提高语言学习的效果,还能为教师的教学工作提供客观的、正向的信息反馈,总结教学经验,调整教学进度,改进教学方法等。

（一）教学研究

第二语言测试能够为教学研究提供第一手的数据和资料。实验法是教学研究常用的方法,实验前和实验后都会用测试的形式去获取教学研究需要的数据和资料。

例如,在研究某种教学方法的使用效果时,在此种教学方法使用之前,会针对性地对学习者某些方面的语言知识或技能进行测试,获得研究初期的数据。在运用此种教学方法一段时间之后,再次对学习者进行第二语言测试,获得研究中期的数据,最后通过两组数据的对比,分析差异,做出结论。

（二）选拔人才

有些第二语言测试具有选拔人才的作用。例如,想要出国留学的学习者必须通过托福或雅思的考试,以证明自己的英语水平可以去其他国家接受更高、更好的教育。从这个意义上来讲,托福考试或雅思考试成了选拔人才的考试。

我国的高考英语（National Matriculation English Test，NMET）规模性大，且考查的英语知识和能力范围全面。学习者英语水平的高低影响着其可以选择的大学的级别。

（三）教学功能

第二语言测试作为终结性评价的主要形式之一，有着非常重要的作用。第二语言测试可以为分级教学、分班教学、因材施教提供必要的依据。第二语言测试的反馈信息除了可以帮助学习者和教师提高语言学习和教学水平外，还可以为家长使用。家长能够通过第二语言测试的结果更好地了解学校外语课程的设置和质量，督促子女学业进步。

第二节　第二语言习得中的词汇测试

在各种类型的语言测试中，词汇测试都是不可或缺的重要组成部分。词汇测试可采取多种形式，下面主要对近义词辨析、词义匹配等进行介绍。

一、近义词辨析

英语词汇中有很多是近义词，这些词汇不仅数量庞大，在意义上也很容易混淆。因此，采取近义词辨析的形式有利于被测试者更好地把握近义词之间的差别。

概括来说，近义词辨析可以词性为标准进行分类测试，如名词辨析、动词辨析、形容词辨析、副词辨析等。此外，还可围绕词组或同根词来设计题目。

（一）名词辨析

请选出与画线部分意义相近的词汇。

1.How do you describe the <u>plight</u> of the oil-hungry nations?

　A.final decision　　　　　B.happy realization

　C.bad situation　　　　　D.strange circumstance

2.In many states, when someone has an accident while driving a friend's car, both the driver and the owner of the car share the <u>responsibility</u>.

　A.blame　　　　　　　　B.shame

　C.fame　　　　　　　　D.game

3.After a three-day <u>siege</u>, the terrorists who had seized the restaurant gave themselves up to the police.

　A.fight　　　　　　　　B.blockade

　C.attack　　　　　　　D.resistance

Key:

1.C　2.A　3.B

这类测试能够有效考查被测试者对意义接近的名词的辨析能力。

（二）动词辨析

请选出与画线部分意义相近的词汇。

1.The doctor has <u>rubbed</u> Gloria's aching back three times and now she feels better.

　A.messaged　　　　　　B.healed

　C.massaged　　　　　　D.treated

2.His cruel behavior <u>roused</u> hatred in the hearts of the people.

　A.quenched　　　　　　B.kindled

　C.stifled　　　　　　　D.smothered

3.The cost of living in nearly every country in the world has <u>skyrocketed</u> in the past ten years.

A.grown steadily   B.leveled off

C.increased slowly   D.risen rapidly

Key:

1.C   2.B   3.D

不同动词适用于不同的语境。这类测试能够引导被测试者关注一些在学习过程中被忽视的细节。

（三）形容词辨析

请选出与画线部分意义相近的词汇。

1.The use of the microcomputer is as <u>pedestrian</u> as the use of the telephone.

A.unusual   B.newsworthy

C.common   D.public

2.Eyespots, the most <u>primitive</u> eyes, are found in protozoan flagellates, flatworms, and segmented worms.

A.perceptive   B.hostile–looking

C.rudimentary   D.strangely formed

3.Children often become <u>surrogate</u> mothers to abandoned animals.

A.step   B.temporal

C.substitute   D.affectionate

Key:

1.C   2.C   3.C

形容词也是英语中一个非常重要的词类,不同的形容词能够表达不同的感情色彩,因此进行形容词的辨析也是非常重要的。

（四）副词辨析

请选出与画线部分意义相近的词汇。

1.Natural adhesives are <u>principally</u> of animal or vegetable origin.

 A.solely   B.partially

 C.extensively   D.primarily

2.If there are civilizations on other planets, they are likely to be <u>radically</u> different from ours.

 A.exactly   B.approximately

 C.partially   D.basically

3.Jones and Edwards are <u>respectively</u>, the producer and director of the film.

 A.relatively   B.collectively

 C.individually   D.comparatively

Key:

1.D 2.D 3.C

副词能够对动词或句子进行修饰,使意义的表达更加准确,对副词进行测试能够使被测试者更加精细地对副词的用法进行掌握。

（五）词组辨析

请选出与画线部分意义相近的词汇。

1.It has been sentenced that the man's civil right be <u>taken away</u>.

 A.exiled   B.dismembered

 C.mumbled   D.deprived

2.Mr. Johnson was <u>taken in</u> by that door to door salesman's smooth talk. He paid almost $900 for a vacuum cleaner.

 A.deceived   B.incited

 C.saturated   D.implicated

3.The plane for Rio de Janeiro will <u>take off</u> at 5:00 a.m. tomorrow morning.

    A.depart   B.land

    C.approach   D.refuel

4.The most important environmental influence on fish is water temperature, for fish tend to <u>take on</u> the temperature of their surroundings.

    A.avoid   B.exceed

    C.assume   D.regulate

5.The teacher asked the student to <u>take out</u> all the long words from the text.

    A.replace   B.eliminate

    C.increase   D.substitute

6.Cultivated crops and grazing lands <u>take up</u> less than one-third of the world's land area.

    A.occupy   B.release

    C.border   D.conserve

Key:

1.D   2.A   3.A   4.C   5.B   6.A

英语中含有大量词组,且很多词组都具有丰富的含义,能适用于多种场景。因此,进行词组辨析也是词汇测试中不可或缺的重要内容。

(六)同根词辨析

请选出与画线部分意义相近的词汇。

1.In statistics the most frequently used <u>computations</u> are the mean, the median, and the mode because all are indicators of central tendency.

    A.graphs   B.variables

    C.calculations   D.words

2.Scientists have <u>computed</u> the probable course of the rocket.

  A.numbered   B.calculated

  C.explored   D.researched

3.With the introduction of the electronic <u>computer</u>, many complicated problems can be solved.

  A.calculator   B.amplifier

  C.accountant   D.microscope

4.The <u>computerized</u> test system will assess your English level and accordingly prepare a detailed solution.

  A.automated   B.cybernated

  C.synthetized   D.analysed

Key:

1.C 2.B 3.A 4.B

英语中的词根具有特定的含义,且在构词方面发挥着不可替代的作用。进行同根词辨析有利于深化被测试者对词根的认识与理解,进而掌握同根词之间的内在联系。

二、词义匹配

"词本无义,义由境生。"英语词汇往往含有众多意义,要想准确确定词汇的含义,就必须将词汇与具体语境有机结合在一起。词义匹配的原则就是提供词汇的具体语境,然后考查被测试者在具体语境下确定词汇含义的能力,具体可采取下面几种形式。

（一）一词一句匹配

将下列给出的单词填入下面的句子中。

  A.abrupt   B.astonish   C.classify

  D.complex   E.consent   F.eager

  G.endure   H.exclaim   I.horizontal

  J.recollect

1. Sometimes I think I can't _____ one more day of winter, but I know I have to put up with it until spring.

2. Did you know that scientists _____ the whale as a mammal? Most people think of it as a fish.

3. Although I remember little about first grade, I _____ my year in third grade very clearly.

4. The great magician Houdini would _____ audiences by escaping from chains, locked trunks, and even sealed coffins.

5. The day after Jackie had her waist–length hair cut short, nearly everyone she met _____ed, "Oh! Your hair!"

6. A car would probably come to an _____ stop if a dog ran out in front of it.

7. Knowing that she had done well on every test, Phyllis was _____ to see her final grade for the course.

8. Why must our tax forms be so _____? Why can't the government make them easier to understand?

9. It's true that _____ stripes on clothing make you look wider, and stripes that go up and down make you look taller.

10. If you won the lottery, would you _____ to having your name and picture printed in the newspaper?

Key:

1.G 2.C 3.J 4.B 5.H

6.A 7.F 8.D 9.I 10.E

这类测试要求被测试者对句中的已知信息进行准确的理解，并以人称、数、时态、搭配等为标准对所选词汇进行判断。

（二）两词一句匹配

将下列给出的单词填入下面的句子中。

A.accompany   B.desperate   C.determine
D.dispose of   E.evident   F.preserve

G.pursue   H.rejection   I.restore
J.scarce

1—2. It is _____ that this old movie theater has been very well taken care of—the original seats and wallpaper have been __d since 1924.

3—4. Jill wants to be a zookeeper, but since such jobs are __ _____, she may need to _____ another kind of work.

5—6.The woman was _____ for money, so she decided to sell her grandmother's diamond ring. She was disappointed when the jeweler _____d that the diamond was a cheap imitation.

7—8. The owners of the old car are trying to decide if they will _____ it with new parts and a lot of body work, or _____ it by giving it away.

9—10. I offered to _____ my friend to the tryout for the play, thinking that if she did not get the part, she might need help in dealing with the _____.

Key:
1—2.EF   3—4.JG   5—6.BC   7—8.ID   9—10.AH

在完成这类测试时,被测试者不仅要准确判断、理解句义,还应使所选的两个词汇在意义、逻辑、语法等层面都保持一致。

（三）五词一篇匹配

将下列词汇填入文章中的合适位置。
A.astonish B.consent C.eager D.horizontal E.recollect

A Special Memory

Tony and I often did things without asking our mom to （1）_____ to our activities—because she probably wouldn't. Besides, we loved secret projects. One summer we built a treehouse hidden among some tall trees on Mr. Leary's lot. The window was crooked, and the floor wasn't exactly（2）_____, although the tilt wasn't too bad. We took Mom's ladder to use as our stairs and decorated the place with an old rug and some pillows.

One day we heard Mom yelling up to us, "So that's where my ladder went!" Then she told us that Mr. Leary had called to say that the treehouse had to come down. "You could fall and get hurt," she explained, "and he doesn't want to get sued—and he's right. That treehouse is dangerous. I advise you to come down from there right now."

But that night, (3)_____ to spend one last hour there, Tony and I sneaked out and headed for the treehouse. As we got near it, we were (4)_____ed to see a candle glowing in the crooked window, so we climbed up very quietly and peeked in. I can still (5)_____ the scene clearly. There was Mom, sitting on one of our pillows, smiling. Next to her were a pitcher of lemonade and three glasses. "It's about time you got here," she said. "What took you so long?"

Final Check:

1.B   2.D   3.C   4.A   5.E

与一词一句匹配、两词一句匹配相比,这类测试的难度大大提升,被测试者不仅要完成词汇的匹配,保证所选词汇在形、数、格等方面的正确性,还要求具备较强的阅读理解能力。

(四)十词一篇匹配

从下列词汇中选出 10 个词填入文章中的合适位置(每个词只能使用一次)。

A. rise   B. realize   C. peak
D. intimate   E. leisurely   F. routine
G. familiar   H. maximum   I. requiring
J. habitually   K. naturally   L. explanation
M. change   N. commenting   O. increase

Do you find getting up in the morning so difficult that it's painful? This might be called laziness, but Dr. Kleitman has a new 1 . He has proved that everyone has a daily energy cycle.

During the hours when you labor through your work, you may say that you're "hot". That's true. The time of day when you feel most energetic is when your cycle of body temperature is at its 2 . For some people the peak comes during the forenoon. For others it comes in the afternoon or evening. No one has discovered why this is so, but it leads to such 3 monologues as: "Get up, John. You'll be late for work again." The possible explanation to the trouble is that John is at his temperature-and-energy peak in the evening. Much family quarrelling ends when husbands and wives 4 what these energy cycles mean, and which cycle each member of the family has.

You can't 5 your energy cycle, but you can learn to make your life fit it better. Habit can help, Dr. Kleitman believes. Maybe you're sleepy in the evening but feel you must stay up late anyway. Counteract your cycle to some extent by 6 staying up later than you want to. If your energy is low in the morning, but you have an important job to do early in the day, 7 before your usual hour. This won't change your cycle, but you'll get up steam and work better at your low point.

Get off to a slow start which saves your energy. Get up with a 8 yawn and stretch. Sit on the edge of the bed a minute before putting your feet on the floor. Avoid the troublesome search for clean clothes by laying them out the night before. Whenever possible, do 9 work in the afternoon and save tasks 10 more energy or concentration for your sharper hours.

Key:

1.L　　2.C　　3.G　　4.B　　5.M

6.J　　7.A　　8.E　　9.F　　10.I

在完成这类测试时,被测试者既要有一定的词汇量,具备相应的阅读速度与准确度,同时应具有一定的逻辑推理能力与信息分析能力。可见,这类测试主要考查被测试者的英语综合运用能力,因而是词义匹配中难度最大的。

总　结

第二语言词汇习得理论体系的建构是提升我国英语教学质量和人才素质的重要渠道,是时代发展对第二语言习得的要求。在应用语言学研究中,词汇习得研究的比重较低。1980 年,学者 Paul Meara 撰文《词汇习得:语言学习中被忽略掉的一个方面》,呼吁学者重视对词汇习得研究,并尽快形成词汇习得理论。

但是,由于词汇是开放的系统,因此很难形成假设并进行检测。鉴于此,学界对词汇的研究实质上是对语法的研究。

1997 年,学者内申指出词汇研究流失在二语习得理论研究的主流之外,没有与热点理论或热点领域相联系,使得学界对词汇研究的重视程度不够。他指出词汇习得应该在传统研究的基础上,调整研究中心,承认词汇和语法的关系,重新考虑词汇和语法的不可分割性,从而指明了二语词汇习得的方向。

现如今,第二语言词汇习得已经成为热门研究领域之一,并被认为处于整个二语习得的中心位置。众所周知,词汇学习具有复杂性和艰巨性,几乎没有人能够掌握一门语言中的全部词汇。因此,从第二语言词汇习得的本质与规律出发进行体系建构,使二语词汇学习者了解词汇学习重点与规律就显得尤为重要。

本书从词汇基础知识入手,对第二语言词汇习得的研究、理论、内容与过程、影响因素、常见策略、附带习得、认知研究进行了总结,从而能够使读者形成系统的二语词汇习得框架。除此之外,本书还将第二语言习得和心理词汇、词汇教学、语言测试相结合,从不同角度进行了分析,从而使二语词汇习得理论体系更加丰盈。

词汇学习可以用博大精深来概括,不仅需要学习者了解词汇的基础知识，还需要学习者建立系统的词汇意义网络。由于英语词汇和母语词汇带有重叠性，但又不完全重叠，因此学习者不仅需要能够提取意义词汇，还需要其能扩大自身的心理词汇，最终建立第二语言词汇习得理论体系。这就需要第二语言词汇学习者和教学者共同努力，从而从整体上提升我国的二语词汇习得质量。

参考文献

[1]（英）施密特编.应用语言学入门 [M].徐晶凝译.北京：世界图书出版公司北京公司,2010.

[2] 陈建生,夏晓燕,姚尧.认知词汇学 [M].北京：光明日报出版社,2011.

[3] 范晔.视听双重输入模式下的二语词汇习得 [M].上海：复旦大学出版社,2016.

[4] 高等学校外语专业教学指导委员会英语组.高等学校英语专业英语教学大纲 [M].北京：外语教学与研究出版社,2000.

[5] 桂诗春.多视角卜的英语词汇教学 [M].上海：上海外语教学出版社,2013.

[6] 哈特曼,R. R. K.,斯托克,F. C. 著.语言与语言学词典 [M].黄长著等译.上海：上海辞书出版社,1981.

[7] 洪堡特.论人类语言结构的差异及其对人类精神发展的影响 [M].北京：商务印书馆,2002.

[8] 胡壮麟.语言学教程(第 3 版) [M].北京：北京大学出版社,2007.

[9] 胡壮麟.语言学教程 [M].北京：北京大学出版社,2003.

[10] 李柏令.第二语言习得通论 [M].上海：上海交通大学出版社,2013.

[11] 李福印.认知语言学概论 [M].北京：北京大学出版社,2008.

[12] 李丽娟.英语阅读策略 [M].北京：外语教学与研究出版社,2010.

[13] 刘润清,韩宝成.语言测试和它的方法(修订版)[M].北京:外语教学与研究出版社,1991.

[14] 刘宇红.隐喻的多视角研究[M].北京:世界图书出版公司北京公司,2011.

[15] 陆乃圣.攻克英语阅读考试8项技巧[M].北京:外文出版社,2011.

[16] 罗亦君.新编大学英语词汇测试大全[M].北京:外语教学与研究出版社,2011.

[17] 马广惠.英语词汇教学与研究[M].北京:外语教学与研究出版社,2016.

[18] 马广惠.主题英语快速阅读(第4册)[M].北京:外语教学与研究出版社,2007.

[19] 汪榕培,李冬.实用英语词汇学[M].沈阳:辽宁人民出版社,1983.

[20] 汪榕培,王之江.英语词汇学[M].上海:上海外语教育出版社,2008.

[21] 王芬.高职高专英语词汇教学研究[M].上海:上海交通大学出版社,2012.

[22] 王改燕.第二语言阅读中词汇附带习得研究[M].北京:北京大学出版社,2013.

[23] 文秋芳等.认知语言学与二语教学[M].北京:外语教学与研究出版社,2013.

[24] 武尊民.英语测试的理论与实践[M].北京:外语教学与研究出版社,2002.

[25] 夏章洪.英语词汇学:基础知识及学习与指导[M].杭州:浙江大学出版社,2011.

[26] 肖奚强,周文华.第二语言习得研究纵观[M].北京:世界图书出版公司北京公司,2012.

[27] 萧春麟,刘清华.英语测试教程[M].上海:上海交通大学出版社,2001.

[28] 徐志民.欧美语言学简史 [M].上海:学林出版社,2005.

[29] 许国璋.论语言 [M].北京:外语教学与研究出版社,1991.

[30] 颜林海.翻译认知心理学 [M].北京:科学出版社,2015.

[31] 赵艳芳.认知语言学概论 [M].上海:上海外语教育出版社,2001.

[32] 中华人民共和国教育部.普通高中英语课程标准(2017年版)[M].北京:人民教育出版社,2018.

[33] 中华人民共和国教育部.义务教育英语课程标准(2011年版)[M].北京:北京师范大学出版社,2011.

[34] 中华人民共和国教育部高等教育司.大学英语课程教学要求 [M].北京:外语教学与研究出版社,2007.

[35] 钟道隆.记忆的窍门 [M].北京:清华大学出版社,2000.

[36] 陈万会.中国学习者二语词汇习得认知心理研究 [D].上海:华东师范大学,2006.

[37] 高山.语言与认知的交互作用研究 [D].成都:电子科技大学,2015.

[38] 欧阳一.联想策略在高中英语词汇教学中的应用研究 [D].武汉:华中师范大学,2011.

[39] 申奇.莱考夫认知语言学的理论基础 [D].新乡:河南师范人学,2014.

[40] 徐美兰.英汉对比分析在中学英语写作教学中的应用研究 [D].上海:华东师范大学,2008.

[41] 翟莉娟,王翠梅.从认知策略看英语词汇学习 [J].科学文汇,2008(11).

[42] 范晔.注意在二语动名词搭配习得中的作用 [J].外语教学与研究,2008(3).

[43] 盖淑华.英语专业学生词汇附带习得实证研究 [J].外语教学与研究,2003(4).

[44] 刘艾云.谈语言与认知 [J].大连理工大学学报(社会科

学版），2005（2）.

[45] 马广惠. 二语词汇知识理论框架 [J]. 外语与外语教学，2007（4）.

[46] 潘文国. 语言的再定义 [J]. 华东师范大学学报（哲学社会科学版），2001（1）.

[47] 孙毅. 两代认知科学的分水岭——体验哲学寻绎 [J]. 宁夏社会学，2012（3）.

[48] 吴建设，郎建国，党群. 词汇附带习得与"投入量假设"[J]. 外语教学与研究，2007（39）.

[49] 薛荣. 当代语言测试：理论发展与未来趋势 [J]. 外语与外语教学，2008（10）.

[50] 阎少云. 语言测试的真实性及交互性 [J]. 温州师范学院学报（哲学社会科学版），2001（2）.

[51] 张利. 浅析对比分析理论对外语教学的影响 [J]. 外语教学与研究，2012（27）.

[52]Aitchison, J. *Words in the Mind: An Introduction to the Mental Lexicon* (2nd edition.)[M]. Oxford：Blackwell，1994.

[53]Akmajian, A., Demers, R. A. & Harnish, R. M. *Linguistic—An Introduction to Language and Communication* [M]. Cambridge，Mass.：MIT Press，2001.

[54]D. I. Slobin. *From "thought and language" to "thinking for speaking"*[M].Cambridge：Cambridge University Press，1996.

[55]Evans Vynyan & Melanie Green. *Cognitive Linguistics：An Introduction*[M]. Edinburgh：Edinburgh University Press，2006.

[56]Fauconnier, G. & Turner, M. Blending as a central process of grammer[A]. *Conceptual Structure, Discourse and Language*[C]. In Adele Goldberg (Ed.). Stanford：CSLI Publications，1996.

[57]Fauconnier, G. & Turner, M. Conceptual Integration

Networks[J]. *Cognitive Science*, 1998（2）.

[58]Fauconnier, G. & Turner, M. Polysemy and conceptual blending[A]. *Polusemy*: *Flexible Patterns of Meaning in Mind and Language* [C]. Nerlich Brigitte, Zazie Todd, Vimala Herman, et al.（Eds.）. New York: Mouton de Gruyter, 2003.

[59]Fillmore Charles & Beryl Atkins. Towards a frame-based lexicon: the semantics of risk and its neighbors[A]. *Frames*, *Fields*, *and Contrast*: *New Essays in Semantic and Lexical Organization* [C]. Adrienne Lehrer and Eva Feder Kittay（Eds.）. Hillsdale NJ: Lawrence Erlbaum, 1992.

[60]Humboldt, W. Von. *On Language*: *the Diversity of Human Language-Structure and Its Influence on the Mental Development of Mankind* [M]. Cambridge: Cambridge University Press, 1988.

[61]Lakoff George & Mark Johnson. *Philosophy in Flesh*: *The Embodied Mind and Its Challenge to Western Thought* [M]. New York: Basic Books, 1999.

[62]Lakoff, G. *Women*, *Fire*, *and Dangerous Things*: *What Categories Reveal about the Mind* [M]. Chicago: The University of Chicago Press, 1987.

[63]Lamb Sidney. *Pathways of the Brain*: *The Neurocognitive Basis of Language* [M]. Amsterdam: John Benjamins, 1998.

[64]Langacker, Ronald W. *Ten Lectures on Cognitive Grammar by Ronald Langacker* [C]. Beijing: Foreign Language Teaching and Research Press, 2007.

[65]Laufer, B. and Hulstijn, J. Incidental vocabulary acquisition in a second language: the construct of task-induced involvement[J]. *Applied Linguistics*, 2001（22）.

[66]McCarthy, M. *Vocabulary*[M]. Oxford: Oxford University Press, 1990.

[67]Nation, I. S. P. *Learning Vocabulary in Another Language* [M]. Cambridge, UK: Cambridge University Press, 2001.

[68]Nation, I. S. P. How large a vocabulary is needed for reading and listening?[J].*The Canadian Modern Language Review*,2006（1）.

[69]Nation, I. S. P. *Teaching and Learning Vocabulary* [M]. Beijing: Foreign Language Teaching and Research Press,1990.

[70]O'Malley J., Chamot G. *Learning Strategies in Second Language Acquisition*[M]. London: Cambridge University Press, 1990.

[71]Oxford R. *Anxiety and the Language Learning*: *New Insights*[M]. London: Cambridge University Press,1994.

[72]Richards, J. C. The role of vocabulary teaching[J].*TESOL Quarterly*,1976（1）.

[73]Rosch, Eleanor. Principles of categorization[A]. *Cognitive and Categorization* [C]. Eleanor Rosch and Barbara B. Lloyd（Eds.）. New York: Lawrence Erlbaum,1978.

[74]Schmitt, N. *Researching Vocabulary*: *A Vocabulary Research Manual* [M]. Basingstoke: Palgrave Macmillan,2010.

[75]Thornbury, S. *How to Teach Vocabulary* [M]. Harlow Essex: Pearson Education,2002.

[76]Tylor, John. *Linguistic Categorization*: *Prototypes in Linguistic Theory* [M]. Beijing: Foreign Language Teaching and Research Press,2003.

[77]Whorf, B. L. *Language, Thought and Reality*: *Selected Writing of Benjamin Lee Whorf* [M]. Cambridge, Massachusetts: The MIT Press,1956.